"十四五"职业教育国家规划教材

新编纳税实务

主　编　向思璇　陈　露　李华荣
副主编　鲁彦岑　刘祎妮

同济大学出版社·上海

内容提要

本书以最新税收法律法规为依据，以培养学生实践能力为目标，系统地阐述了我国主要税种的纳税实务知识。全书分为八个项目，包括纳税基础知识以及增值税、消费税、关税、企业所得税、个人所得税、财产行为税和资源类税纳税业务。

本书适合作为高职高专会计专业及经济管理相关专业的教材，也适合作为相关岗位工作人员培训和自学的教材。

图书在版编目(CIP)数据

新编纳税实务 / 向思璇，陈露，李华荣主编. --上海：同济大学出版社，2019.9(2023.7 重印)

ISBN 978-7-5608-8672-5

Ⅰ.①新… Ⅱ.①向… ②陈… ③李… Ⅲ.①纳税-税收管理-中国-高等职业教育-教材 Ⅳ.①F812.423

中国版本图书馆 CIP 数据核字（2019）第 153322 号

新编纳税实务

向思璇　陈　露　李华荣　**主编**

责任编辑　张海红　刘　睿　**责任校对**　徐春莲　**封面设计**　刘文东

出版发行　同济大学出版社　www.tongjipress.com.cn

（地址：上海市四平路 1239 号　邮编：200092　电话：021-65985622）

经　销　全国各地新华书店

印　刷　三河市龙大印装有限公司

开　本　787 mm×1 092 mm　1/16

印　张　14.25 插页 1

字　数　365 000

版　次　2019 年 9 月第 1 版

印　次　2023 年 7 月第 7 次印刷

书　号　ISBN 978-7-5608-8672-5

定　价　45.00 元

党的二十大报告指出，全面建设社会主义现代化国家，必须要坚持走中国特色社会主义法治道路，建设中国特色社会主义法治体系。党的十八大以来，我国的经济水平取得长足发展，以全国各族人民共同富裕为目标的三次分配体系逐步建立，税收制度作为国家财富分配制度的基本支撑，也在这个过程中得到不断完善。对于高职高专院校会计相关专业的学生来说，了解最新的税收法律制度，掌握应纳税额的计算和会计处理，熟悉纳税申报和税款缴纳程序，是其必须掌握的会计工作基本技能。

本教材是融合税收法规与会计核算为一体的辅助核算类课程，适用于高职高专院校经济管理类专业。本书结合职业教育的特点，全面系统地介绍了各主要税种的税收政策认知、应纳税额的计算和纳税申报，以期培养学生基本的涉税业务处理能力和简单的税收筹划能力。

本教材在编写时突出职业教育特色，有以下特点：

(1) 价值导向准确。本教材深入贯彻了习近平新时代中国特色社会主义法治思想，以正确的社会主义价值导向为核心，引导学生树立社会主义法治观念。

(2) 内容前沿。本教材以 2019 年 4 月我国发布的最新税收法律、法规为依据编写而成，内容新颖。

(3) 指导性强。本教材编写时参考了初级会计资格考试大纲中涉税部分的相关要求，内容编排具有较强针对性，可作为准备考试的辅助教材。

(4) 实用性强。本教材在结构上以每个税种的"基本税收政策认知——应纳税额计算——纳税申报"为主线，突出实际应用能力的培养。

本教材各项目的学时分配建议如下：

内　容	理论板块课时	实践板块课时
项目一　纳税基础知识	4	
项目二　增值税纳税业务	12	6
项目三　消费税纳税业务	8	4
项目四　关税纳税业务	6	2

续表

内　　容	理论板块课时	实践板块课时
项目五　企业所得税纳税业务	10	4
项目六　个人所得税纳税业务	8	4
项目七　财产行为税纳税业务	6	2
项目八　资源类税纳税业务	6	2
总课时	60	24

本教材由向思璇、陈露、李华荣任主编，鲁彦岑、刘祎妮任副主编。具体编写分工如下：刘祎妮编写项目一和项目六，向思璇编写项目二，陈露编写项目三和项目四，鲁彦岑编写项目五和项目八，李华荣编写项目七。向思璇负责拟定编写思路和编写大纲并对全书进行统稿和定稿。在本书编写过程中，编者参阅了一些相关著作与教材，在此向这些资料的作者表示衷心的感谢。

由于作者水平和学识的限制，加之我国税收法律制度的不断变化，书中难免有疏漏之处，恳请各位专家学者批评指正。

编　者

目录

CONTENTS

项目一 纳税基础知识

● **知识目标**

了解税收的概念、职能与作用；
掌握税收的特征；
理解税法的概念及要素；
了解我国现行的税收体系；
掌握税务登记的内容；
掌握涉税账簿、凭证和发票的管理办法；
了解纳税申报的内容。

经济基础决定上层建筑，国家通过取得财政收入进行国家机器的建设，通过提供公共产品满足人民群众日益增长的物质文化需要与精神文化需要。税收作为国家取得财政收入的重要来源，具有强制性、无偿性和固定性三个特征。国家通过立法的形式，对纳税义务人、征税对象、税目、税率、计税依据、纳税环节、纳税地点、纳税期限、税收优惠、法律责任等税法要素予以确定。任何组织从成立时进行的税务设立登记，到发生应税行为时进行的纳税申报，再到组织发生变更时进行的税务变更登记，直至组织行为终止时进行的税务注销登记都应按照国家税收法律制度的相关规定进行。因此，对纳税实务的学习应从对“纳税基础知识”的认知开始。

任务一 税收认知

一、税收的基本内容

（一）税收的概念

税收是指国家为实现国家职能，凭借政治权力，按照法律规定，无偿参与国民收入分配、取得财政收入的一种形式。

税收的概念可从以下四个方面进行理解：

(1) 税收是以国家为主体的特殊分配形式。税收分配的实质是国家把生产者创造的一部分社会产品强制变为国家所有的过程，在此过程中，形成了国家与国家、国家与企业、国家与个人之间的分配关系，并引起了企业与企业、企业与个人之间以及个人与个人之间分配关系的改变。因此，税收的征税主体只能是国家。在我国，代表国家行使征税职责的国家行政机关包括各级税务机关和海关。

(2) 税收的目的是实现国家职能。国家为实现其政治、经济与社会职能，必须建立相应的国家机器，兴办各种社会公共事业，提供公共产品，这些都需要投入大量的财政资金作为保障。国家取得财政资金的方式多种多样，包括税收、发行货币、发行国债、收费、罚没等，但税收在财政收入中占主导地位，是征收面最广、最稳定的财政收入形式。目前，税收已经被世界各国普遍采用，并且已经成为国家行使国家职能的重要形式。

(3) 税收的依据是国家权力。国家取得财政收入可以依据其财产权力，即国家凭借其对生产资料的占有参与一部分社会产品价值的分配，如收取土地出让金、资源使用费等；也可依据其政治权力，税收就是国家凭借其政治权力，依照法律规定，对一部分社会产品价值进行的分配和再分配。

(4) 税收分配的对象是剩余产品价值。税收是对剩余产品价值，即社会产品中的剩余价值进行的分配。税收的分配和使用直接影响着国家经济的发展方向和发展速度。

(二) 税收的特征

税收与其他财政收入相比，具有强制性、无偿性和固定性的特征，习惯上称为税收的“三性”。

1. 强制性

强制性是指国家以社会管理者的身份，凭借政治力量，依据政治权力，通过颁布法律或政令进行强制征收。负有纳税义务的社会团体和社会成员，都必须遵守国家强制性的税收法令，在国家税法规定的限度内，纳税人必须依法纳税，否则就要受到法律的制裁。

税收的强制性体现在两个方面：第一，税收分配关系的建立具有强制性，即税收征收完全是凭借国家拥有的政治权力；第二，税收的征收过程具有强制性，即如果出现了税收违法行为，国家可以依法进行处罚。

【基础巩固 1-1】 税收的强制性表明，国家税收的依据是(　　)。

A. 财产权利　　　　B. 民事权利

C. 分配权力　　　　D. 政治权力

解析　答案为 D。强制性是指国家以社会管理者的身份，凭借政治力量，依据政治权力，通过颁布法律或政令进行强制征收。

2. 无偿性

无偿性是指通过征税，社会团体和社会成员的一部分收入转归国家所有，国家不向纳税人支付任何报酬或代价。税收的无偿性与国家凭借政治权力进行收入分配的本质相联系。

税收的无偿性体现在两个方面：第一，政府获得税收收入后无须向纳税人直接支付任何报酬；第二，政府征得的税收收入不再直接返还给纳税人。税收的无偿性是税收本质的体现，它反映的是一种社会产品的所有权、支配权单方面转移的关系，而不是等价交换关系。税收的无偿性是区分税收收入和其他财政收入的重要特征。

3. 固定性

固定性是指税收是按照国家法令规定的标准征收的，即纳税义务人、征税对象、税目、税率、计税依据、纳税环节、纳税地点、纳税期限、纳税地点、税收优惠法律责任等都是以法律形式规定的，征纳双方必须共同遵守。

税收的"三性"完整统一，相辅相成。其中，强制性是实现税收无偿征收的保证，无偿性是税收本质的体现，固定性是强制性和无偿性的必然要求。

（三）税收的职能

税收的职能是指税收固有的职责和功能，是税收本质的具体表现。一般来说，税收具有财政职能、经济职能、监督职能三大职能。

1. 财政职能

财政职能是指税收是国家组织财政收入，满足社会公共需要的职能，即税收作为参与社会产品分配的一种手段，将一部分剩余产品由社会成员所有转移至国家所有，从而形成国家财政收入的能力。财政职能是税收的基本职能。

2. 经济职能

经济职能又称调节手段职能，是指税收具有通过改变社会财富的分配状况来影响不同经济主体的物质利益，从而引导社会经济的发展速度与发展方向，促进社会经济稳定发展的功能和作用。

税收的经济职能体现在两个方面：一是对经济运行的调节，即国家可以通过税种的设置、征税范围的确定、税率的设计及减免税政策来影响相关行业及企业的净利润，从而有目的地对社会经济活动进行引导，对社会经济结构进行调整；二是对收入分配的调节，即国家在凭借强制力参与社会分配、减少社会各集团及其成员在国民收入分配中的份额的同时，通过相关税法要素的设计使得各社会团体及其成员的可支配收入的减少并不是均等的，即所得多则多缴税，所得少则少缴税，通过税收的再分配来降低贫富差距，促进社会经济的持续健康发展。

3. 监督职能

监督职能是指税收对社会经济活动进行监督管理的职能。税收政策体现着国家意志，税收制度是纳税人必须遵守的法律准绳，约束着纳税人的经济行为。国家的征税行为建立在日常深入细致的税务管理基础之上，具体要做到掌握税源；了解情况；发现问题；监督纳税人依法纳税，并同违反税收法律的行为做斗争；监督社会经济活动方向；维护社会生活秩序。因此，税收是国家监督社会经济活动方向强有力的工具。

（四）税收的作用

税收的作用是指税收在一定社会经济条件下所发挥的效能，是对社会经济活动产生的各种影响。税收的作用是税收内在职能的外在表现，其受社会客观条件及税收具体制度的制约。在社会主义市场的经济运行中，税收具有资源配置、收入再分配、稳定经济和维护国家政权的作用。

1. 资源配置

税收的资源配置体现在两个方面：一是为提供公共产品筹集资金；二是通过影响消费改

变社会的资源配置。

2. 收入再分配

税收的收入再分配体现在两个方面：一是通过税收征收使得市场分配机制下形成的收入差距得以缩小，即初次分配中的高收入者多缴税，低收入者少缴税，使税后收入趋于公平；二是通过税收支出、税收优惠对国民收入进行的收入再分配。

3. 稳定经济

国家通过税种的设置以及税目、税率、减免税等方面的规定影响投资行为，从而对社会总需求产生影响，并对社会生产、交换、分配和消费进行调节，促进社会经济的健康稳定发展。

4. 维护国家政权

国家政权是税收产生和存在的必要条件，同时，国家政权的存在又依赖于税收的存在。没有税收，国家机器就不可能有效运转。

素质课堂

近年来，我国明星、网红偷税漏税现象频发，严重影响了社会风气。税务部门依托税收大数据分析，对存在涉税风险的从业人员，按照"提示提醒、督促整改、约谈警示、立案稽查、公开曝光"进行处置。从党的二十大报告中可看出，我国未来将继续完善个人所得税法条款，加大对偷逃个人所得税等违法行为的查处。

请同学们谈谈我国税收违法行为的分类及处罚规定。

二、税法的概念及要素

（一）税法的概念

税法，即税收法律制度，是调整国家和纳税人之间在征、纳税各方面权利及义务关系的法律规范的总称，是国家法律的重要组成部分。税法是国家税务机关依法征税、是一切纳税单位和个人依法纳税的行为准则，是维护社会经济秩序和纳税秩序，保障国家利益和纳税人利益的法律规范。

（二）税法要素

税法体系包括实体法和程序法，税法要素是各单行税法所共同具有的基本要素，包括纳税义务人、征税对象、税目、税率、计税依据、纳税环节、纳税地点、纳税期限、税收优惠、法律责任等。

1. 纳税义务人

纳税义务人又称纳税人，是税法规定的直接负有纳税义务的法人或自然人。纳税义务人的确定解决了对谁征税的问题。

2. 征税对象

征税对象是税收法律关系中权利和义务共同指向的对象。征税对象的确定解决了对什么征税的问题。不同的征税对象是区别不同税种的标志。

【基础巩固 1-2】 区别不同税种的主要标志是(　　)。

A. 税率　　B. 纳税人

C. 征税对象　　D. 纳税期限

解析　答案为C。不同的征税对象是区别不同税种的标志。

3. 税目

税目是指税法中具体规定应当征税的项目,是征税对象的具体化。规定税目的目的有两个:一是明确征税的具体范围;二是对不同的征税项目加以区分,从而制定高低不同的税率。

4. 税率

税率是应纳税额与计税金额(或数量单位)之间的比例。税率是计算税额的尺度,税率的高低直接关系纳税人的纳税负担和国家的财政收入,体现了国家在一定时期内的税收政策,是税收法律制度的核心要素。我国现行的税收法律制度采用的税率有比例税率、累进税率和定额税率。

(1) 比例税率。比例税率是指对同一征税对象,不论其数额大小,均按同一个比例征税的税率。比例税率在征收与管理的过程中具有计算简便,使用广泛的特征,我国的增值税、企业所得税均采用比例税率。比例税率根据不同的情况又可分为单一比例税率、差别比例税率和幅度比例税率。

① 单一比例税率。单一比例税率是指对一个税种仅规定一种比例税率。

② 差别比例税率。差别比例税率是指对一个税种根据不同的情况规定不同的比例税率,如根据产品的不同制定产品差别比例税率,根据行业的不同制定行业差别比例税率,根据地区的不同制定地区差别比例税率。

③ 幅度比例税率。幅度比例税率在税法规定的幅度范围内,由经过授权的地方人民政府根据实际情况因地制宜地制定本地区适用的比例税率,或者在实际征收时根据不同的征收对象确定不同的比例税率。

(2) 累进税率。累进税率是指根据征税对象数额的大小划分不同的等级,随着等级的提高而提高税率,即征税对象数额越大,税率越高,应纳税额越多。累进税率又分为超额累进税率和超率累进税率。

① 超额累进税率。超额累进税率是将征税对象的数额逐步递增,划分为若干等级,按等级规定相应的递增税率,对每个等级分别计算税额。我国的个人所得税就是按照超额累进税率征税的。

② 超率累进税率。超率累进税率是按照征税对象的某种递增比例划分若干等级,按等级规定相应的递增税率,对每个等级分别计算税额。我国的土地增值税即采用超率累进税率。

(3) 定额税率。定额税率又称固定税额,是指按征税对象的一定单位(如体积、重量、数量等)征收固定的税额。例如,我国的车船税就是按照定额税率征税的。

我国现行税率中的定额税率有地区差别定额税率、分类分级定额税率、幅度定额税率和地区差别、分类分级和幅度相结合的定额税率四种形式。

① 地区差别定额税率，即对同一征税对象按照不同地区分别规定不同的征税数额。

② 分类分级定额税率，即把征税对象按一定的标准分为类、项或级，然后按不同的类、项或级分别规定不同的征税数额。

③ 幅度定额税率，即在统一规定的征税幅度内根据纳税人拥有的征税对象或发生课税行为的具体情况，确定纳税人的适用税率。

④ 地区差别、分类分级和幅度相结合的定额税率，即对同一征税对象在按照地区差别或分类分级定额税率的前提下，实行幅度定额税率。

5. 计税依据

计税依据是计算应纳税额的依据。计税依据解决了税收法律关系中根据什么来计算应纳税额的问题。计税依据分为三种：一是从量计征，即以征税对象的计量单位（如体积、重量、数量等）作为计税单位；二是从价计征，即以计税金额作为计税依据，计税金额是征税对象的数量乘以单价；三是复合计征，即征税对象的计量单位和计税金额均为其计税依据。

6. 纳税环节

纳税环节是税法规定的征税对象在生产到消费的流转过程中应当缴纳税款的环节。

7. 纳税地点

纳税地点是规定某些纳税人和征税对象纳税的具体地点。

8. 纳税期限

纳税期限是纳税人的纳税义务产生后应当依法缴纳税款的期限。我国现行的税收法律制度中关于纳税期限的规定有两种：一是按期缴纳，即根据纳税间隔期按期缴纳，纳税间隔期分为1日、3日、5日、10日、15日、1个月和1个季度。例如，我国的增值税和消费税均采用按期缴纳的方式征税；二是按次缴纳，即以纳税人从事生产经营活动的次数作为纳税期限。

9. 税收优惠

税收优惠是指国家对某些纳税人和征税对象给予照顾和鼓励的特殊规定。我国税收法律制度制定税收优惠政策的目的有两个：一是鼓励和支持某些项目和行业的发展；二是照顾某些纳税人的特殊困难。

税收优惠包括三个方面的内容：减税和免税、起征点、免征额。

（1）减税和免税。减税是指对应征税款减少征收部分税款。免税是指对按规定应该征收的税款予以免除。减税和免税又分为两种情况：一是根据税法规定的长期减、免税项目；二是根据税法的相关规定在一定期限内的减、免税措施，期满之后仍需按税法规定依法纳税。

（2）起征点。起征点又称征税起点，是对征税对象开始征税的最低界限。征税对象的收入金额没有达到起征点的不征税，达到或者超过起征点的按全部金额征税。

【基础巩固 1-3】 起征点是指征税对象开始征税的金额起点。征税对象的收入金额达不到起征点的不征税，达到起征点的，对超过起征点的部分征税。 （ ）

解析 答案为错误。起征点又称征税起点，是对征税对象开始征税的最低界限。征税对象的收入金额没有达到起征点的不征税，达到或者超过起征点的按全部金额征税。

(3) 免征额。免征额是指征税对象总额中免予征税的数额，即对征税对象数额中的一部分给予减免，就减免后的剩余部分计征税款。

10. 法律责任

法律责任是指对违反国家税收法律制度相关规定的行为人所采取的处罚措施。税法中的法律责任包括行政责任和刑事责任两种。

(1) 行政责任。行政责任是指国家行政机关或国家授权单位依行政程序对违反法律法规规定的单位和个人进行的制裁，包括罚款、没收违法所得、停止出口退税权等。

(2) 刑事责任。刑事责任是指犯罪人因实施犯罪行为所应承受的由国家审判机关(中华人民共和国人民法院)依照刑事法律给予的制裁。刑事责任通过刑法体现，包括主刑和附加刑。

① 主刑。主刑是对犯罪分子适用的主要刑罚方法，包括管制、拘役、有期徒刑、无期徒刑和死刑。

② 附加刑。附加刑是补充、辅助主刑使用的刑罚方法，包括罚金、剥夺政治权利、没收财产和驱逐出境。

【基础巩固 1-4】 下列各项中，属于税法基本要素的有(　　)。

A. 计税依据　　B. 纳税义务人

C. 征税对象　　D. 纳税期限

解析　答案为 A、B、C、D。税法要素是各单行税法所共同具有的基本要素，包括纳税义务人、征税对象、税目、税率、计税依据、纳税环节、纳税地点、纳税期限、税收优惠、法律责任等。

三、我国现行的税收体系

我国现行的税收体系是一个由多种税种组成的复税制体系，这个复税制体系可以使我国税收多环节、多层次地发挥作用。我国现行税种可按征税对象的性质、税收与价格的关系、计税标准、税收管理和使用权限及税负能否转嫁进行分类。

(一) 按征税对象的性质划分

按征税对象的性质进行分类是税收最基本和最主要的分类方法。我国现行税种按征税对象性质的不同可分为流转税、所得税、财产税、行为税和资源类税。

1. 流转税

流转税又称流通税，是以纳税人的商品生产、流通环节的流转额或者数量以及非商品交易的营业额为征税对象征收的一类税，主要包括增值税、消费税和关税。流转税是我国现行税收体系中的主要税种，是我国税收收入的主要来源。

2. 所得税

所得税是以纳税人在一定期间获得的所得额为征税对象征收的一类税，包括企业所得税和个人所得税。其作用是在初次分配以后对生产经营者的利润和个人的收入进行调节。

3. 财产税

财产税是以纳税人所拥有或支配的财产为征税对象征收的一类税，主要包括房产税、车船税、契税等，其作用是对纳税人购置财产的行为进行调节。

4. 行为税

行为税是以纳税人的某些特定行为为征税对象征收的一类税，主要包括印花税、车辆购置税、城市维护建设税，其作用是对纳税人的某些行为进行调节。

5. 资源类税

资源类税是以开发利用和占有自然资源及某些社会资源而获取的收入为征税对象征收的一类税，主要包括资源税、城镇土地使用税、土地增值税等，其作用是对因开发和利用自然资源差异而形成的收入差距进行调节。

（二）按税收与价格的关系划分

按税收与价格关系的不同，税收可分为价内税和价外税。

1. 价内税

价内税是指税金包含在价格之中，作为价格组成部分的税种，如消费税。

2. 价外税

价外税是指商品价格中不包含税金的税种，如增值税。

（三）按计税标准不同划分

按计税标准的不同，税收可分为从价税、从量税和复合税。

1. 从价税

从价税是以征税对象的价格为计税依据，按照一定比例计征税额的一种税，如增值税、企业所得税。

2. 从量税

从量税是以征税对象的实物量（如数量、体积、重量等）作为计税依据来计算应纳税额的一种税，如车船税。

3. 复合税

复合税是对征税对象既征收从价税又征收从量税的一类税，如白酒的消费税。

（四）按税收管理和使用权限的不同划分

按税收管理与使用权限的不同，税收可分为中央税、地方税和中央与地方共享税。

1. 中央税

中央税是指由中央政府管理和使用的一类税，包括消费税、关税、车辆购置税和海关代征的进口增值税。

2. 地方税

地方税是由地方政府管理和使用的一类税，包括土地增值税、契税、房产税、城镇土地使用税、耕地占用税和车船税。

3. 中央与地方共享税

中央与地方共享税是指主要管理权限归中央政府，由中央政府和地方政府共同享有并按一定比例分享税收收入的一类税，包括增值税、资源税、城市维护建设税、企业所得税、个人所得税和印花税。

(五) 按税负能否转嫁划分

按税负能否转嫁，税收可分为直接税和间接税。

1. 直接税

直接税是指由纳税人直接负担，不易转嫁的税种，如所得税和财产税。

2. 间接税

间接税是指纳税人能将税负转嫁给他人的税种，如增值税和消费税。

任务二 税务管理

税务管理是指税收征收管理机关为了贯彻执行国家的税收法律制度，加强税收工作，协调税收征收关系而开展的一项管理活动。税务管理是税收征收的前提和基础性工作，税务管理主要包括税务登记、账簿和凭证管理、发票的使用和管理、纳税申报等方面的内容。

一、税务登记

税务登记，是指纳税人为依法履行纳税义务就有关纳税事宜依法向税务机关办理登记的一种法定手续，它是整个税收征收管理的首要环节。税务登记有利于税务机关了解纳税人的基本情况，掌握税源，加强征收与管理，防止漏管漏征，建立税务机关与纳税人之间正常的工作联系，强化税收政策和法规的宣传，增强纳税意识等。

纳税人必须按照税法规定的期限办理设立税务登记、变更税务登记或注销税务登记。

(一) 设立税务登记

1. 税务登记的范围

按照“多证合一”等商事制度改革要求，领取加载统一社会信用代码证件的，企业、农民专业合作社、个体工商户及其他组织无需单独到税务机关办理该事项，其领取的证件作为税务登记证件使用。

“多证合一”改革之外的其他组织，如事业单位社会组织、境外非政府组织等，应当依法向税务机关办理税务登记，领取税务登记证件。

2. 税务登记的时限要求

需要办理税务登记的组织，若资料齐全、符合法定形式、填写内容完整的，税务机关受理后可以即时办结。首次办理涉税事宜时，应对税务机关依据市场监督管理等部门共享信息制作的《“多证合一”登记信息确认表》进行确认，对其中不全的信息进行补充，对不准确的信息进行更正。

纳税人采用新办纳税人"套餐式"服务的，可一并办理以下涉税事项：电子税务局开户、登记信息确认、财务会计制度及核算软件备案纳税人存款账户账号报告、增值税一般纳税人登记、发票票种核定、增值税专用发票最高开票限额审批.实名办税、增值税税控系统专用设备初始发行、发票领用。

（二）变更税务登记

1. 变更税务登记的适用范围

变更税务登记，是指纳税人办理设立税务登记后，因税务登记内容发生变化，向税务机关申请将税务登记内容重新调整为与实际情况一致的一种税务登记管理制度。变更税务登记的适用范围如下。

(1) 改变纳税人名称、法定代表人的；

(2) 改变住所经营地点的(不含改变主管税务机关的)；

(3) 改变经济性质或企业类型的；

(4) 改变经营范围、经营方式的；

(5) 改变产权关系的；

(6) 改变注册资金的。

2. 变更税务登记的时限要求

税务登记内容发生变化，按规定纳税人须在市场监督管理机关办理注册登记的，应自市场监督管理部门办理变更登记之日起 30 日内，向原税务登记机关申报办理变更税务登记。

税务登记内容发生变化，纳税人按照规定不需要在市场监督管理机关办理变更登记，或者其变更登记的内容与工商登记内容无关的，应当自税务登记内容实际发生变化之日起 30 日内，或者自有关机关批准或者宣布变更之日起 30 日内，持有关证件到原税务登记机关申报办理变更税务登记。

（三）注销税务登记

1. 注销税务登记的适用范围

注销税务登记的适用范围如下。

(1) 纳税人发生解散破产撤销的；

(2) 纳税人被市场监督管理机关吊销营业执照的；

(3) 纳税人因住所经营地点或产权关系变更而涉及改变主管税务机关的；

(4) 纳税人发生的其他应办理注销税务登记情况的。

2. 注销税务登记的时限要求

纳税人应在向市场监督管理机关办理注销登记前，持有关证件向主管税务机关申报办理注销税务登记。纳税人按规定不需要在市场监督管理机关办理注销登记的，应当自有关机关批准或者宣告终止之日起 15 日内，持有关证件向主管税务机关申报办理注销税务登记。纳税人被市场监督管理机关吊销营业执照的，应自营业执照被吊销之日起 15 日内，向主管税务机关申报办理注销税务登记。

纳税人在办理注销登记前，应当向税务机关结清应纳税款、滞纳金、罚款、缴销发票、税务登记证件和其他税务证件。

二、税务登记的管理

1. 税务登记证的使用范围

除按照规定不需要发给税务机关登记证件的外，纳税人办理下列事项时，必须持税务登记证件：

(1) 开立银行账户；

(2) 申请减税、免税、退税；

(3) 申请办理延期申报，延期缴纳税款；

(4) 领购发票；

(5) 填报《跨区域涉税事项报告表》；

(6) 办理停业、歇业；

(7) 其他有关税务事项。

2. 税务登记的审验

(1) 税务机关对税务登记证件实行定期验证和换证制度。纳税人应当在规定的期限内持有关证件到主管税务机关办理验证或者换证手续。

(2) 纳税人应当将税务登记证件正本在其生产、经营场所或者办公场所公开悬挂，接受税务机关检查。

(3) 纳税人遗失税务登记证件的，应当在15日内书面报告主管税务机关，并登报声明作废。

(4) 根据《国家税务总局关于创新跨区域涉税事项报验管理制度的通知》(税总发[2017]103号文件)，纳税人跨区城经营前不再开具相关证明，改为填报《跨区城涉税事项报告表》。纳税人跨省(自治区、直辖市和计划单列市)临时从事生产经营活动的，不再开凤《外出经营活动税收管理证明》，改向机构所在地的税务机关填报《跨区域涉税事项报告表》。纳税人在省(自治区、直辖市和计划单列市)内跨县(市)临时从事生产经营活动的是否实施跨区域涉税事项报验管理由各省(自治区、直辖市和计划单列市)税务机关自行确定。

《国家税务总局关于创新跨区域涉税事项报验管理制度的通知》(税总发[2017]103号文件)同时取消跨区城涉税事项报验管理的固定有效期。税务机关不再按照180天设置报验管理的固定有效期，改按跨区域经营合网执行期限作为有效期限。合同延期的，纳税人可向经营地或机构所在地的税务机关办理报验管理有效期限延期手续。

【基础巩固1-5】 “五证合一、一照一码”企业登记制度改革中的“五证”是指(　　)。

A. 营业执照　　B. 统计登记证

C. 税务登记证　　D. 社会保险登记证

E. 组织机构代码证

解析 答案为A、B、C、D、E。“五证合一”是指将原来由工商行政管理部门核发的工商营业执照、质量技术监督部门核发的组织机构代码证、税务部门核发的税务登记证、劳动保障行政部门核发的社会保险登记证和统计部门核发的统计登记证，改为一次申请，由工商行政管理部门核发的加载法人和其他组织统一社会信用代码的营业执照。

三、账簿和凭证管理

账簿是纳税人用以连续登记各种经济业务的账册或簿籍。凭证是记录经济业务，明确经济责任的书面证明，是记账和查账的重要依据。从税收角度来看，账簿和凭证的管理是纳税人记载、核算应纳税额，填报纳税申报表的数据来源，是纳税人正确履行纳税义务的基础。

（一）账簿和凭证的设置

（1）从事生产、经营的纳税人应自领取营业执照之日起15日内设置账簿。

（2）扣缴义务人应当自扣缴义务发生之日起10日内，按所代扣、代收的税种，分别设置代扣代缴和代收代缴税款的账簿。

（3）生产经营规模小又确无建账能力的个体工商户，可以聘请注册会计师或者经税务机关认可的财会人员代为建账和办理账务；聘请注册会计师或者经税务机关认可的财会人员有实际困难的，经县以上税务机关批准，可以按税务机关的规定，建立收支凭证粘贴簿、进货销货登记簿等。

【基础巩固1-6】 从事生产、经营的纳税人应自领取营业执照之日起（　　）日内设置账簿。

A. 5　　　　B. 10

C. 15　　　　D. 20

解析 答案为C。从事生产、经营的纳税人应自领取营业执照之日起15日内设置账簿。

纳税义务人和扣缴义务人会计制度健全，能够通过计算机正确、完整地计算其收入或所得的，其计算机储存和输出的会计记录，可视同会计账簿，但是应当打印成书面记录并完整保存；会计制度不健全，不能通过电子计算机正确、完整地计算其收入或所得的，应当建立总账和与纳税或者代扣代缴、代收代缴税款有关的其他账簿。

（二）账簿和凭证的备案

（1）从事生产经营的纳税人自领取税务登记证件之日起15日内，领取“五证合一”营业执照的纳税人在办理税务信息的补充登记之日起15日内，应将其财务、会计制度或者财务、会计处理办法报送税务机关备案。

（2）纳税人和扣缴义务人采用计算机记账的，应当在使用前将其记账软件、程序和使用说明书及有关资料报送主管税务机关备案。

（3）从事生产、经营的纳税人的财务、会计制度或者财务、会计处理办法与国务院或者国务院财政、税务主管部门有关税收的规定抵触的，依照国务院或者国务院财政、税务主管部门有关税收的规定计算纳税。

（三）账簿和凭证的保管

纳税人和扣缴义务人的各类账簿、会计凭证、报表、完税凭证及其他有关纳税资料应当保存10年。

四、发票的使用和管理

发票是指在购销商品、提供或者接受服务，以及从事其他经营活动中，开具、收取的收付款凭证。发票是会计核算的原始依据,也是税务机关控制税源、征收税款的重要依据。

(一) 发票的种类

1. 增值税专用发票、增值税普通发票和其他发票

从广义上来看,发票可分为增值税专用发票、增值税普通发票和其他发票。

(1) 增值税专用发票包括增值税专用发票和税控机动车销售统一发票。

(2) 增值税普通发票包括增值税普通发票(联式)、增值税普通发票(卷式)、增值税电子普通发票。

(3) 其他发票包括农产品收购发票、农产品销售发票、门票、过路(过桥)费发票、定额发票、客运发票和二手车销售统一发票等。

2. 增值税防伪税控系统开具的发票和其他发票

从狭义上来看,发票可分为通过增值税防伪税控系统开具的发票和其他发票。

(1) 通过增值税防伪税控系统开具的发票包括增值税专用发票、增值税普通发票(联式)、增值税普通发票(卷式)、增值税电子普通发票、机动车销售统一发票。

(2) 其他发票包括通用机打发票(联式)、通用机打发票(卷式)、通用定额发票、客运发票、通行费发票、出租车发票、门票、冠名发票。

增值税防伪税控系统包括专用设备、通用设备、运用数字密码和电子存储技术管理专用发票的计算机管理系统,是国家为加强增值税的征收管理,提高纳税人依法纳税的自觉性,及时发现和查处增值税偷税、骗税行为而实施的国家金税工程的主要组成部分。专用设备包括税控金税卡、IC 卡、读卡器、金穗盘、报税盘和其他设备。通用设备包括计算机扫描器具和其他设备。

(二) 发票的领购

需要领购发票的单位和个人,应当持税务登记证件(或“五证合一”营业执照)、经办人身份证明,按照国务院税务主管部门规定式样制作的发票专用章的印模,向主管税务机关办理发票领购手续。

单位和个人领购发票时,应当按照税务机关的规定报告发票使用情况以便税务机关按照规定进行查验。

需要临时使用发票的单位和个人可以凭购销商品、提供或者接受服务,以及从事其他经营活动的书面证明、经办人身份证明,直接向经营地税务机关申请代开发票。

(三) 发票的开具

开具发票应当按照规定的时限、顺序、栏目,全部联次一次性如实开具,并加盖发票专用章。

(四) 发票的保管

开具发票的单位和个人应该建立严格的发票管理制度,专人负责,专库保管,专账登记,定期盘点。

安装税控装置的单位和个人,应当按照规定使用税控装置开具发票,并按期向主管税务机关报送开具发票的数据;使用非税控电子器具开具发票的,应当将非税控电子器具使用的

软件程序说明资料报主管税务机关备案，并按照规定保存、报送开具发票的数据。

已经开具的发票存根联和发票登记簿，应当保存 5 年。保存期满，报经主管税务机关查验后销毁。

五、纳税申报

纳税申报是纳税人就纳税事项向税务机关提出书面申报的一种法定手续。

根据我国税法的相关规定，不论税务机关采用何种形式征收税款，纳税人必须按期向纳税机关报送统一格式的纳税申报表、财务会计报表和其他纳税资料，如实填报纳税事项，准确计算应纳税额。

（一）纳税申报的方式

纳税申报的方式包括直接申报、邮寄申报、数据电文申报和简易申报。

(1) 直接申报。直接申报又称上门申报，是指纳税人和扣缴义务人在规定的申报期限内，自行到税务机关指定的办税服务场所报送纳税申报表、代扣代缴报告表、代收代缴报告表及有关资料的行为。

(2) 邮寄申报。邮寄申报是经税务机关批准后，纳税人和扣缴义务人使用统一的纳税申报专用信封，通过邮政部门办理交寄手续，并以邮政部门的收据作为申报凭证的申报方式。邮寄申报以寄出时的邮戳日期为实际申报日期。

(3) 数据电文申报。数据电文申报又称电子申报，是纳税人和扣缴义务人在规定的申报期限内，通过税务机关确定的电话语音、电子数据交换和网络传输等电子方式完成纳税申报的申报方式。数据电文申报的申报日期以税务机关计算机网络系统收到该数据电文的时间为准。纳税人采用数据电文方式申报纳税的，应当按照税务机关规定的期限和要求保存相关资料，并定期报送主管税务机关。

(4) 简易申报。简易申报是指实行定期定额征收方式的纳税人，经税务机关批准，通过以缴纳税款凭证代替申报并可简并征期的一种申报方式。

（二）纳税申报的注意事项

(1) 纳税人在纳税期内没有应纳税款也应当按照规定办理纳税申报。

(2) 纳税人享受减税和免税待遇的，在减税和免税期也应当按照规定办理纳税申报。

（三）纳税申报的延期办理

发生以下两种情况，纳税人可以延期办理纳税申报。

1. 因纳税人自身原因需要延期

纳税人和扣缴义务人按照规定的期限办理纳税申报或者报送代扣代缴、代收代缴税款报告表确有困难、需要延期的，应当在规定期限内向税务机关提交书面延期申请，经税务机关核准，纳税人和扣缴义务人可在纳税期内按照上期实际缴纳的税额或者税务机关核定的税额预缴税款，并在核准的延期内办理纳税申报与税款结算。

2. 因不可抗力需要延期

纳税人和扣缴义务人因不可抗力，不能按期办理纳税申报或者报送代扣代缴、代收代缴

税款报告表的，可以延期办理；但应当在不可抗力消除后立即向税务机关报告。

小贴士

自2021年8月1日起，增值税、消费税分别与城市维护建设税、教育费附加、地方教育附加申报表整合，启用《增值税及附加税费申报表（一般纳税人适用）》、《增值税及附加税费申报表（小规模纳税人适用）》、《增值税及附加税费预缴表》及其附列资料和《消费税及附加税费申报表》，《废止文件及条款清单》所列文件、条款同时废止。

思考练习

一、单项选择题

1. 税收本质的体现是指税收的（　　）。

A. 无偿性　　B. 固定性

C. 强制性　　D. 规定性

2. 税收的基本职能是（　　）。

A. 财政职能　　B. 经济职能

C. 管理职能　　D. 监督职能

3. （　　）的确定解决了对什么征税的问题。

A. 纳税人　　B. 税目

C. 征税对象　　D. 税率

4. 税收法律制度的核心要素是（　　）。

A. 纳税人　　B. 税目

C. 征税对象　　D. 税率

5. 我国税收收入的主要来源是（　　）。

A. 资源类税　　B. 流转税

C. 财产税　　D. 所得税

二、多项选择题

1. 税收的“三性”是指（　　）。

A. 无偿性　　B. 固定性

C. 强制性　　D. 规定性

2. 税收的职能包括（　　）。

A. 财政职能　　B. 经济职能

C. 管理职能　　D. 监督职能

3. 我国现行税收法律制度中采用的税率有（　　）。

A. 比例税率　　B. 累进税率

C. 定额税率　　D. 固定税率

4. 税收优惠包括(　　)三个方面的内容。

A. 减税和免税　　B. 起征点

C. 免征额　　D. 低税率

5. 按税收与价格关系的不同,税收可分为(　　)。

A. 从价税　　B. 从量税

C. 价内税　　D. 价外税

6. 下列各项中,不属于"五证合一"的是(　　)。

A. 营业执照　　B. 税务登记证

C. 银行卡　　D. 组织机构代码证

三、判断题

1. 税务机关的征税人员可以根据不同的纳税人使用不同的税率。(　　)

2. 我国的个人所得税采用超率累进税率的方式征税。(　　)

3. 征税对象的收入金额没有达到起征点的不征税。(　　)

4. 免征额是指对征税对象应纳税额进行全额减免。(　　)

5. 无论发生何种情况,均不得延期办理纳税申报。(　　)

劳动模范"最美退役军人"李红菊

在线测试

项目二 增值税纳税业务

● **知识目标**

掌握增值税的基本知识；

熟练增值税应纳税额的计算方法；

了解一般纳税人和小规模纳税人的增值税申报方法与增值税纳税申报表的填写规范。

增值税自 1979 年引进我国以来，已有 40 年的历史。近年来，随着社会经济形势的不断变化，增值税税收制度经历了数次较大规模的改革。自 2012 年 1 月 1 日起，为进一步完善增值税制，消除重复征税，促进经济结构优化，经国务院常务会议决定，在上海市开展交通运输业和部分现代服务业营业税改征增值税试点。自 2016 年 5 月 1 日起，在全国范围内全面推行营改增试点，将建筑业、房地产业、金融业、生活服务业等全部营业税纳税人纳入试点范围，由原来的缴纳营业税改为缴纳增值税。2019 年 3 月 20 日，财政部、国家税务总局、海关总署联合发布了《关于深化增值税改革的有关政策的公告》，进一步调低增值税的税率。本任务以“增值税基本税收政策认知—增值税的计算—增值税的纳税申报”为主线，全面介绍我国的增值税纳税业务。

任务一　增值税基本税收政策认知

增值税是对在我国境内销售货物、服务、无形资产或不动产以及提供加工、修理修配劳务、进口货物或应税服务、无形资产的单位和个人，就其取得的增值额为计税依据征收的一种流转税。

一、增值税的纳税人

（一）纳税人和扣缴义务人

1. 纳税人

凡在我国境内销售货物、服务、无形资产或不动产以及提供加工、修理修配劳务、进口货物或应税服务、无形资产的单位和个人都是增值税的纳税人。

单位是指企业、行政单位、事业单位、军事单位、社会团体及其他单位。个人包括个体工商户和其他个人。

单位以承包、承租、挂靠方式经营的，承包人、承租人、挂靠人（以下统称承包人）以发包人、出租人、被挂靠人（以下统称发包人）名义对外经营并由发包人承担相关法律责任的，以发包人为纳税人。否则，以承包人为纳税人。

资管产品运营过程中发生的增值税应税行为，以资管产品管理人为增值税纳税人。

2. 扣缴义务人

中华人民共和国境外的单位或个人在境内销售劳务，且在境内未设有经营机构的，以其境内代理人为扣缴义务人；在境内没有代理人的，以购买方为扣缴义务人。

（二）纳税人的种类

按生产规模大小和财务会计核算是否健全，可将增值税纳税人分为小规模纳税人和一般纳税人。

1. 小规模纳税人

增值税小规模纳税人的纳税标准为年应征增值税销售额在500万元及以下。小规模纳税人实行简易征税办法，且一般不使用增值税专用发票，但可以到税务机关申请代开增值税专用发票。

住宿业、建筑业和鉴证咨询业等行业的小规模纳税人试点自行开具增值税专用发票（销售其取得的不动产除外），税务机关不再代开。

【基础巩固 2-1】 根据增值税法律制度的规定，下列关于小规模纳税人征税规定的表述中，不正确的是（　　）。

A. 实行简易征税办法　　B. 一律不得使用增值税专用发票

C. 不允许抵扣增值税进项税额　　D. 可以请税务机关代开增值税专用发票

解析　答案为B。小规模纳税人实行简易征税办法，且一般不使用增值税专用发票，但可以到税务机关申请代开增值税专用发票。

2. 一般纳税人

除上述小规模纳税人外的其他纳税人为一般纳税人。一般纳税人可以使用增值税专用发票，实行税款抵扣制度。纳税人登记为一般纳税人后，不得转为小规模纳税人，国家税务总局另有规定的除外。

二、增值税的征税范围

增值税的征税范围包括在中华人民共和国境内销售的货物或劳务，销售的服务、无形资

产、不动产及进口货物。

（一）销售货物

销售货物是指在中国境内销售除土地、房屋和其他建筑物等不动产之外的有形动产，包括电力、热力、气体等。

（二）销售劳务

销售劳务是指在中国境内有偿提供加工、修理修配劳务。加工是指受托加工业务，即由委托方提供原料及主要材料，受托方按照委托方的要求制造货物并收取加工费的业务；修理修配是指受托对损伤和丧失功能的货物进行修复，使其恢复原状和功能的业务。

单位或者个体工商户聘用的员工为本单位或者雇主提供加工、修理修配劳务不包括在内。

【基础巩固 2-2】 根据增值税法律制度的规定，下列各项中应按照“销售应税劳务”税目计缴增值税的是（　　）。

A. 制衣厂员工为本厂提供的加工服装服务

B. 有偿提供的安装空调服务

C. 有偿提供的修理机器设备服务

D. 有偿提供的出租车服务

解析 答案为 C。A 选项为单位或者个体工商户聘用员工为本单位或者雇主提供的加工、修理修配劳务，不属于销售劳务的范围。B、D 选项为销售服务。

（三）销售服务

销售服务包括提供交通运输服务、邮政服务、电信服务、建筑服务、金融服务、现代服务和生活服务。

1. 交通运输服务

交通运输服务是指使用运输工具将货物或旅客送达目的地，使其空间位置得到转移的业务活动，包括陆路运输服务、水路运输服务、航空运输服务和管道运输服务。

（1）陆路运输服务。陆路运输服务是指通过陆路（地上或地下）运送货物或旅客的运输业务活动，包括铁路运输服务和其他陆路运输服务。

（2）水路运输服务。水路运输服务是指通过江、河、湖、川等天然、人工水道，或者海洋航道运送货物或旅客的运输业务活动。

（3）航空运输服务。航空运输服务是指通过空中航线运送货物或旅客的运输业务活动。

（4）管道运输服务。管道运输服务是指通过管道设施输送气体、液体、固体物质的运输业务活动。

出租车公司向使用本公司自有出租车的出租车司机收取的管理费用，按陆路运输服务征收增值税。

水路运输的程租、期租业务，属于水路运输服务。水路运输的光租业务，属于经营租赁服务。

航空运输的湿租业务，属于航空运输服务。航空运输的干租业务，属于经营租赁服务，按现代服务缴纳增值税。

航天运输服务，按航空运输服务征收增值税。

无运输工具承运业务，按照交通运输服务缴纳增值税。

2. 邮政服务

邮政服务是指中国邮政集团公司及其所属邮政企业提供邮件寄递、邮政汇兑和机要通信等邮政基本服务的业务活动，包括邮政普通服务、邮政特殊服务和其他邮政服务。

(1) 邮政普通服务。邮政普通服务是指函件、包裹等邮件寄递以及邮票发行、报刊发行和邮政汇兑等业务活动。

(2) 邮政特殊服务。邮政特殊服务是指义务兵平常信函、机要通信、盲人读物和革命烈士遗物的寄递等业务活动。

(3) 其他邮政服务。其他邮政服务是指邮册等邮品销售、邮政代理等业务活动。

3. 电信服务

电信服务是指利用有线、无线的电磁系统或光电系统等通信网络资源，提供语音通话服务，传送、发射、接收或者应用图像、短信等电子数据和信息的业务活动，包括基础电信服务和增值电信服务。

(1) 基础电信服务。基础电信服务是指利用固网、移动网、卫星、互联网提供语音通话服务的业务活动，以及出租或出售宽带、波长等网络元素的业务活动。

(2) 增值电信服务。增值电信服务是指利用固网、移动网、卫星、互联网、有线电视网络提供短信和彩信服务、电子数据和信息的传输及应用服务、互联网的接入服务等业务活动。

卫星电视信号落地转接服务，按照增值电信服务计算缴纳增值税。

自 2016 年 2 月 1 日起，纳税人通过楼宇、隧道等室内通信分布系统，为电信企业提供的语音通话和移动互联网等无线信号室分系统传输服务，分别按照基础电信服务和增值电信服务缴纳增值税。

4. 建筑服务

建筑服务是指各类建筑物、构筑物及其附属设施的建造、修缮、装饰，线路、管道、设备、设施等的安装以及其他工程作业的业务活动，包括工程服务、安装服务、修缮服务、装饰服务和其他建筑服务。

(1) 工程服务。工程服务是指新建、改建各种建筑物、构筑物的工程作业，包括与建筑物相连的各种设备或支柱、操作平台的安装或者装设工程作业，以及各种窑炉和金属结构工程作业。

(2) 安装服务。安装服务是指生产设备、动力设备、起重设备、运输设备、传动设备、医疗实验设备及其他各种设备、设施的装配、安置工程作业，包括与被安装设备相连的工作台、梯子、栏杆的装设工程作业，以及被安装设备的绝缘、防腐、保温、油漆等工程作业。

固定电话、有线电视、宽带、水、电、燃气、暖气等经营者向用户收取的安装费、初装费、开户费、扩容费及类似收费，按安装服务缴纳增值税。

(3) 修缮服务。修缮服务是指对建筑物、构筑物进行修补、加固、养护、改善，使之恢复原来的使用价值或者延长其使用期限的工程作业。

(4) 装饰服务。装饰服务是指对建筑物、构筑物进行修饰装修，使之美观或者具有特定用途的工程作业。

(5) 其他建筑服务。其他建筑服务是指上述工程作业之外的各种工程作业服务，如钻井(打井)、拆除建筑物或者构筑物、平整土地、园林绿化、疏浚(不包括航道疏浚)、建筑物平移、搭脚手架、爆破、矿山穿孔、表面附着物(包括岩层、土层、沙层等)剥离和清理等工程作业。

5. 金融服务

金融服务是指经营金融保险的业务活动，包括贷款服务、直接收费金融服务、保险服务和金融商品转让。

(1) 贷款服务。贷款服务是指通过将资金贷给他人使用而取得利息收入的业务活动。

各种占用、拆借资金取得的收入，包括金融商品持有期间(含到期)的利息(保本收益、报酬、资金占用费、补偿金等)收入、信用卡透支利息收入、买入返售金融商品利息收入、融资融券收取的利息收入以及融资性售后回租、押汇、罚息、票据贴现、转贷等业务取得的利息及利息性质的收入，按贷款服务缴纳增值税。

以货币资金投资收取的固定利润或保底利润，按贷款服务缴纳增值税。

(2) 直接收费金融服务。直接收费金融服务是指为货币资金融通及其他金融业务提供相关服务并收取费用的业务活动，包括提供货币兑换、账户管理、电子银行、信用卡、信用证、财务担保、资产管理、信托管理、基金管理、金融交易场所(平台)管理、资金结算、资金清算、金融支付等服务。

(3) 保险服务。保险服务是指投保人根据合同约定，向保险人支付保险费，保险人对合同约定的可能发生的事故因其发生所造成的财产损失承担赔偿保险金责任，或者当被保险人死亡、伤残、疾病或者达到合同约定的年龄、期限等条件时承担给付保险金责任的商业保险行为。保险服务包括人身保险服务和财产保险服务。

(4) 金融商品转让。金融商品转让是指转让外汇、有价证券、非货物期货和其他金融商品所有权的业务活动。其他金融商品转让包括基金、信托、理财产品等各类资产管理产品和各种金融衍生品的转让。

6. 现代服务

现代服务是指对制造业、文化产业、现代物流产业等提供技术性、知识性服务的业务活动，包括研发和技术服务、信息技术服务、文化创意服务、物流辅助服务、租赁服务、鉴证咨询服务、广播影视服务、商务辅助服务和其他现代服务。

(1) 研发和技术服务。研发和技术服务包括研发服务、合同能源管理服务、工程勘察勘探服务、专业技术服务。

(2) 信息技术服务。信息技术服务是指利用计算机、通信网络等技术对信息进行生产、收集、处理、加工、存储、运输、检索和利用，并提供信息服务的业务活动，包括软件服务、电路设计及测试服务、信息系统服务、业务流程管理服务和信息系统增值服务。

(3) 文化创意服务。文化创意服务包括设计服务、知识产权服务、广告服务和会议展览服务。

(4) 物流辅助服务。物流辅助服务包括航空服务、港口码头服务、货运客运场站服务、打捞救助服务、装卸搬运服务、仓储服务和收派服务。

(5) 租赁服务。租赁服务包括融资租赁服务和经营性租赁服务。

将建筑物、构筑物等不动产或者飞机、车辆等有形动产的广告位出租给其他单位或个人用于发布广告的，按经营租赁服务缴纳增值税。

车辆停放服务、道路通行服务（包括过路费、过桥费、过闸费）等按不动产经营租赁服务缴纳增值税。

（6）鉴证咨询服务。鉴证咨询服务包括认证服务、鉴证服务和咨询服务。

（7）广播影视服务。广播影视服务包括广播影视节目（作品）的制作服务、发行服务和播映（含放映）服务。

（8）商务辅助服务。商务辅助服务包括企业管理服务、经纪代理服务、人力资源服务和安全保护服务。

（9）其他现代服务。其他现代服务是指除研发和技术服务、信息技术服务、文化创意服务、物流辅助服务、租赁服务、鉴证咨询服务、广播影视服务和商务辅助服务以外的现代服务。

7. 生活服务

生活服务是指为满足城乡居民日常生活需求提供的各类服务活动，包括文化体育服务、教育医疗服务、旅游娱乐服务、餐饮住宿服务、居民日常服务和其他生活服务。

（1）文化体育服务。文化体育服务包括文化服务和体育服务。

（2）教育医疗服务。教育医疗服务包括教育服务和医疗服务。

（3）旅游娱乐服务。旅游娱乐服务包括旅游服务和娱乐服务。

（4）餐饮住宿服务。餐饮住宿服务包括餐饮服务和住宿服务。

（5）居民日常服务。居民日常服务主要是指为满足居民个人及其家庭日常生活需求提供的服务，包括市容市政管理、家政、婚庆、养老、殡葬、照料和护理、救助救济、美容美发、按摩、桑拿、氧吧、足疗、沐浴、洗染、摄影扩印等服务。

（6）其他生活服务。其他生活服务是指除文化体育服务、教育医疗服务、旅游娱乐服务、餐饮住宿服务和居民日常服务之外的生活服务。

小贴士

下列非经营活动的情形不属于增值税的征税范围：

（1）行政单位收取的同时满足以下条件的政府性基金或者行政事业性收费：

① 由国务院或者财政部批准设立的政府性基金，由国务院或者省级人民政府及其财政、价格主管部门批准设立的行政事业性收费。

② 收取时开具省级以上（含省级）财政部门监（印）制的财政票据。

③ 所收款项全额上缴财政。

（2）单位或者个体工商户聘用的员工为本单位或者雇主提供取得工资的服务。

（3）单位或者个体工商户为聘用的员工提供服务。

（4）财政部和国家税务总局规定的其他情形。

【基础巩固 2-3】 根据增值税法律制度的规定，下列各项中应按照“销售服务——生活服务”税目计缴增值税的是（　　）。

A. 文化创意服务　　　　B. 车辆停放服务

C. 广播影视服务　　　　D. 旅游娱乐服务

解析 答案为D。A、B、C选项应分别按“销售服务——现代服务”中的文化创意服务、租赁服务、广播影视服务计缴增值税。

(四) 销售无形资产

销售无形资产是指有偿转让无形资产，是转让无形资产所有权或使用权的业务活动。无形资产是指不具有实物形态，但能带来经济利益的资产，包括技术、商标、著作权、商誉、自然资源使用权和其他权益性无形资产。技术包括专利技术和非专利技术。自然资源使用权包括土地使用权、海域使用权、探矿权、采矿权、取水权和其他自然资源使用权。其他权益性无形资产包括基础设施资产经营权、公共事业特许权、配额、经营权(包括特许经营权、连锁经营权和其他经营权)、经销权、分销权、代理权、会员权、席位权、网络游戏虚拟道具、域名、名称权、肖像权、冠名权、转会费等。

(五) 销售不动产

销售不动产是指有偿转让不动产，是转让不动产所有权的业务活动。不动产是指不能移动或者移动后会引起其性质、形状改变的财产，包括建筑物、构筑物等。其中，建筑物包括住宅、商业营业用房、办公楼等可供居住、工作或者进行其他活动的建造物；构筑物包括道路、桥梁、隧道、水坝等建造物。转让建筑物的有限产权或者永久使用权的、转让在建的建筑物或者构筑物所有权的以及在转让建筑物或者构筑物时一并转让其所占土地的使用权的，按销售不动产缴纳增值税。有偿是指取得货币、货物或其他经济利益。

在境内销售是指销售货物的起运地或所在地在境内，包括销售服务(租赁不动产除外)或者无形资产(自然资源使用权除外)的销售方或者购买方在境内；销售或者租赁的不动产在境内；销售自然资源使用权的自然资源在境内。在境内提供劳务是指应税劳务的发生地在中国境内。

下列情形不属于在境内销售服务或者无形资产：

(1) 境外单位或者个人向境内单位或者个人销售完全在境外发生的服务。

(2) 境外单位或者个人向境内单位或者个人销售完全在境外使用的无形资产。

(3) 境外单位或者个人向境内单位或者个人出租完全在境外使用的有形动产。

(4) 财政部和国家税务总局规定的其他情形。

【基础巩固2-4】 根据营业税改征增值税试点相关规定，下列行为中应按照“销售不动产”税目计缴增值税的是(　　)。

A. 将建筑物的广告位出租给其他单位用于发布广告

B. 销售底商(建筑物底层商铺)

C. 转让高速公路经营权

D. 转让国有土地使用权

解析 答案为B。A选项应按“销售服务——现代服务”中的经营租赁服务计缴增值税，C、D选项应按“销售无形资产”计缴增值税。

(六) 销售进口货物

进口货物是指申报进入我国海关境内的货物。通常，境外产品要输入境内必须向我国海关申报进口并办理有关报关手续。只要是报关进口的应税货物，均属于增值税征税范围，在进口环节缴纳增值税(享受免税政策的货物除外)。

（七）视同销售

单位或者个体工商户的下列行为，虽然没有取得收入，也视同销售，征收增值税。

1. 视同销售货物

（1）将货物交付其他单位或者个人代销。

（2）销售代销货物。

（3）设有两个以上机构并实行统一核算的纳税人，将货物从一个机构移送至其他机构销售，但相关机构设在同一县（市）的除外。

（4）将自产、委托加工的货物用于集体福利或者个人消费。

（5）将自产、委托加工或者购进的货物作为投资，提供给其他单位或者个体工商户。

（6）将自产、委托加工或者购进的货物分配给股东或者投资者。

（7）将自产、委托加工或者购进的货物无偿赠送给其他单位或者个人。

【基础巩固 2-5】 根据《中华人民共和国增值税暂行条例》的规定，下列行为中属于视同销售，需要计征增值税的有（　　）。

A. 某商店为服装厂代销服装

B. 某商场将外购的部分食品用于职工福利

C. 单位向其他单位转让不动产

D. 某商场将外购的床单用于内部招待所

解析　答案为 A。B、D 选项为将外购货物用于集体福利，其购进货物的进项税额不允许抵扣，不属于增值税视同销售货物的情形；C 选项应按“销售不动产”计征增值税。

2. 视同销售服务、无形资产或者不动产

（1）单位或者个体工商户向其他单位或者个人无偿提供服务，但用于公益事业或者以社会公众为对象的除外。

（2）单位或者个人向其他单位或者个人无偿转让无形资产或者不动产，但用于公益事业或者以社会公众为对象的除外。

（3）财政部和国家税务总局规定的其他情形。

小贴士

下列项目不征收增值税：

（1）根据国家指令无偿提供的铁路运输服务、航空运输服务属于用于公益事业的服务。

（2）存款利息。

（3）被保险人获得的保险赔付。

（4）房地产主管部门或者其指定机构、公积金管理中心、开发企业及物业管理单位代收的住宅专项维修资金。

（5）在资产重组的过程中，通过合并、分立、出售、置换等方式，将全部或部分实物资产以及与其相关联的债权、负债和劳动力一并转让给其他单位和个人的，不属于增值税的征税范围。

【基础巩固 2-6】 根据营业税改征增值税试点的相关规定，下列各项中应征收增值税的是（　　）。

A. 商业银行提供直接收费金融服务收取的手续费

B. 物业管理单位代收的住宅专项维修资金

C. 被保险人获得的保险赔付

D. 存款人取得的存款利息

解析 答案为A。A选项应按“销售服务——金融服务”计缴增值税，B、C、D选项均为上述不征收增值税的项目。

（八）混合销售和兼营行为

1. 混合销售

一项销售行为如果既涉及服务又涉及货物，则为混合销售。从事货物的生产、批发或零售的单位和个体工商户的混合销售行为按“销售货物”计缴增值税；其他单位和个体工商户的混合销售行为按“销售服务”计缴增值税。从事货物的生产、批发或零售的单位和个体工商户包括以从事货物的生产、批发或零售为主，兼营销售服务为辅的单位和个体工商户在内。

自2017年5月1日起，纳税人销售活动板房、机器设备、钢结构件等自产货物的同时提供建筑、安装服务，并不属于混合销售，应分别核算货物和建筑服务的销售额，分别适用不同的税率或征收率。

2. 兼营行为

兼营行为是指纳税人兼营销售货物、劳务、服务、无形资产或者不动产的行为。

混合销售和兼营行为的区别如表2-1所示。

表2-1 混合销售和兼营行为的区别

种　类	界定标准	税务处理
混合销售	强调在同一项销售行为中存在两种经营项目的混合，二者有从属关系，且销售货款及服务价款是同时从一个购买方取得的	按纳税人经营主业缴纳增值税，销售额为货物销售额与服务销售额的合计
兼营行为	强调在同一纳税人的经营活动中存在两种经营项目，但这两类经营项目不是在同一项销售行为中发生的	纳税时应分别核算、分别按照适用税率征收增值税，未分别核算的从高计征

【基础巩固 2-7】 下列各项中，属于增值税混合销售行为的有（　　）。

A. 百货商店在销售商品的同时还提供送货服务

B. 餐饮公司在提供餐饮服务的同时还销售烟酒

C. 建材商店在销售木制地板的同时还提供安装服务

D. 歌舞厅在提供娱乐服务的同时还销售食品

解析 答案为A、B、C、D。A、B、C、D选项均属于混合销售行为。

三、增值税的税率和征收率

(一) 税率

1. 基本税率

增值税一般纳税人销售或进口货物,提供加工、修理修配劳务,提供有形动产租赁服务的适用基本税率,税率为13%。

2. 低税率

(1) 增值税一般纳税人销售交通运输、邮政、基础电信、建筑、不动产租赁服务,销售不动产,转让土地使用权,销售或者进口下列货物的,税率为9%。

① 粮食等农业产品、食用植物油、食用盐。

② 自来水、暖气、冷气、热水、煤气、石油液化气、天然气、二甲醚、沼气、居民用煤炭制品。

③ 图书、报纸、杂志、音像制品、电子出版物。

④ 饲料、化肥、农药、农机、农膜。

⑤ 国务院规定的其他货物。

(2) 增值税一般纳税人提供增值电信服务、金融服务、现代服务(除有形动产租赁服务和不动产租赁服务外)、生活服务,销售无形资产(除转让土地使用权外)的,税率为6%。

3. 零税率

纳税人出口货物(国务院另有规定的除外)适用增值税零税率。

零税率不是简单地等同于免税。出口货物免税仅指在出口环节不征收增值税,而零税率是指对出口货物除了在出口环节不征增值税外,还要对该产品在出口前已经缴纳的增值税进行退税,使该出口产品在出口时完全不含增值税税款,从而以无税产品进入国际市场。

境内单位和个人跨境销售国务院规定范围内的服务、无形资产时,其税率为零,包括国际运输服务、航天运输服务、向境外单位提供完全在境外消费的服务[包括研发服务、合同能源管理服务、设计服务、广播影视节目(作品)的制作和发行服务、软件服务、电路设计及测试服务、信息系统服务、业务流程管理服务、离岸服务外包业务、转让技术]。

【基础巩固 2-8】 根据增值税法律制度的规定,一般纳税人销售下列货物中,适用9%增值税税率的是(　　)。

A. 洗衣液　　　　B. 文具盒

C. 杂粮　　　　D. 蔬菜罐头

解析　答案为C。A、B、D选项适用13%的增值税税率。适用9%税率的农产品是指各种植物、动物的“初级”产品,而D选项属于深加工农产品。

(二) 征收率

小规模纳税人和特定的一般纳税人发生的特定应税行为适用3%或5%的征收率。

1. 销售自己使用过的固定资产、固定资产以外的物品及销售旧货

(1) 一般纳税人。销售旧货、销售自己使用过的规定不得抵扣且未抵扣进项税额的固定资产按简易办法依3%的征收率减按2%征收增值税。

(2) 小规模纳税人。销售自己使用过的固定资产、销售旧货依3%的征收率减按2%征

收增值税。销售自己使用过的固定资产以外的物品,按3%征收率征收增值税。

旧货是指进入二次流通的具有部分使用价值的货物(含旧汽车、摩托车和旧游艇),但不包括自己使用过的物品。

2. 转让不动产

(1) 一般纳税人。转让、出租其2016年4月30日前取得的不动产,选择简易计税方法计税的,按5%的征收率征收增值税。房地产开发企业(一般纳税人)销售自行开发的房地产老项目,选择简易计税方法计税的,按照5%的征收率征收增值税。

(2) 小规模纳税人。转让、出租其取得的不动产(不含个人出租住房),按5%的征收率征收增值税。房地产开发企业(小规模纳税人)销售自行开发的房地产项目,按5%的征收率征收增值税。

3. 一般纳税人适用3%的征收率的其他情况

(1) 销售自产的下列货物,可选择简易办法依照3%的征收率计算缴纳增值税,且36个月内不得变更,具体范围如下:

① 县级及县级以下小型水力发电单位生产的电力。小型水力发电单位是指各类投资主体建设的装机容量为50 000千瓦以下(含50 000千瓦)的小型水力发电单位。

② 建筑用和生产建筑材料所用的砂、土、石料。

③ 以自己采掘的砂、土、石料或其他矿物连续生产的砖、瓦、石灰(不含黏土实心砖、瓦)。

④ 用微生物、微生物代谢产物、动物毒素、人或动物的血液或组织制成的生物制品。

⑤ 自来水。

⑥ 商品混凝土(仅限于以水泥为原料生产的水泥混凝土)。

(2) 销售货物属于下列情形之一的,暂按简易办法依照3%征收率计算缴纳增值税:

① 寄售商店代销寄售物品(包括居民个人寄售的物品在内)。

② 典当业销售死当物品。

小贴士

(1) 建筑企业一般纳税人提供建筑服务属于老项目的,可选择简易办法依照3%的征收率征收增值税。

(2) 纳税人提供劳务派遣服务,选择差额纳税的,可按5%的征收率征收增值税。

(3) 个体工商户和其他个人出租住房,应按5%的征收率减按1.5%计算应纳税额。

四、增值税的税收优惠

(一) 增值税起征点

纳税人发生应税销售行为的销售额未达到增值税起征点的,免征增值税;达到起征点的,全额计算缴纳增值税。增值税起征点的幅度规定如下:

(1) 按期纳税的,增值税起征点为月销售额5 000~20 000元(含本数)。

(2) 按次纳税的，增值税起征点为每次(日)销售额300～500元(含本数)。

省、自治区、直辖市财政厅(局)和税务机关应在规定的幅度内，根据实际情况确定本地区适用的起征点，并报财政部、国家税务总局备案。

增值税起征点的适用范围限于个人，且不适用于登记为一般纳税人的个人工商户。

(二) 免征增值税项目

(1) 农业生产者销售的自产农产品。

(2) 避孕药品和用具。

(3) 古旧图书。

(4) 直接用于科学研究、科学试验和教学的进口仪器、设备。

(5) 外国政府、国际组织无偿援助的进口物资和设备。

(6) 由残疾人的组织直接进口供残疾人专用的物品。

(7) 销售的自己使用过的物品。

(8) 托儿所、幼儿园提供的保育和教育服务。

超过规定收费标准的收费，以开办实验班、特色班和兴趣班等为由另外收取的费用以及与幼儿入园挂钩的赞助费、支教费等超过规定范围的收入，不属于免征增值税的收入。

(9) 养老机构提供的养老服务。

(10) 残疾人福利机构提供的育养服务。

(11) 婚姻介绍服务。

(12) 殡葬服务。

(13) 残疾人员本人为社会提供的服务。

(14) 医疗机构提供的医疗服务。

(15) 从事学历教育的学校提供的教育服务。

提供教育服务免征增值税的收入是指对列入规定招生计划的在籍学生提供学历教育服务取得的收入，具体包括经有关部门审核批准并按规定标准收取的学费、住宿费、课本费、作业本费、考试报名费收入以及学校食堂提供餐饮服务取得的伙食费收入。除此之外的收入如学校以各种名义收取的赞助费、择校费等，不属于免征增值税的范围。

(16) 学生勤工俭学提供的服务。

(17) 农业机耕、排灌、病虫害防治、植物保护、农牧保险以及相关技术培训业务，家禽、牲畜、水生动物的配种和疾病防治。

(18) 纪念馆、博物馆、文化馆、文物保护单位管理机构、美术馆、展览馆、书画院、图书馆在自己的场所提供文化体育服务取得的第一道门票收入。

(19) 寺院、宫观、清真寺和教堂举办文化、宗教活动的门票收入。

(20) 行政单位之外的其他单位收取的符合《营业税改征增值税试点实施办法》第十条规定的政府性基金和行政事业性收费。

(21) 个人转让著作权。

(22) 个人销售自建自用住房。

(23) 2018年12月31日前，公共租赁住房经营管理单位出租公共租赁住房。

(24) 台湾航运公司、航空公司从事海峡两岸海上直航、空中直航业务在大陆取得的运

输收入。

(25) 纳税人提供的直接或者间接的国际货物运输代理服务。

(26) 符合条件的贷款、债券利息收入。

(27) 被撤销金融机构以货物、不动产、无形资产、有价证券、票据等财产清偿债务的。

(28) 保险公司开办的一年期以上人身保险产品取得的保费收入。

(29) 符合条件的金融商品转让收入。

(30) 金融同业往来的利息收入。

(31) 同时符合条件的担保机构从事中小企业信用担保或者再担保业务取得的收入(不含信用评级、咨询、培训等收入)3 年内免征增值税。

(32) 国家商品储备管理单位及其直属企业承担商品储蓄任务,从中央或者地方财政取得的利息补贴收入和价差补贴收入。

(33) 纳税人提供技术转让、技术开发和与之相关的技术咨询、技术服务。

(34) 符合条件的合同能源管理服务。

(35) 2017 年 12 月 31 日前,科普单位的门票收入,以及县级及以上党政部门和科协开展科普活动的门票收入。

(36) 政府举办的从事学历教育的高等、中等和初等学校(不含下属单位),举办进修班、培训班取得的全部归该学校所有的收入。

(37) 政府举办的职业学校设立的主要为在校学生提供实习场所、并由学校出资自办、由学校负责经营管理、经营收入归学校所有的企业,从事《销售服务、无形资产或者不动产注释》中"现代服务"(不含融资租赁服务、广告服务和其他现代服务)、"生活服务"(不含文化体育服务、其他生活服务和桑拿、氧吧)业务活动取得的收入。

(38) 家政服务企业由员工制家政服务员提供家政服务取得的收入。

(39) 福利彩票、体育彩票的发行收入。

(40) 军队空余房产租赁收入。

(41) 为了配合国家住房制度改革,企业、行政事业单位按房改成本价、标准价出售住房取得的收入。

(42) 将土地使用权转让给农业生产者用于农业生产。

(43) 涉及家庭财产分割的个人无偿转让不动产、土地使用权。

(44) 土地所有者出让土地使用权和土地使用者将土地使用权归还土地所有者。

(45) 县级以上地方人民政府或自然资源行政管理主管部门出让、转让或收回自然资源使用权(不含土地使用权)。

(46) 随军家属就业。

(47) 军队转业干部就业。

上述(8)至(47)是营改增试点过渡政策的规定。

【基础巩固 2-9】 根据增值税法律制度的规定,下列各项中,属于免征增值税的项目是(　　)。

A. 单位销售自己使用过的小汽车　　B. 企业销售自产的仪器设备

C. 外贸公司进口服装　　D. 农业生产者销售自产的蔬菜

解析 答案为D。农业生产者销售的自产农产品免征增值税。

（三）即征即退

（1）一般纳税人提供管道运输服务，对其增值税实际税负超过3%的部分实行增值税即征即退政策。

（2）经人民银行、银监会（现为银保监会）或者商务部批准从事融资租赁业务的试点纳税人中的一般纳税人，提供有形动产融资租赁服务和有形动产融资性售后回租服务的，对其增值税实际税负超过3%的部分实行增值税即征即退政策。

（四）扣减增值税项目

（1）城镇退役士兵创业就业。

（2）重点群体创业就业。重点群体创业就业包括社保机构登记失业半年以上的人员；零就业家庭、享受城市居民最低生活保障家庭劳动年龄内的登记失业人员；毕业年度内高校毕业生等。

（五）金融企业贷款利息税收优惠政策

金融企业发放贷款后，自结息日起90天内发生的应收未收利息按现行规定缴纳增值税，自结息日起90天后发生的应收未收利息暂不缴纳增值税，待实际收到利息时按规定缴纳增值税。

金融企业是指银行（包括国有、集体、股份制、合资、外资银行以及其他所有制形式的银行）、城市信用社、农村信用社、信托投资公司和财务公司。

（六）个人转让住房免税政策

个人将购买不足2年的住房对外销售的，按5%的征收率全额缴纳增值税；个人将购买2年以上（含2年）的住房对外销售的，免征增值税。上述政策适用于北京市、上海市、广州市和深圳市之外的地区。

个人将购买不足2年的住房对外销售的，按照5%的征收率全额缴纳增值税；个人将购买2年以上（含2年）的非普通住房对外销售的，以销售收入减去购买住房价款后的差额按照5%的征收率缴纳增值税；个人将购买2年以上（含2年）的普通住房对外销售的，免征增值税。上述政策仅适用于北京市、上海市、广州市和深圳市。

（七）与税收优惠有关的管理规定

（1）纳税人兼营免税、减税项目的，应当分别核算免税、减税项目的营业额；未分别核算营业额的，不得免税、减税。

（2）纳税人发生应税行为适用免税规定的，可以放弃免税，依照有关规定缴纳增值税。放弃免税后，36个月内不得再申请免税。

（3）纳税人发生应税行为的同时适用免税和零税率规定的，纳税人可以选择适用免税或者零税率。

任务二 增值税的计算

一、一般计税方法应纳税额的计算

一般纳税人发生应税销售行为时通常采用一般计税方法计算增值税的应纳税额，其公式为

应纳税额＝当期销项税额－当期进项税额

若当期销项税额小于当期进项税额，不足抵扣时，其不足部分可以结转至下期继续抵扣。

（一）销项税额

销项税额是指纳税人发生应税行为时按照销售额和增值税税率计算并收取的增值税，其计算公式为：

销项税额＝销售额×适用税率

1. 一般销售方式下销售额的确定

销售额是指纳税人发生应税销售行为时向购买方收取的全部价款和价外费用。价外费用通常包括价外向购买方收取的手续费、补贴、基金、集资费、返还利润、奖励费、违约金（延期付款利息）、包装费、包装物租金、储备费、优质费、运输装卸费、代收款项、代垫款项及其他各种性质的价外收费，但不包括下列项目：

（1）受托加工应征消费税的消费品所代收代缴的消费税。

（2）符合条件的代为收取的政府性基金或者行政事业型收费。

（3）销售货物的同时代办保险等向购买方收取的保险费，以及向购买方收取的代购买方缴纳的车辆购置税、车辆牌照费。

（4）以委托方名义开具发票代委托方收取的款项。

由于增值税实行的是价外税，若销售额中包含了增值税税款，则应转换为不含增值税的销售额再进行销项税额的计算。其转换公式为：

不含税销售额＝含税销售额÷（1＋增值税税率）

价款为普通发票上的销售额、商业企业的零售价格、价外费用、逾期的包装物押金时一般为含税价。

【技能提升 2-1】 某钢厂属于增值税一般纳税人，2020 年 5 月销售钢材开出的增值税专用发票上注明价款为 400 万元，销售钢材开具普通发票取得价税合计销售额 22.6 万元，试计算该钢厂 5 月份增值税的销售额。

解 增值税专用发票上注明的价款是不含税销售额，不需要转换；普通发票注明的价款为含税销售额，需要转换。

该钢厂 2020 年 5 月的计税销售额＝400＋22.6÷（1＋13%）＝400＋20＝420（万元）

2. 特殊销售方式下销售额的确定

（1）折扣方式销售。

① 折扣销售即商业折扣，是指销货方在销售货物时，因购货方购买数量较大等原因给予购货方价格上的优惠。如果销售额和折扣额在同一张发票上分别注明，则可按折扣后的

销售额征收增值税;如果折扣额另开发票,则不得从销售额中减除。

若是实物折扣,应按视同销售中"无偿赠送"处理,实物款额不能从原销售额中减除。

② 销售折扣即现金折扣,是指销售方在销售货物或应税劳务后,为鼓励对方及早偿还货款而协议许诺购货方的一种折扣优惠。税法规定计算增值税时不得从销售额中减除。

【技能提升 2-2】 某商场为一般纳税人,在节日促销时,某品牌热水器原售价 5 850 元,现 8 折销售,销售额和折扣额在同一发票上分别注明。该商场当月销售 20 台该品牌的热水器,试计算当月热水器的计税销售额。

解 商场采用商业折扣销售,销售额和折扣额在同一张发票上分别注明,可按折扣后的销售额征收增值税。商场的销售价格为零售价,含增值税,需要转换。

当月销售热水器的计税销售额=5 850÷(1+13%)×80%×20=82 831.86(元)

(2) 以旧换新方式销售。以旧换新是指纳税人在销售自己的货物时,有偿地收回旧货的行为。采取以旧换新方式销售货物的应按新货物的同期销售价格确定销售额,不得从销售额中扣减旧货物的收购价格。

金银首饰的以旧换新业务可以按销售方实际收到的不含税全部价款征收增值税。

【技能提升 2-3】 某商店为增值税一般纳税人,采取"以旧换新"的方式销售金项链一条,新项链对外销售价格 9 000 元,旧项链作价 2 000 元,向消费者收取新旧差价款 7 000 元;另以"以旧换新"方式销售空调一台,新空调对外销售价格 2 000 元,旧空调作价 100 元,向消费者收取新旧差价款 1 900 元。假如以上价款中均含增值税,试计算两项业务的计税销售额。

解 商店"以旧换新"销售金项链,可以按销售方实际收到的不含税全部价款征收增值税;商店"以旧换新"销售空调,则应按新空调的同期销售价格确定销售额,不可扣除旧空调的价格。

计税销售额=(7 000+2 000)÷(1+13%)=7 964.60(元)

(3) 还本销售方式销售。还本销售是指纳税人在销售自己的货物后,到一定期限由销售方一次或分次退还给购买方全部或部分价款。在以还本销售方式销售货物时,其销售额就是货物的销售价格,不得从销售额中减除还本支出。

(4) 以物易物方式销售。以物易物是一种较为特殊的购销行为,购销双方不是以货币结算,而是以同等价款的货物相互结算,从而实现货物购销的一种方式。以物易物的双方均应做购销处理,以各自发出的货物核算销售额,计算销项税额;以各自收到的货物核算购货额,并计算进项税额。

(5) 直销方式销售。

① 直销企业先将货物销售给直销员,直销员再将货物销售给消费者,直销企业的销售额为直销员向直销员收取的全部价款和价外费用。直销员将货物销售给消费者时,应按照现行规定缴纳增值税。

② 直销企业通过直销员向消费者销售货物,直接向消费者收取货款,直销企业的销售额为直销员向消费者收取的全部价款和价外费用。

3. 包装物押金的处理

包装物是指纳税人包装本单位货物的各种物品。包装物押金是指纳税人为销售货物而出租、出借包装物时,按包装物价值的一定标准收取的抵押款项。

(1) 包装物押金单独核算且时间在 1 年内,又未过期的,不并入销售额计税。

（2）逾期未收回的包装物押金，应并入销售额计税。包装物押金通常是含税的，计税时需换算为不含税收入。

（3）包装物租金在销售货物时应并入销售额计税，且包装物租金属于价外费用，计税时需换算为不含税收入。

（4）销售除啤酒、黄酒以外的其他酒类产品收取的包装物押金，一律并入当期销售额。

【技能提升 2-4】 某啤酒厂为增值税一般纳税人，2020 年 6 月该厂销售啤酒取得不含税销售额 300 万元，另收取期限为 5 个月的包装物押金 17.55 万元；没收以前月份收取的啤酒包装物押金 23.4 万元。试计算当月该啤酒厂的计税销售额。

解 啤酒的包装物押金在收取时不纳税，逾期时需要纳税。

计税销售额＝300＋23.4 ÷（1＋13％）＝320.71（万元）

4. 核定销售额的情况

纳税人发生视同销售行为而无销售额时，或者发生应税销售行为但价格明显偏低或偏高，且不具有合理商业目的的，主管税务机关有权按下列顺序确定其销售额：

（1）按纳税人最近时期销售同类货物、服务、无形资产或者不动产的平均价格确定。

（2）按其他纳税人最近时期销售同类货物、服务、无形资产或者不动产的平均价格确定。

（3）按组成计税价格确定，其计算公式为：

组成计税价格＝成本×（1＋成本利润率）

若征收增值税的货物，同时又征收消费税，其计算公式为：

组成计税价格＝成本×（1＋成本利润率）＋消费税税额

或

组成计税价格＝成本×（1＋成本利润率）÷（1－消费税税率）

小贴士

（1）公式中的成本分两种情况：销售自产货物的为实际生产成本；销售外购货物的为采购成本。

（2）成本利润率由国家税务总局确定。公式中若有从价计征的消费税，成本利润率按消费税法律规定。

【技能提升 2-5】 某商场为增值税一般纳税人，2020 年 5 月销售三批同规格、同质量的货物，每批各 1 000 件，销售价格（不含增值税）分别为每件 120 元、100 元和 40 元。经税务机关认定，第三批货物的销售价格明显偏低且无正当理由。试计算该商场 5 月的增值税销售额。

解 应按照纳税人当月同类货物的平均售价确定第三批货物的销售价格。

计税销售额＝[120＋100＋(120＋100)÷2]×1 000＝330 000（元）

【技能提升 2-6】 某运输公司为增值税一般纳税人，2020 年 5 月为另一企业无偿提供一次运输，已知运输成本为 3 500 元，成本利润率为 10％。试计算无偿提供运输服务的计税销售额。

解 没有同类价格，则采用组成计税价格核定其销售额。

计税销售额＝组成计税价格×服务次数＝3 500×（1＋10％）×1＝3 850（元）

5. 混合销售销售额的确定

属于混合销售行为且按规定应当征收增值税的，其销售额为货物的销售额与销售服务的销售额的合计。

6. 兼营行为销售额的确定

纳税人兼营不同税率的货物、劳务、服务、无形资产或不动产，应当分别核算不同税率或征收率下的销售额；未分别核算销售额的，从高适用税率。

7. 营改增行业销售额的确定

(1) 贷款服务以提供贷款服务取得的全部利息及利息性质的收入为销售额。

(2) 直接收费金融服务以提供直接收费金融服务收取的手续费、佣金、酬金、管理费、服务费、经手费、开户费、过户费、结算费、转托管费等各类费用为销售额。

(3) 金融商品转让按卖出价扣除买入价后的余额为销售额。

转让金融商品出现的正负差，按盈亏相抵后的余额为销售额。若相抵后出现负差，可结转至下一纳税期与下期转让金融商品销售额相抵，但年末时仍出现负差的，不得转入下一会计年度。

金融商品的买入价可以选择按加权平均法或移动加权平均法进行核算，选择后 36 个月内不得变更。

金融商品转让，不得开具增值税专用发票。

【技能提升 2-7】 某金融机构为一般纳税人，2020 年 1 月该机构购入丁公司股票 1 000 股，股票成本为 20 000 元，期初结存丁公司股票 500 股，账面结存成本为 17 500 元，2020 年 2 月卖出丁公司股票 795 股，每股卖出价为 35 元，试计算其计税销售额。

解 应先用加权平均法确定其买入成本，再进行差额销售额的计算。

股票加权平均单位成本＝(17 500＋20 000)÷(500＋1 000)＝25 (元/股)

计税销售额 ＝795×(35－25)÷(1＋6%)＝7 500 (元)

(4) 经纪代理服务以取得的全部价款和价外费用，扣除向委托方收取并代为支付的政府性基金或者行政事业性收费后的余额为销售额。向委托方收取的政府性基金或者行政事业性收费，不得开具增值税专用发票。

【技能提升 2-8】 某中介机构代理申请专利，某月为客户代办专利申请，共收取费用 1 500 元(含向专利局支付的申请费 800 元，取得专利局开具的行政事业收费票据)，试计算其计税销售额。

解 计税销售额＝(1 500－800)÷(1＋6%)＝660.38 (元)

(5) 航空运输企业的销售额不包括代收的机场建设费和代售其他航空运输企业客票代收转付的价款。

(6) 试点纳税人中的一般纳税人提供客运场站服务，以其取得的全部价款和价外费用，扣除支付给承运方运费后的余额为销售额。

(7) 试点纳税人提供旅游服务，可以选择以取得的全部价款和价外费用，扣除向旅游服务购买方收取并支付给其他单位或者个人的住宿费、餐饮费、交通费、签证费、门票费和支付给其他接团旅游企业的旅游费用后的余额为销售额。

【技能提升 2-9】 某旅行社 2020 年 5 月组团旅游，组织旅游获取收入 20 万元，替旅游者支付给其他单位的餐费、住宿费、交通费、门票共计 12 万元，另为散客代购火车票、机票、船票取得的手续费收入为 1 000 元。试计算其计税销售额。

解 计税销售额＝(20－12＋0.1)÷(1＋6%)＝7.64（万元）

选择上述办法计算销售额的试点纳税人，向旅游服务购买方收取并支付的上述费用，不得开具增值税专用发票，可以开具普通发票。

(8) 试点纳税人提供建筑服务适用简易计税方法的，以其取得的全部价款和价外费用，扣除支付的分包款后的余额为销售额。

(9) 房地产开发企业中的一般纳税人销售其开发的房地产项目(选择简易计税方法的房地产老项目除外)，以其取得的全部价款和价外费用，扣除受让土地时向政府部门支付的土地价款后的余额为销售额。

房地产老项目是指“建筑工程施工许可证”注明的合同开工日期在 2016 年 4 月 30 日前的房地产项目。

(10) 外币销售额的折算。纳税人按人民币以外的货币结算销售额的，其销售额的人民币折合率可以选择销售额发生的当天或者当月 1 日的人民币外汇中间价。纳税人应在事先确定采用何种折合率，确定后 1 年内不得变更。

(二) 进项税额

进项税额是指纳税人购进货物、加工和修理修配劳务、服务、无形资产或者不动产，支付或者负担的增值税额。

1. 准予抵扣的进项税额

(1) 凭票抵扣。

① 从销售方或提供方取得的增值税专用发票(含税控机动车销售统一发票)上注明的增值税税额。

② 从海关取得的海关进口增值税专用缴款书上注明的增值税税额。

③ 从境外单位或者个人购进服务、无形资产或者不动产，自税务机关或者扣缴义务人取得的解缴税款的完税凭证上注明的增值税税额。

小贴士

纳税人购进国内旅客运输服务的，其进项税额允许从销项税额中抵扣。其中，未取得增值税专用发票的，暂按以下规定确定进项税额：

(1) 取得增值税电子普通发票的，为发票上注明的税额。

(2) 取得注明旅客身份信息的航空运输电子客票行程单的，按下列公式计算进项税额：

航空旅客运输进项税额＝(票价＋燃油附加费)÷(1＋9%)×9%

(3) 取得注明旅客身份信息的铁路车票的，按下列公式计算进项税额：

铁路旅客运输进项税额＝票面金额÷(1＋9%)×9%

(4) 取得注明旅客身份信息的公路、水路等其他客票的，按下列公式计算进项税额：

公路、水路等其他旅客运输进项税额＝票面金额÷(1＋3%)×3%

(2) 计算抵扣。

① 农产品。纳税人除取得增值税专用发票或者海关进口增值税专用缴款书外，按照农产品收购发票或者销售发票上注明的农产品买价和9%的扣除率计算的进项税额可抵扣销项税额。其公式为：

进项税额＝买价×扣除率

纳税人购进用于生产销售或委托加工税率为13%的货物的农产品，按10%的扣除率计算进项税额。

② 改变用途后允许抵扣。按照规定不得抵扣且未抵扣进项税额的固定资产、无形资产、不动产，发生用途改变，用于允许抵扣进项税额项目的，按照下列公式在改变用途的次月计算可抵扣的进项税额：

可抵扣的进项税额＝固定资产、无形资产、不动产净值÷(1＋适用税率)×适用税率

【技能提升2-10】 某公司是一般纳税人，2020年4月将职工宿舍里的一批空调改用于办公楼，已折旧0.39万元，该批空调购进时增值税发票上注明价款为10万元，增值税1.3万元。则2020年5月，试计算该批空调可抵扣的进项税额。

解 该批空调可抵扣的进项税额＝(10＋1.3－0.39)÷(1＋13%)×13%＝1.26(万元)

2. 不得抵扣的进项税额

(1) 用于简易计税方法计税项目、免征增值税项目、集体福利或者个人消费的购进货物、加工修理修配劳务、服务、无形资产和不动产。其中涉及的固定资产、无形资产、不动产，仅指专用于上述项目的固定资产、无形资产(不包括其他权益性无形资产)和不动产。

如果是既用于上述不得抵扣项目又用于抵扣项目的，该进项税额准予全部抵扣。

(2) 非正常损失的购进货物，以及相关的加工修理修配劳务和交通运输服务。

(3) 非正常损失的在产品、产成品所耗用的购进货物(不包括固定资产)、加工修理修配劳务和交通运输服务。

(4) 非正常损失的不动产，以及该不动产所耗用的购进货物、设计服务和建筑服务。

(5) 非正常损失的不动产在建工程(含新建、改建、扩建、修缮、装饰不动产)所耗用的购进货物、设计服务和建筑服务。

(6) 购进的旅客运输服务、贷款服务、餐饮服务、居民日常服务和娱乐服务。

(7) 适用一般计税方法的纳税人，兼营简易计税方法计税项目、免征增值税项目而无法划分不得抵扣的进项税额，按照下列公式计算不得抵扣的进项税额：

不得抵扣的进项税额＝当期无法划分的全部进项税额×(当期简易计税方法计税项目销售额＋免征增值税项目销售额)÷当期全部销售额

(8) 财政部和国家税务总局规定的其他情形。

素质课堂

近日,《党的二十大报告辅导读本》公开发行,财政部部长刘昆在《健全现代预算制度》一文中谈到下一步优化税制结构时称,要深化增值税制度改革,畅通增值税抵扣链条,优化留抵退税制度设计。

请同学们说说增值税为什么又被称为"链条税"?

【技能提升 2-11】 甲公司是增值税一般纳税人,2020 年 5 月从外地购入一批原材料,取得的增值税专用发票上注明金额为 10 万元、税款为 1.3 万元,该批原材料在运回甲公司途中因管理不善丢失了 5%,又因不可抗力毁损了 30%。试分析并计算甲公司当月可抵扣的增值税进项税额。

解 因管理不善造成的非正常损失,其进项税额不可抵扣;因不可抗力造成的非正常损失,其进项税额可以抵扣。

可抵扣的进项税额=1.3−1.3×5%=1.235(万元)

【技能提升 2-12】 某企业为增值税一般纳税人,既生产应税货物,又生产免税货物,2020 年3 月购进动力燃料一批,支付增值税进项税额 30 万元,外购的动力燃料一部分用于应税项目,另一部分用于免税项目,因应税项目和免税项目适用的动力燃料数量无法准确划分,故未分开核算。该企业 3 月销售应税货物取得不含税销售额 400 万元。销售免税货物取得销售额 200 万元。试计算 3 月可以抵扣的进项税额。

解 外购动力燃料用于应税项目和免税项目无法划分,可先计算出不可抵扣的进项税额部分。

不可抵扣的进项税额 =30×200÷(200+400)=10(万元)

可抵扣的进项税额=30−10=20(万元)

3. 进项税额转出

已抵扣进项税额的购进货物(不含固定资产)、劳务、服务,发生上述不可抵扣进项税额情形(简易计税方法计税项目、免征增值税项目除外)的,应当将进项税额从当期进项税额中扣减;无法确定该进项税额的,按照当期实际成本计算应扣减的进项税额。

纳税人适用一般计税方法计税的,因销售折让、中止或者退回而收回的增值税额,应当从当期的进项税额中扣减。

已抵扣进项税额的固定资产、无形资产或不动产,发生不得抵扣进项税额的情况时应按照下列公式计算不得抵扣的进项税额:

不得抵扣的进项税额=固定资产、无形资产或者不动产净值×适用税率

二、简易计税方法应纳税额的计算

(一)小规模纳税人

小规模纳税人发生应税销售行为,实行按销售额和征收率计算应纳税额的简易办法,其计算公式为

应纳税额=不含税销售额×征收率

不含税销售额＝含税销售额÷(1＋征收率)

【技能提升 2-13】 某工业企业为小规模纳税人，2020 年 2 月销售货物的零售额为 92 700 元，当月购进原材料 7 000 元。试计算该企业应缴纳的增值税税额。

解　小规模纳税人实行简易计税办法，不可抵扣进项税额。

应纳税额＝92 700÷(1＋3%)×3%＝2 700 (元)

(二) 一般纳税人

一般纳税人发生以下应税行为时，可以选择适用简易计税方法计税：

(1) 公共交通运输服务，包括轮客渡、公交客运、地铁、城市轻轨、出租车、长途客运和班车。

(2) 经认定的动漫企业为开发动漫产品提供的动漫脚本编撰、形象设计、背景设计、动画设计、分镜、动画制作、摄制、描线、上色、画面合成、配音、配乐、音效合成、剪辑、字幕制作、压缩转码(面向网络动漫、手机动漫格式适配)服务，以及在境内转让动漫版权(包括动漫品牌、形象或者内容的授权及再授权)。

(3) 电影放映服务、仓储服务、装卸搬运服务、收派服务和文化体育服务。

(4) 以纳入营改增试点之日前取得的有形动产为标的物提供的经营租赁服务。

(5) 在纳入营改增试点之日前签订的尚未执行完毕的有形动产租赁合同。

(6) 其他。

【基础巩固 2-10】 一般纳税人提供的下列应税服务中，可以选择适用简易计税方法计税的有(　　)。

A. 公共交通运输服务　　B. 电影放映服务

C. 装卸搬运服务　　D. 打捞救助服务

解析　答案为 A、B、C。一般纳税人提供 A、B、C 选项的服务均可选择简易计税方法计税。

(三) 销售自己使用过的固定资产和物品

(1) 一般纳税人。销售旧货、销售自己使用过的规定不得抵扣且未抵扣进项税额的固定资产按简易办法依 3%的征收率减按 2%征收增值税。销售自己使用过的按规定可以抵扣进项税额的固定资产，销售自己使用过的固定资产以外的物品，按适用税率征收增值税。

小贴士

如何判断固定资产是属于“不得抵扣且未抵扣进项税额”还是“按规定可以抵扣进项税额”？固定资产的判断原则如表 2-2 所示。

表 2-2　固定资产的判断原则

固定资产类型	政策改变时间点	判断原则
销售应征消费税的摩托车、汽车、游艇	2013 年 8 月 1 日	时间点之前购进为“按规定不得抵扣且未抵扣进项税额”，时间点之后购进为“按规定可抵扣进项税额”
销售其他固定资产	2009 年 1 月 1 日	

【**技能提升 2-14**】 某企业为增值税一般纳税人，2020 年 5 月对外转让一台使用过的、作为固定资产核算的生产设备，该设备于 2008 年 6 月购进，含税转让价格为 41 200 元。试计算其增值税应纳税额。

解 2008 年购入的生产用设备应属于“按规定不得抵扣且未抵扣进项税额”的固定资产。

应纳税额＝41 200÷(1＋3%)×2%＝800 (元)

(2) 小规模纳税人。销售自己使用过的固定资产、销售旧货依 3%的征收率减按 2%征收增值税。销售自己使用过的固定资产以外的物品，按 3%征收率征收增值税。

(四) 转让、出租不动产

(1) 一般纳税人。转让、出租其 2016 年 4 月 30 日前取得的不动产，选择简易计税方法计税的，按照 5%的征收率征收增值税。房地产开发企业(一般纳税人)销售自行开发的房地产老项目，选择简易计税方法计税的，按照 5%的征收率征收增值税。

(2) 小规模纳税人。转让、出租其取得的不动产(不含个人出租住房)，按照 5%的征收率征收增值税。房地产开发企业(小规模纳税人)销售自行开发的房地产项目，按照 5%的征收率征收增值税。

三、进口货物应纳税额的计算

纳税人进口货物，无论是一般纳税人还是小规模纳税人，都应按照组成计税价格和规定的税率计算应纳税额。进口货物分为两种：一种是进口应税消费品；另一种是进口非应税消费品。

进口应税消费品时，其计算公式为：

应纳进口增值税＝组成计税价格×适用税率

组成计税价格＝关税完税价格＋关税税额＋消费税税额

进口非应税消费品时，其计算公式为：

应纳进口增值税＝组成计税价格×适用税率

组成计税价格＝关税完税价格＋关税税额

应税消费品是指在生产销售、移送、进口时应当缴纳消费税的消费品。

【**技能提升 2-15**】 某商贸公司为一般纳税人，于 2020 年 5 月进口一批货物(非消费税应税货物)，其关税完税价格为 20 万元，关税为 2 万元，款项已付；当月该批货物销售额为 30 万元(不含税)，试计算当月应缴纳的增值税税额。

解 组成计税价格＝20＋2＝22 (万元)

进口环节的增值税税额＝22×13%＝2.86 (万元)

内销环节的销项税额＝30×13%＝3.9 (万元)

当月应纳税额＝3.9－2.86＝1.04 (万元)

四、扣缴计税办法

境外单位或者个人在境内发生应税销售行为，且在境内未设有经营机构的，扣缴义务人应按下列公式计算应扣缴的税额：

应扣缴的税额＝买方支付的价款÷(1＋税率)×税率

任务三 增值税的纳税申报

一、征收管理

增值税纳税人无论有无销售额，均应按主管税务机关核定的纳税期限填报纳税申报表，并于次月1日至15日内向当地税务机关申报缴纳并结清上月应纳税款。

（一）纳税义务发生时间

（1）纳税人发生应税销售行为，为收讫销售款项或者取得销售款项凭据的当天；先开具发票的，为开具发票的当天。

① 采取直接收款方式销售货物的，不论货物是否发出，其纳税义务发生时间均为收到销售款或取得销售款凭据的当天。

② 采取托收承付和委托银行收款方式销售货物的，其纳税义务发生时间为发出货物并办妥托收手续的当天。

③ 采取赊销和分期收款方式销售货物的，其纳税义务发生时间为书面合同约定的收款日期的当天，无书面合同或者书面合同没有约定收款日期的，其纳税义务发生时间为货物发出的当天。

④ 采取预收货款方式销售货物的，其纳税义务发生时间为货物发出的当天，但生产销售生产工期超过12个月的大型机械设备、船舶、飞机等货物，则为收到预收款或书面合同约定的收款日期的当天。

⑤ 委托其他纳税人代销货物的，其纳税义务发生时间为收到代销单位的代销清单或者收到全部或者部分货款的当天；未收到代销清单及货款的，则为发出代销货物满180天的当天。

⑥ 纳税人提供租赁服务采取预收款方式的，其纳税义务发生时间为收到预收款的当天。

⑦ 纳税人从事金融商品转让的，其纳税义务发生时间为金融商品所有权转移的当天。

⑧ 纳税人发生视同销售货物行为（委托他人代销货物、销售代销货物除外）的，其纳税义务发生时间为货物移送的当天。

⑨ 纳税人发生视同销售服务、无形资产或者不动产情形的，其纳税义务发生时间为服务、无形资产转让完成的当天，或者不动产权属变更的当天。

（2）纳税人进口货物的，其纳税义务发生时间为报关进口的当天。

（3）增值税扣缴义务的发生时间为增值税纳税人纳税义务发生的当天。

【基础巩固2-11】 根据营业税改征增值税试点相关规定，下列关于增值税纳税义务发生时间的表述中，不正确的是（　　）。

A. 纳税人发生应税行为先开具发票的，为开具发票的当天

B. 纳税人发生视同销售不动产的，为不动产权属变更的当天

C. 纳税人提供租赁服务采取预收款方式的，为实际出租的当天

D. 纳税人从事金融商品转让的，为金融商品所有权转移的当天

解析 答案为C。纳税人提供租赁服务采取预收款方式的，其纳税义务发生时间为收到预收款的当天。

（二）纳税地点

1. 固定业户的纳税地点

固定业户应当向其机构所在地的主管税务机关申报纳税。总机构和分支机构不在同一县（市）的，应分别向各自所在地的主管税务机关申报纳税；经国务院财政部、税务主管部门或者其授权的财政、税务机关批准，可由总机构汇总向总机构所在地的主管税务机关申报纳税。

2. 非固定业户的纳税地点

非固定业户应当向应税行为发生地的主管税务机关申报纳税；未申报纳税的，由其机构所在地或者居住地主管税务机关补征税款。

3. 进口货物的纳税地点

应当向报关地海关申报纳税。

4. 其他个人提供的建筑服务、销售或者租赁不动产、转让自然资源使用权的纳税地点

其他个人提供的建筑服务、销售或者租赁不动产、转让自然资源使用权，应向建筑服务发生地、不动产所在地、自然资源所在地主管税务机关申报纳税。

5. 扣缴义务人的纳税地点

扣缴义务人应当向其机构所在地或者居住地主管税务机关申报缴纳其扣缴的税款。

（三）纳税期限

（1）增值税的纳税期限分别为 1 日、3 日、5 日、10 日、15 日、1 个月或者 1 个季度。

（2）以 1 个月或者 1 个季度为 1 个纳税期的，纳税人自期满之日起 15 日内申报纳税。

（3）以 1 日、3 日、5 日、10 日或者 15 日为 1 个纳税期的，纳税人自期满之日起 5 日内预缴税款，于次月 1 日至 15 日内申报纳税并结清上月应纳税款。

（4）纳税人进口货物，应当自海关填发进口增值税专用缴款书之日起 15 日内缴纳税款。

以 1 个季度为纳税期限的规定适用于小规模纳税人、银行、财务公司、信托投资公司、信用社，以及财政部和国家税务总局规定的其他纳税人。不能按照固定期限纳税的，可以按次纳税。

（四）进项税额抵扣期限

增值税一般纳税人取得 2017 年 1 月 1 日及以后开具的增值税专用发票、海关进口增值税专用缴款书、机动车销售统一发票、收费公路通行费增值税电子普通发票，取消认证确认、稽核比对、申报抵扣的期限。纳税人在进行增值税纳税申报时，应当通过本省（自治区、直辖市和计划单列市）增值税发票综合服务平台对上述扣税凭证信息进行用途确认。

增值税一般纳税人取得 2016 年 12 月 31 日及以前开具的增值税专用发票、海关进口增值税专用缴款书、机动车销售统一发票，超过认证确认、稽核比对、申报抵扣期限，但符合规定条件的，仍可按照《国家税务总局关于逾期增值税扣税凭证抵扣问题的公告》（2011 年第 50 号，国家税务总局公告 2017 年第 36 号、2018 年第 31 号修改）、《国家税务总局关于未按期申报抵扣增值税扣税凭证有关问题的公告》（2011 年第 78 号，国家税务总局公告 2018 年第 31 号修改）规定，继续抵扣进项税额。

（五）增值税专用发票

增值税专用发票是指增值税一般纳税人和自愿选择自行开具增值税专用发票的小规模纳税人发生应税销售行为开具的发票，是购买方支付增值税税额并可按照增值税有关规定

据以抵扣增值税进项税额的凭证。自2020年2月1日起,纳入增值税小规模纳税人自开增值税专用发票试点的小规模纳税人需要开具增值税专用发票的,可以通过新系统自行开具,主管税务机关不再为其代开。

1. 专用发票的联次

专用发票由基本联次或者基本联次附加其他联次构成,基本联次为三联:发票联、抵扣联和记账联。

(1) 发票联,作为购买方核算采购成本和增值税进项税额的记账凭证。

(2) 抵扣联,作为购买方报送主管税务机关认证和留存备查的凭证。

(3) 记账联,作为销售方核算销售收入和增值税销项税额的记账凭证。

2. 专用发票的开票限额

专用发票实行最高开票限额管理。最高开票限额是指单份专用发票开具的销售额合计数不得达到的上限额度。

最高开票限额由一般纳税人和自愿选择自行开具增值税专用发票的小规模纳税人申请,税务机关依法审批。最高开票限额为10万元及以下的,由区县级税务机关审批;最高开票限额为100万元的,由地市级税务机关审批;最高开票限额为1 000万元及以上的,由省级税务机关审批。防伪税控系统的具体发行工作由区县级税务机关负责。

3. 专用发票的领购及使用范围

一般纳税人和自愿选择自行开具增值税专用发票的小规模纳税人凭发票领购簿、IC卡和经办人身份证明领购专用发票。一般纳税人和自愿选择自行开具增值税专用发票的小规模纳税人有下列情形之一的,不得领购和开具专用发票:

(1) 会计核算不健全,不能向税务机关准确提供增值税销项税额、进项税额、应纳税额数据及其他有关增值税税务资料的。

(2) 有《税收征收管理法》规定的税收违法行为,拒不接受税务机关处理的。

(3) 有下列行为之一,经税务机关责令限期改正而仍未改正的。

① 虚开增值税专用发票。

② 私自印制专用发票。

③ 向税务机关以外的单位和个人买取专用发票。

④ 借用他人的专用发票。

⑤ 未按《增值税专用发票使用规定》第十一条开具专用发票。

⑥ 未按规定保管专用发票和专用设备。

⑦ 未按规定申请办理防伪税控系统变更发行。

⑧ 未按规定接受税务机关检查。

有上述情形的,如已领购专用发票,主管税务机关应暂扣其结存的专用发票和IC卡。

4. 专用发票的开具范围

一般纳税人和自愿选择自行开具增值税专用发票的小规模纳税人销售货物或者提供应税劳务,应向购买方开具专用发票。发生下列情形的,不得开具增值税专用发票:

(1) 商业企业一般纳税人零售的烟、酒、食品、服装、鞋帽(不包括劳保专用部分)、化妆品等消费品;

(2) 销售免税货物或者提供免征增值税的销售服务,无形资产或者不动产;

(3) 向消费者个人销售货物或者提供销售服务、无形资产或者不动产;
(4) 金融商品转让;
(5) 经纪代理服务,向委托方收取的政府性基金或者行政事业性收费;
(6) 其他按规定不得开具的情形。

5. 专用发票的开具要求

专用发票应按下列要求开具:
(1) 项目齐全,与实际交易相符。
(2) 字迹清楚,不得压线、错格。
(3) 发票联和抵扣联加盖财务专用章或者发票专用章。
(4) 按照增值税纳税义务的发生时间开具。

二、纳税申报

(一) 一般纳税人

1. 申报资料

(1) 已开具的增值税专用发票和普通发票存根联。
(2) 符合抵扣条件并且在本期申报抵扣的增值税专用发票抵扣联。
(3) 海关进口货物完税凭证、运输发票、购进农产品的普通发票的复印件。
(4) 收购凭证的存根联或报查联。
(5) 代扣代缴税款凭证的存根联。
(6) 主管税务机关规定的其他备查资料。
备查资料是否需要在当期报送,由各省级税务机关确定。

2. 申报手续

在办理税款缴纳前,要完成专用发票的认证、抄税、报税、办理申报工作。

(1) 专用发票认证。纳税人取得增值税专用发票、机动车销售统一发票、收费公路通行费增值税电子普通发票和海关进口增值税专用缴款书等增值税抵扣凭证若用于申报抵扣增值税进项税额或申请出口退税的,应当将这些抵扣凭证进行认证、稽核比对或用途确认。

(2) 抄税。抄税是在当月的最后一天,通常是在次月 1 日早上开票前,利用防伪税控开票系统进行抄税处理,即将本月开具的增值税专用发票的信息读入 IC 卡。

(3) 报税。在报税期内,一般单位在 15 日之前将 IC 卡拿到税务机关,由税务人员将信息读入税务机关的金税系统。通过抄税,确保所有销项发票进入金税系统,经过报税,确保所有抵扣的进项发票进入金税系统,进行自动比对后确保任何一张抵扣的进项发票都有销项发票与之对应。

(4) 办理申报。申报分为上门申报和网上申报。在申报期内,将申报表及其他相关资料传递给主管税务机关或者将电子信息传送到电子申报系统。

税务机关将申报表单据送到开户银行,由银行自动转账处理。企业可以打印银行端查询缴税凭证。《国家税务总局关于 2019 年开展“便民办税春风行动”的意见》(税总发〔2019〕19 号)规定:除了特定纳税人及特殊情形外,取消增值税发票抄报税,改由纳税人对开票数据进行确认。

3. 纳税申报表

一般纳税人适用的增值税纳税申报表如表 2-3 所示。

表 2-3　增值税及附加税费申报表

（一般纳税人适用）

根据国家税收法律法规及增值税相关规定制定本表。纳税人不论有无销售额，均应按税务机关核定的纳税期限填写本表，并向当地税务机关申报。

税款所属时间：自　　年　月　日至　　年　月　日　　　填表日期：　年　月　日　　　金额单位：元（列至角分）

纳税人识别号（统一社会信用代码）：□□□□□□□□□□□□□□□□□□□□　　　所属行业：

纳税人名称：		法定代表人姓名		注册地址	生产经营地址	
开户银行及账号		登记注册类型			电话号码	
项目		栏次	一般项目		即征即退项目	
			本月数	本年累计	本月数	本年累计
销售额	（一）按适用税率计税销售额	1				
	其中：应税货物销售额	2				
	应税劳务销售额	3				
	纳税检查调整的销售额	4				
	（二）按简易办法计税销售额	5				
	其中：纳税检查调整的销售额	6				
	（三）免、抵、退办法出口销售额	7			—	—
	（四）免税销售额	8			—	—
	其中：免税货物销售额	9			—	—
	免税劳务销售额	10			—	—
税款计算	销项税额	11				
	进项税额	12				
	上期留抵税额	13				—
	进项税额转出	14				
	免、抵、退应退税额	15			—	—

续表

项目		栏次	一般项目		即征即退项目	
			本月数	本年累计	本月数	本年累计
税款计算	按适用税率计算的纳税检查应补缴税额	16			—	—
	应抵扣税额合计	17=12+13−14−15+16		—		—
	实际抵扣税额	18(如 17<11,则为 17,否则为 11)				
	应纳税额	19=11−18				
	期末留抵税额	20=17−18				—
	简易计税办法计算的应纳税额	21				
	按简易计税办法计算的纳税检查应补缴税额	22			—	—
	应纳税额减征额	23				
	应纳税额合计	24=19+21−23				
税款缴纳	期初未缴税额(多缴为负数)	25				
	实收出口开具专用缴款书退税额	26			—	—
	本期已缴税额	27=28+29+30+31				
	① 分次预缴税额	28		—		—
	② 出口开具专用缴款书预缴税额	29		—	—	—
	③ 本期缴纳上期应纳税额	30				
	④ 本期缴纳欠缴税额	31				
	期末未缴税额(多缴为负数)	32=24+25+26−27				
	其中:欠缴税额(≥0)	33=25+26−27		—		—

续表

项目		栏次	一般项目		即征即退项目	
			本月数	本年累计	本月数	本年累计
税款缴纳	本期应补(退)税额	34=24-28-29		——		——
	即征即退实际退税额	35	——	——		
	期初未缴查补税额	36			——	——
	本期入库查补税额	37			——	——
	期末未缴查补税额	38=16+22+36-37			——	——
附加税费	城市维护建设税本期应补(退)税额	39			——	——
	教育费附加本期应补(退)费额	40			——	——
	地方教育附加本期应补(退)费额	41			——	——

声明:此表是根据国家税收法律法规及相关规定填写的,本人(单位)对填报内容(及附带资料)的真实性、可靠性、完整性负责。

纳税人(签章):　　年　　月　　日

经办人: 经办人身份证号: 代理机构签章: 代理机构统一社会信用代码:	受理人: 受理税务机关(章):　　受理日期:　年　月　日

（二）小规模纳税人

1. 申报资料

（1）增值税纳税申报表。
（2）普通发票领用存月报表。
（3）企业财务会计报表及其他税务机关要求报送的资料。

2. 纳税申报表

小规模纳税人适用的增值税纳税申报表如表 2-4 所示。

表 2-4 增值税及附加税费申报表
（小规模纳税人适用）

纳税人识别号(统一社会信用代码)：□□□□□□□□□□□□□□□□□□□□

纳税人名称： 金额单位：元(列至角分)

税款所属期： 年 月 日至 年 月 日 填表日期： 年 月 日

	项目	栏次	本期数		本年累计	
			货物及劳务	服务、不动产和无形资产	货物及劳务	服务、不动产和无形资产
一、计税依据	（一）应征增值税不含税销售额(3%征收率)	1				
	增值税专用发票不含税销售额	2				
	其他增值税发票不含税销售额	3				
	（二）应征增值税不含税销售额(5%征收率)	4	——		——	
	增值税专用发票不含税销售额	5	——		——	
	其他增值税发票不含税销售额	6	——		——	
	（三）销售使用过的固定资产不含税销售额	7(7≥8)		——		——
	其中：其他增值税发票不含税销售额	8		——		——
	（四）免税销售额	9=10+11+12				
	其中：小微企业免税销售额	10				
	未达起征点销售额	11				
	其他免税销售额	12				
	（五）出口免税销售额	13(13≥14)				
	其中：其他增值税发票不含税销售额	14				

续表

<table>
<tr><td rowspan="8">二、税款计算</td><td>本期应纳税额</td><td>15</td><td></td><td></td><td></td><td></td></tr>
<tr><td>本期应纳税额减征额</td><td>16</td><td></td><td></td><td></td><td></td></tr>
<tr><td>本期免税额</td><td>17</td><td></td><td></td><td></td><td></td></tr>
<tr><td>其中：小微企业免税额</td><td>18</td><td></td><td></td><td></td><td></td></tr>
<tr><td>未达起征点免税额</td><td>19</td><td></td><td></td><td></td><td></td></tr>
<tr><td>应纳税额合计</td><td>20=15-16</td><td></td><td></td><td></td><td></td></tr>
<tr><td>本期预缴税额</td><td>21</td><td></td><td></td><td>——</td><td>——</td></tr>
<tr><td>本期应补(退)税额</td><td>22=20-21</td><td></td><td></td><td>——</td><td>——</td></tr>
<tr><td rowspan="3">三、附加税费</td><td>城市维护建设税本期应补(退)税额</td><td>23</td><td colspan="2"></td><td colspan="2"></td></tr>
<tr><td>教育费附加本期应补(退)费额</td><td>24</td><td colspan="2"></td><td colspan="2"></td></tr>
<tr><td>地方教育附加本期应补(退)费额</td><td>25</td><td colspan="2"></td><td colspan="2"></td></tr>
<tr><td colspan="7">声明：此表是根据国家税收法律法规及相关规定填写的，本人(单位)对填报内容(及附带资料)的真实性、可靠性、完整性负责。
纳税人(签章)：　　年　月　日</td></tr>
<tr><td colspan="3">经办人：
经办人身份证号：
代理机构签章：
代理机构统一社会信用代码：</td><td colspan="4">受理人：
受理税务机关(章)：
受理日期：　　年　月　日</td></tr>
</table>

一、单项选择题

1. 某面粉厂为增值税一般纳税人，2020 年 5 月向农民收购一批小麦用于生产面粉，农产品收购发票上注明收购价款为 100 万元，则当月该面粉厂可以抵扣的进项税额是(　　)万元。

A. 3　　B. 10

C. 9　　D. 13

2. 根据增值税法律制度的规定，下列各项中，不属于销售货物的是(　　)。

A. 天然气公司销售天然气　　B. 银行销售金银

C. 货物期货交易　　D. 服装厂提供的缝纫业务

3. 根据增值税法律制度的规定，下列各项中，不缴纳增值税的是(　　)。

A. 个体工商户聘用的员工为雇主提供的加工劳务

B. 电力公司向发电企业收取的过网费

C. 纳税人提供的矿产资源开采、挖掘、切割、破碎、分拣、洗选等劳务

D. 纳税人进口小汽车

4. 某餐饮企业为增值税一般纳税人，2020 年 5 月提供餐饮服务取得不含税销售额80 万元，则该企业当月的销项税额为(　　)万元。

A. 4.8　　B. 8

C. 4.53　　D. 12.8

5. 某金店为增值税一般纳税人，2020 年 6 月采取以旧换新方式销售纯金项链 1 条，新项链的不含税销售额为 4 000 元，收购的旧项链作价 2 000 元(不含税)，则该笔业务的销项税额为(　　)元。

A. 640　　B. 520

C. 320　　D. 260

6. 根据增值税法律制度的规定，下列各项中，属于“提供加工、修理修配劳务”的是(　　)。

A. 修理小汽车　　B. 修缮办公楼

C. 爆破　　D. 矿山穿孔

7. 根据增值税法律制度的规定，下列各项中，属于“销售不动产”的是(　　)。

A. 转让非专利技术

B. 转让土地使用权

C. 转让办公楼时一并转让其所占土地的使用权

D. 转让域名

8. 下列行为中，属于视同销售，征收增值税的是(　　)。

A. 某商店为服装厂代销服装

B. 某商场将外购的部分食品用于职工福利

C. 单位向其他单位转让不动产

D. 某商场将外购的床单用于内部招待所

9. 根据增值税法律制度的规定，下列各项中，应征收增值税的是(　　)。

A. 非经营活动

B. 单位聘用的员工为本单位提供取得工资的服务

C. 个体工商户为聘用的员工提供服务

D. 甲运输公司无偿向乙企业提供交通运输服务

10. 根据增值税法律制度的规定，下列各项中，说法正确的是(　　)。

A. 采取折扣销售方式的，销售额为扣除折扣后的金额

B. 采取以旧换新方式的，销售额为实际收取的全部价款

C. 采取还本销售方式的，不得从销售额中减除还本支出

D. 采取以物易物方式的，以实际收取的差价款为销售额

11. 某企业为增值税一般纳税人，2020 年 6 月将产品分别以 100 元、110 元和 50 元(被认定为价格偏低且无正当理由)的单价销售给甲、乙、丙各 100 件，则该月的销售额应当被核定为(　　)元。

A. 26 000　　B. 31 500

C. 30 000　　D. 33 000

12. 某商场为增值税一般纳税人，2020 年 6 月以买一赠一的方式销售货物。其中，销售 A 商品 50 台，每台售价为 4 600 元，同时赠送 B 商品 50 件，B 商品售价为 63.2 元/件，A、B 商品适用的税率都为 13%，则该商场此项业务应申报的销项税额是(　　)元。

A. 26 823.7　　B. 26 460.2

C. 36 800　　D. 32 830

13. 2020 年 5 月，甲公司(增值税一般纳税人)销售产品取得含税价款 113 000 元，另收取包装物租金 6 960 元。已知增值税税率为 13%，关于该笔业务增值税销项税额的下列计算中，正确的是(　　)。

A. 113 000÷(1+13%)×13%

B. (113 000+6 960)÷(1+13%)×13%

C. 113 000×13%

D. (113 000+6 960)×13%

14. 根据增值税法律制度的规定，下列关于销售额的表述中，不正确的是(　　)。

A. 经纪代理服务以取得的全部价款和价外费用，扣除向委托方收取并代为支付的政府性基金或者行政事业性收费后的余额为销售额

B. 航空运输企业的销售额，不包括代收的机场建设费和代售其他航空运输企业客票而代收转付的价款

C. 一般纳税人提供客运场站服务的，以其取得的全部价款和价外费用，扣除支付给承运方运费后的余额为销售额

D. 房地产开发企业中的一般纳税人销售其开发的房地产项目(选择简易计税方法的房地产老项目除外)，以取得的全部价款和价外费用为销售额

15. 根据增值税法律制度的规定，下列关于增值税纳税义务发生时间的表述中，不正确的是(　　)。

A. 纳税人提供建筑服务采取预收款方式的，其纳税义务发生时间为服务完成的当天

B. 纳税人采取赊销方式销售货物的，其纳税义务发生时间为书面合同约定的收款日期

C. 纳税人从事金融商品转让的，其纳税义务发生时间为金融商品所有权转移的当天

D. 纳税人进口货物，其纳税义务发生时间为报关进口的当天

二、多项选择题

1. 下列选项中，属于我国增值税纳税人的有(　　)。

A. 生产销售并安装钢制门窗的纳税人

B. 为其受雇用的公司提供修配劳务的个人

C. 专门从事进口货物的单位

D. 从事运输劳务的运输企业

2. 根据增值税法律制度的规定，下列各项中，属于视同销售行为的有(　　)。

A. 将购进的货物用于集体福利

B. 将购进的货物用于个人消费

C. 将购进的货物用于无偿赠送

D. 将购进的货物用于对外投资

3. 甲企业主要从事空调的生产和销售，2020 年 6 月甲企业发生下列购进业务，其中准

予依法抵扣进项税额的有(　　)。

A. 进口设备一台,取得海关进口增值税专用缴款书

B. 购进办公用打印纸一批,取得销售方开具的增值税专用发票

C. 接受某设计公司提供的设计服务,取得服务提供方开具的增值税普通发票

D. 从境外单位手中受让位于境内的办公室一处,取得代扣代缴税款的完税凭证

4. 根据增值税法律制度的规定,下列各项中,属于交通运输服务的有(　　)。

A. 出租车公司向使用本公司自有出租车的出租车司机收取的管理费用

B. 水路运输的程租、期租业务

C. 航空运输的湿租业务

D. 无运输工具的承运业务

5. 根据增值税法律制度的规定,下列各项中,不属于在境内销售的情形有(　　)。

A. 境外单位向境内单位销售完全在境外发生的服务

B. 境外单位向境内单位销售完全在境外使用的无形资产

C. 境外单位向境内单位出租完全在境外使用的有形动产

D. 境外个人向境内个人销售完全在境外使用的无形资产

6. 根据增值税法律制度的规定,下列各项中,属于不动产租赁服务的有(　　)。

A. 融资性售后回租　　B. 车辆停放服务

C. 道路通行服务　　D. 飞机、车辆等有形动产的广告位出租

7. 根据增值税法律制度的规定,下列各项中,不征收增值税的有(　　)。

A. 根据国家指令无偿提供的铁路运输服务

B. 存款利息

C. 被保险人获得的保险赔付

D. 公积金管理中心代收的住宅专项维修资金

8. 根据增值税法律制度的规定,下列各项中,说法正确的有(　　)。

A. 纳税人兼有不同税率的销售货物、加工修理修配劳务、服务、无形资产或者不动产,从高适用税率

B. 纳税人兼有不同征收率的销售货物、加工修理修配劳务、服务、无形资产或者不动产,从高适用征收率

C. 纳税人兼有不同税率和征收率的销售货物、加工修理修配劳务、服务、无形资产或者不动产,从高适用税率

D. 纳税人兼有不同税率和征收率的销售货物、加工修理修配劳务、服务、无形资产或者不动产,从高适用征收率

9. 根据增值税法律制度的规定,下列各项中,一般纳税人在计算增值税销项税额时应并入销售额的有(　　)。

A. 销货方在价外向购买方收取的赔偿金

B. 销货方在价外向购买方收取的储备费

C. 销售货物的同时因代办保险而向购买方收取的保险费

D. 受托加工应征消费税的消费品所代收代缴的消费税

10. 根据增值税法律制度的规定，一般纳税人发生的下列行为中，不得抵扣进项税额的有（　　）。

A. 非正常损失的不动产所耗用的设计服务

B. 购进的贷款服务

C. 购进的居民日常服务

D. 购进的餐饮服务

11. 根据增值税法律制度的规定，境内企业提供的下列服务中，适用零税率的有（　　）。

A. 国际运输服务

B. 航天运输服务

C. 向境内单位提供的技术开发服务

D. 向境外单位提供的完全在境外消费的软件服务

12. 根据增值税法律制度的规定，一般纳税人发生的下列应税行为中，可以选择适用简易计税办法的有（　　）。

A. 公共交通运输服务

B. 文化体育服务

C. 典当业销售死当物品

D. 销售商品混凝土（仅限于以水泥为原料生产的水泥混凝土）

13. 根据增值税法律制度的规定，下列各项中，免征增值税的有（　　）。

A. 农业生产者销售外购农产品

B. 婚姻介绍服务

C. 个人销售自建自用住房

D. 外国企业无偿援助的进口物资

14. 根据增值税法律制度的规定，一般纳税人发生的下列情形中，不得开具增值税专用发票的有（　　）。

A. 商业企业零售烟酒　　　　B. 转让金融商品

C. 销售避孕药品　　　　D. 销售机器设备

15. 某企业为增值税一般纳税人，主要从事房地产开发与销售业务，企业发生的下列业务中，应缴纳增值税的有（　　）。

A. 将500平方米商铺用于抵偿工程款

B. 将200平方米商铺无偿赠送给关联企业

C. 将600平方米商铺用于出租

D. 将100平方米商铺转为办公自用

三、判断题

1. 固定业户应当向其机构所在地或者居住地主管税务机关申报纳税。（　　）

2. 设有两个以上机构并实行统一核算的纳税人，将货物从一个机构移送其他机构用于销售的，均应视同销售处理。（　　）

3. 包装物押金属于价外费用，在销售货物时随同货款一并计算增值税税款。（　　）

4. 卫星电视信号落地转接服务按基础电信服务缴纳增值税。（　　）

5. 固定电话、有线电视、宽带、水、电、燃气、暖气等经营者向用户收取的安装费、初装

费、开户费、扩容费及类似收费，按安装服务缴纳增值税。 （　　）

6. 在资产重组过程中，通过合并、分立、出售、置换等方式，将全部或部分实物资产以及与其相关联的债权、负债和劳动力一并转让给其他单位和个人，其中涉及的不动产、土地使用权转让行为，不征收增值税。 （　　）

7. 无运输工具的承运业务按租赁服务缴纳增值税。 （　　）

8. 纳税人提供旅游服务时，可以选择以取得的全部价款和价外费用，扣除向旅游服务购买方收取并支付给其他单位或者个人的住宿费、餐饮费、交通费、签证费、门票费和支付给其他接团旅游企业的旅游费用后的余额为销售额。 （　　）

9. 金融商品的买入价，可以选择按加权平均法或移动加权平均法进行核算，选择后 12 个月内不得变更。 （　　）

10. 纳税人接受贷款服务向贷款方支付的与该笔贷款直接相关的投融资顾问费、手续费、咨询费等费用，其进项税额可以按规定从销项税额中抵扣。 （　　）

11. 纳税人发生的应税行为同时适用免税和零税率的，一律适用零税率。 （　　）

12. 选择差额计算方法计算销售额的纳税人，提供旅游服务向旅游服务购买方收取并支付的可以从全部价款和价外费用中扣除的费用，可以按规定开具增值税专用发票。 （　　）

13. 纳税人发生视同销售服务、无形资产或者不动产情形的，其纳税义务发生时间为服务、无形资产转让完成的当天或者不动产权属变更的当天。 （　　）

14. 张某将位于北京的一处购买 3 年的非普通住房对外销售，免征增值税。 （　　）

15. 增值税扣缴义务发生时间为纳税人支付货款的当天。 （　　）

四、业务题

1. 某糕点厂（一般纳税人）2020 年 4 月发生如下业务：

（1）向一超市（一般纳税人）销售糕点，开出增值税专用发票，注明价款为 50 000 元，增值税款为 6 500 元；支付运费 500 元，增值税 45 元，取得增值税专用发票。

（2）向一小卖部（小规模纳税人）销售糕点，开出一张普通发票，注明价款（含增值税）为 11 300 元。

（3）将 300 盒自产糕点发放给本厂职工，该糕点的对外销售价格（不含税）为 20 元/盒。

（4）本月从农场购进小麦一批，在收购凭证上注明买价为 30 000 元。

（5）本月购进食品盒一批，取得一张增值税专用发票，注明价款为 5 000 元，增值税税额为 650 元。

要求：计算该企业 4 月应缴纳的增值税税额。

2. 某制药厂（一般纳税人）主要生产各类药品，2020 年 7 月至 8 月发生如下经济业务：

（1）7 月销售应税药品，收到货款 20 000 元（含税），并向对方收取装卸搬运费 3 200 元。

（2）7 月外购生产用材料，价款为 50 000 元。支付运费 1 000 元，增值税 90 元（有运费发票）。

（3）8 月销售免税药品一批，价款为 150 000 元（不含税），动用之前外购原料成本 28 000 元，另支付运输公司运输免费药品的运费 700 元，增值税 63 元，取得运费发票。

（4）8 月销售应税药品 1 000 000 元（不含税）。

（5）8 月外购应税产品包装物取得增值税专用发票上注明税款 5 000 元；支付产品说明书加工费取得专用发票上注明税款 340 元。

要求：计算该药厂7月、8月增值税税额。

3. 某公司为一般纳税人，专门从事认证服务。2020年5月发生如下业务：

(1) 16日，取得某项认证服务收入，开具增值税专用发票，注明价款90万元；另外取得奖励费10.6万元(含税)。

(2) 18日，购进一台经营用设备，取得防伪税控增值税专用发票，注明价款21.25万元。

(3) 20日，接受本市其他单位的设计服务，取得防伪税控增值税专用发票，注明价款5万元。

(4) 25日，接受某运输企业提供的交通运输服务，取得防伪税控增值税专用发票，注明价款1.1万元。

要求：计算该公司5月的增值税应纳税额。

4. 某一般纳税人2020年6月发生以下业务：

(1) 外购原材料100吨(1吨=1 000千克)，支付价款(不含税)32 000元，另支付运输费用1 200元(不含税)。原材料的购买和运费均取得增值税专用发票。

(2) 外购生产用辅助材料50吨，支付价款30 000元，并取得专用发票。当月用于企业基建工程10吨。

(3) 进口一批优质原材料，关税完税价格9万元，关税税率为20%。

(4) 销售外购的原材料30吨，取得不含税销售收入10 000元。

(5) 销售产品500件，每件售价为价税合计300元，用自备汽车运输，从买方收取运输费10 000元。

(6) 用上述产品300件发放职工福利。

要求：根据以上条件，计算该企业6月的增值税应纳税额。

劳动模范
崔国："税务蓝"是人生永恒的底色

操作视频
增值税

操作视频
增值税消费税附加税合并申报

在线测试

项目三 消费税纳税业务

● **知识目标**

了解消费税的概念和特点；
掌握消费税的纳税人、税目、应纳税额的计算；
理解纳税义务发生时间、纳税期限和纳税地点；
掌握纳税申报表的填写规范。

消费税是以特定消费品为课税对象征收的一种税，属于流转税范畴。我国现行消费税是1994年税制改革中新设置的一个税种，旨在调节产品结构，引导消费方向、增加财政收入。现行消费税法律制度的基本规范是《中华人民共和国消费税暂行条例》(以下简称《消费税暂行条例》)。消费税、增值税、关税等相互配套，构成我国流转税体系。

任务一　消费税基本税收政策认知

一、消费税的概念

我国现行消费税是对在我国境内从事生产、委托加工和进口应税消费品的单位和个人就其应税消费品征收的一种税。它选择部分消费品征税，因而属于特别消费税。在对货物普遍征收增值税的基础上，选择部分消费品再征收一道消费税，其目的是调节产品结构，引导消费方向，保证国家财政收入。

二、消费税的特点

1. 征收范围具有选择性

一般来说，流转税的征税范围比较广泛，如增值税对所有货物实行普遍征收，而消费税只针对部分高档消费品、非生活必需品、奢侈品以及需要限制消费和具有财政意义的消费品征收，以起到特殊的调节作用。

2. 征税环节具有单一性

我国消费税的纳税环节确定在生产环节(金银首饰生产加工除外),具有较大的隐蔽性,其既容易被消费者接受,也可以减少对社会的影响。与此同时,为了避免重复征税,在应税消费品脱离生产环节进入流通领域后,就不再征收,具有征收环节单一性的特点。

3. 平均税率水平较高且税负差异大

一般流转税的税率档次较少,不同税目之间税负差异不大,增值税尤其典型,而消费税是以调节生产和消费为主要职能的,税率是针对不同消费品设计的,税率档次越多,不同税目之间的税负水平相差越大,例如,从价计征的消费税最高税率为56%,最低税率为1%。

4. 征收方法具有灵活性

现行消费税对不同的消费品分别采用从价计征、从量计征、从价计征及从量计征相结合的复合计征的方法。

5. 税负具有转嫁性

消费税无论是在哪个环节征收,消费品中所含的消费税最终都要转嫁到消费者身上。

三、消费税与增值税的关系

(一)消费税与增值税的区别

(1) 范围不同:增值税是普遍征收,消费税是有选择的征收。

(2) 与价格的关系不同:增值税是价外税,消费税是价内税。

(3) 纳税环节不同:增值税是在货物所有的流转环节道道征收,消费税是单一环节征收。

(4) 计税方法不同:增值税是从价计征,消费税有从价计征、从量计征和复合计征三种计税方法。

(二)消费税与增值税的联系

(1) 两者都对货物征收。

(2) 对于按从价计征征收消费税的商品,征收消费税的同时需要征收增值税,且两者计税依据一致。

(3) 都是流转税,税收都具有转嫁性。

四、消费税的纳税人

在我国境内生产、委托加工和进口条例规定的消费品的单位和个人,以及经国务院确定的销售《消费税暂行条例》规定的消费品的其他单位和个人,均为消费税纳税人。

在我国境内是指生产、委托加工和进口属于应当缴纳消费税的消费品的起运地或者所在地在境内。

五、消费税的税目与税率

（一）税目

从消费税的征收目的出发，目前应税消费品被定为15类，即消费税有15个税目。消费税税目表的内容如表3-1所示。

表3-1 消费税税目表

税　目	子税目	征收范围	特殊事项
一、烟	1. 卷烟 2. 雪茄烟 3. 烟丝	烟是以烟叶为原料加工生产的特殊消费品。卷烟是指将各种烟叶切成烟丝并按照一定的配方辅之以糖、酒、香料加工而成的产品	1. “甲类卷烟”是指每标准条(200支，下同)调拨价格在70元(不含增值税)以上含70元的卷烟 2. “乙类卷烟”是指每标准条(200支，下同)调拨价格在70元(不含增值税)以下不含70元的卷烟
二、酒	1. 白酒 2. 黄酒 3. 啤酒 4. 其他酒	酒是指酒精度在1度以上的各种酒类饮料，包括粮食白酒、薯类白酒、黄酒、啤酒、其他酒	1. 饮食业、商业、娱乐业举办的啤酒屋(啤酒坊)利用啤酒生产设备生产的啤酒应当征收消费税 2. 啤酒每吨出厂价(含包装物及包装物押金)在3 000元(含3 000元，不含增值税)以上的是甲类啤酒，每吨出厂价(含包装物及包装物押金，不含增值税)在3 000元以下的是乙类啤酒 3. 果啤属于啤酒，按啤酒征收消费税
三、高档化妆品		本税目征收范围包括各类高档美容、修饰类化妆品、高档护肤类化妆品和成套化妆品 高档美容、修饰类化妆品、高档护肤类化妆品是指生产(进口)环节销售(完税)价格(不含增值税)在10元/毫升(克)或15元/片(张)及以上的美容、修饰类化妆品和护肤类化妆品	舞台、戏剧、影视演员化妆用的上妆油、卸妆油、油彩不属于本税目征收范围
四、贵重首饰及珠宝玉石	1. 金银首饰、铂金首饰和钻石及钻石饰品 2. 其他贵重首饰和珠宝玉石	本税目征收范围包括以金、银、白金、宝石、珍珠、钻石、翡翠、珊瑚、玛瑙等高贵稀有物质以及其他金属、人造宝石等制作的各种纯金银首饰及镶嵌首饰和经采掘、打磨、加工的各种珠宝玉石	对出国人员免税商店销售的金银首饰征收消费税

续表

税　　目	子税目	征收范围	特殊事项
五、鞭炮、焰火		鞭炮又称爆竹，是用多层纸密裹火药，接以药引线制成的一种爆炸品。焰火是指烟火剂，一般系包扎品，内装药剂，点燃后烟火喷射，呈现各种颜色，有的还变幻成各种景象，分平地小焰火和空中大焰火两类	体育用发令纸、鞭炮药引线不属于本税目征收范围
六、成品油	1. 汽油 2. 柴油 3. 航空煤油 4. 石脑油 5. 溶剂油 6. 润滑油 7. 燃料油		1. 植物性润滑油、动物性润滑油和化工原料合成润滑油不属于润滑油的征收范围 2. 航空煤油的消费税暂缓征收
七、小汽车	1. 乘用车 2. 中轻型商用客车 3. 超豪华小汽车	汽车是指由动力驱动，具有四个或四个以上车轮的非轨道承载的车辆。 本税目征收范围包括含驾驶员座位在内最多不超过9个座位（含9个座位）的，在设计和技术特性上用于载运乘客和货物的各类乘用车和含驾驶员座位在内的座位数在10～23座（含23座）的，在设计和技术特性上用于载运乘客和货物的各类中轻型商用客车。 超豪华小汽车是指每辆零售价格为130万元（不含增值税）及以上的乘用车和中轻型商用客车	1. 车身长度大于7米（含7米），并且座位在10～23座（含）以下的商用客车，不属于中轻型商用客车，不征收消费税 2. 电动汽车以及沙滩车、雪地车、卡丁车、高尔夫车等均不属于本税目征收范围，不征消费税
八、摩托车	1. 轻便摩托车 2. 摩托车	本税目征收范围包括气缸容量为250毫升的摩托车和气缸容量在250毫升（不含）以上的摩托车两种	对最大设计车速不超过50千米/小时，发动机气缸总工作容量不超过50毫升的三轮摩托车不征收消费税
九、高尔夫球及球具		高尔夫球及球具是指从事高尔夫球运动所需的各种专用装备，包括高尔夫球、高尔夫球杆及高尔夫球包（袋）等。高尔夫球杆的杆头、杆身和握把属于本税目的征收范围	

续表

税　目	子税目	征收范围	特殊事项
十、高档手表		高档手表是指销售价格(不含增值税)每只在10 000元(含10 000元)以上的各类手表	
十一、游艇		游艇是指长度大于8米(含8米)小于90米(含90米),船体由玻璃钢、钢、铝合金、塑料等多种材料制作,可以在水上移动的水上浮载体。按照动力划分,游艇分为无动力艇、帆艇和机动艇。 游艇内置发动机,一般为私人或团体购置,主要用于水上运动和休闲娱乐等非营利活动的各类机动艇	
十二、木制一次性筷子		木制一次性筷子又称卫生筷子,是指以木材为原料经过锯段、浸泡、旋切、刨切、烘干、筛选、打磨、倒角、包装等环节加工而成的各类一次性使用的筷子	未经打磨、倒角的木制一次性筷子属于本税目征收范围
十三、实木地板		1. 按生产工艺不同,分为独板(块)实木地板、实木拼接地板和实木复合地板 2. 按表面处理状态不同,分为未涂饰地板(白坯板、素板)和漆饰地板	本税目征收范围包括各类规格的实木地板、实木拼接地板、实木复合地板及用于装饰墙壁、天棚的侧端面为榫、槽的实木装饰板。未经涂饰的素板也属于本税目征收范围
十四、电池		自2015年2月1日起对电池(铅蓄电池除外)征收消费税	对无汞原电蓄电池(又称氢镍蓄电池或镍氢蓄电池)、锂原电池、锂离子蓄电池、燃料电池、全钒液流电池、太阳能电池免征消费税。2015年12月31日前对铅蓄电池缓征,自2016年1月1日起,对铅蓄电池按4%的税率征收消费税
十五、涂料		自2015年2月1日起对涂料征收消费税	施工状态下挥发性有机物含量低于420克/升(含)的涂料免征消费税

【基础巩固3-1】 下列各项中,不属于消费税税目的有(　　)。

A. 黄酒　　　　B. 沙滩车

C. 摩托车　　　　　　　　　　D. 一只9 000元的手表

解析　答案为B、D。B选项的沙滩车不属于消费税税目范围，D选项9 000元的手表不属于高档手表，不征收消费税。

(二) 税率

(1) 比例税率：适用于大多数应税消费品，税率最低为1%，最高为56%。

(2) 定额税率：只适用于三种液体应税消费品，分别是啤酒、黄酒和成品油。

消费税各税目所对应的税率如表3-2所示。

表3-2　消费税税率表

税　　目	税　　率
一、烟	
1. 卷烟	
(1) 甲类卷烟	56%加0.003元/支(生产环节)
(2) 乙类卷烟	36%加0.003元/支(生产环节)
(3) 商业批发	11%加0.005元/支(批发环节)
2. 雪茄烟	36%(生产环节)
3. 烟丝	30%(生产环节)
二、酒	
1. 白酒	20%加0.5元/500克(或者500毫升)
2. 黄酒	240元/吨
3. 啤酒	
(1) 甲类啤酒	250元/吨
(2) 乙类啤酒	220元/吨
4. 其他酒	10%
三、高档化妆品	15%
四、贵重首饰及珠宝玉石	
1. 金银首饰、铂金首饰和钻石及钻石饰品	5%
2. 其他贵重首饰和珠宝玉石	10%
五、鞭炮、焰火	15%
六、成品油	
1. 汽油	1.52元/升
2. 柴油	1.20元/升
3. 航空煤油	1.20元/升
4. 石脑油	1.52元/升
5. 溶剂油	1.52元/升
6. 润滑油	1.52元/升
7. 燃料油	1.20元/升

续表

税　目	税　率
七、小汽车	
1. 乘用车	
(1) 气缸容量(排气量,下同)在 1.0 升(含 1.0 升)以下的	1%
(2) 气缸容量在 1.0 升以上至 1.5 升(含 1.5 升)的	3%
(3) 气缸容量在 1.5 升以上至 2.0 升(含 2.0 升)的	5%
(4) 气缸容量在 2.0 升以上至 2.5 升(含 2.5 升)的	9%
(5) 气缸容量在 2.5 升以上至 3.0 升(含 3.0 升)的	12%
(6) 气缸容量在 3.0 升以上至 4.0 升(含 4.0 升)的	25%
(7) 气缸容量在 4.0 升以上的	40%
2. 中轻型商用客车	5%
3. 超豪华小汽车	10%(零售环节) 按子税目 1 和子税目 2 的规定征收[生产(进口)环节]
八、摩托车	
1. 气缸容量为 250 毫升的	3%
2. 气缸容量在 250 毫升以上的	10%
九、高尔夫球及球具	10%
十、高档手表	20%
十一、游艇	10%
十二、木制一次性筷子	5%
十三、实木地板	5%
十四、电池	4%
十五、涂料	4%

2016 年 11 月 30 日,国家税务总局发布了《关于对超豪华小汽车加征消费税有关事项的通知》,通知规定了在“小汽车”税目下增设“超豪华小汽车”子税目。征收范围为每辆零售价格 130 万元(不含增值税)及以上的乘用车和中轻型商用客车。对于超豪华小汽车,除在生产(进口)环节按现行税率征收消费税的基础上,还要在零售环节加征消费税,税率为 10%。

六、消费税的纳税环节

消费税的纳税环节如表 3-3 所示。

表 3-3　消费税的纳税环节

纳税人	纳税环节	
生产应税消费品的单位和个人	自产销售	纳税人销售时纳税
	自产自用	用于连续生产应税消费品的，不纳税
		用于连续生产非应税消费品的，在移送时征收消费税，终端产品出厂销售时不征收消费税
		将自产的应税消费品用于在建工程、管理部门、非生产机构、提供劳务、馈赠、赞助、集资、广告、样品、职工福利、奖励等方面的，在移送时征收消费税
进口应税消费品的单位和个人	进口报关单位或个人为消费税的纳税人，进口消费税由海关代征	
委托加工应税消费品的单位和个人	受托方为个人，由委托方收回后缴纳	
	受托方为单位，由受托方在向委托方交货时代收代缴	
零售超豪华小汽车、金银首饰、钻石、钻石饰品的单位和个人	自 2016 年 12 月 1 日起，每辆零售价格为 130 万元(不含增值税)及以上的乘用车和中轻型商用客车，除在生产(进口)环节按现行税率征收消费税的基础上，还要在零售环节加征消费税。 生产、进口和批发金银首饰、铂金首饰、钻石及钻石饰品时不征收消费税，在零售时纳税	
批发卷烟的单位和个人	从 2009 年 5 月 1 日起，纳税人批发销售的所有牌号规格的卷烟，均在卷烟批发环节加征一道从价税。纳税人销售给纳税人以外的单位和个人的卷烟于销售时纳税。烟草批发企业将卷烟销售给其他烟草批发企业的(纳税人之间)不缴纳消费税	

【基础巩固 3-2】 下列关于消费税纳税环节的表述中，错误的是(　　)。

A. 纳税人自产自用的应税消费品，用于连续生产应税消费品的，不缴纳消费税

B. 纳税人将自产自用的应税消费品用于馈赠、赞助的，缴纳消费税

C. 委托加工的应税消费品，受托方在交货时已代收代缴消费税，委托方收回后直接销售的，再缴纳一道消费税

D. 卷烟在生产和批发两个环节均征收消费税

解析　答案为 C。消费税法律制度规定，委托加工的应税消费品，受托方在交货时已代收代缴消费税，委托方收回后直接销售的，不再缴纳消费税。

任务二　消费税的计算

一、消费税的计税依据

按照《消费税暂行条例》的规定，消费税应纳税额的计算主要实行从价计征、从量计征或

者复合计征的办法。

（一）从价计征

按照从价计征的方法，消费税应纳税额的计算主要取决于应税消费品的销售额和适用税率。其基本计算公式为：

应纳税额＝销售额×适用税率

1. 计税销售额的一般规定

销售额为纳税人销售应税消费品向购买方收取的全部价款和价外费用。全部价款中包含消费税税额，但不包括增值税税额。

价外费用是指价外向购买方收取的手续费、补贴、基金、集资费、返还利润、奖励费、违约金、滞纳金、延期付款利息、赔偿金、代收款项、代垫款项、包装费、包装物租金、储备费、优质费、运输装卸费及其他各种性质的价外收费。但下列项目不包括在内：

（1）同时符合以下条件的代垫运输费用。

① 承运部门的运输费用发票开具给购买方的。

② 纳税人将该项发票转交给购买方的。

（2）同时符合以下条件代为收取的政府性基金或者行政事业性收费：

① 由国务院或者财政部批准设立的政府性基金，由国务院或者省级人民政府及其财政、价格主管部门批准设立的行政事业性收费。

② 收取时开具省级以上财政部门印制的财政票据。

③ 所收款项全额上缴财政。

其他价外费用无论是否属于纳税人的收入，均应并入销售额计算征税。

注意：消费税价外费用的内容与增值税的价外费用相同。

应税消费品的销售额＝含增值税的销售额÷(1＋增值税税率或征收率)

2. 包装物的计税处理

（1）包装物随同产品销售。无论包装物是否单独计价，均应并入应税消费品的销售额中缴纳消费税。

（2）包装物随同产品销售，不作价，而是收取押金（收取酒类产品的包装物押金除外），且单独核算又未过期的，则此项押金不应并入应税消费品的销售额中征税。但对因逾期未收回的包装物不再退还的和已收取的时间超过 1 年的押金，应并入应税消费品的销售额，按应税消费品的适用税率征收消费税。

（3）对既作价随同产品销售，又另外收取押金的包装物押金，凡纳税人在规定的期限内没有退还的，均应并入应税消费品的销售额，按应税消费品的适用税率缴纳消费税。

（4）对酒类产品生产企业销售酒类产品（黄酒、啤酒除外）收取的包装物押金，无论押金是否返还，以及在会计上如何核算，均应并入酒类产品的销售额，按酒类产品的适用税率征收消费税。

注意：啤酒的包装物押金不包括供重复使用的塑料周转箱的押金。

包装物押金的税务处理如表 3-4 所示。

表 3-4 包装物押金的税务处理

押金种类	收取时，未逾期	逾期或收取时间超过 1 年
一般应税消费品的包装物押金（除酒外）	不缴纳增值税、消费税	缴纳增值税、消费税（押金需换算为不含税价）
酒类产品的包装物押金（除啤酒、黄酒外）	缴纳增值税、消费税（押金需换算为不含税价）	不再缴纳增值税、消费税
啤酒、黄酒的包装物押金	不缴纳增值税、消费税	只缴纳增值税；不缴纳消费税（因为啤酒、黄酒是从量计征征收）

（二）从量计征

按从量计征的方法，啤酒、黄酒及成品油等消费品的计税依据主要是应税消费品的销售数量。其基本计算公式为：

应纳税额＝销售数量×定额税率

1. 销售数量的确定

（1）销售应税消费品的，为应税消费品的销售数量。

（2）自产自用应税消费品的，为应税消费品的移送使用数量。

（3）委托加工应税消费品的，为纳税人收回的应税消费品数量。

（4）进口应税消费品的，为海关核定的应税消费品进口征税数量。

2. 计量单位换算标准的规定

实行从量计征办法计算应纳税额的应税消费品，其计量单位的换算标准如下：

黄酒　1 吨＝962 升　　柴油　1 吨＝1 176 升　　溶剂油　1 吨＝1 282 升

啤酒　1 吨＝988 升　　航空煤油　1 吨＝1 246 升　　润滑油　1 吨＝1 126 升

汽油　1 吨＝1 388 升　　石脑油　1 吨＝1 385 升　　燃料油　1 吨＝1 015 升

（三）复合计征

在应税消费品中，计算卷烟和白酒的消费税适用复合计征的办法，其应纳税额的计算公式为：

应纳税额＝销售额×比例税率＋销售数量×定额税率

（四）有关计税依据的特殊规定

1. 自设非独立核算门市部计税依据的规定

纳税人通过自设非独立核算门市部销售的自产应税消费品，应当按照门市部的对外销售额或销售数量征收消费税。

2. 应税消费品用于其他方面的计税依据的规定

纳税人用于换取生产资料和消费资料、投资入股和抵偿债务等方面的应税消费品，应当以纳税人同类应税消费品的最高销售价格作为依据计算消费税。

【基础巩固 3-3】 乙商场 5 月从甲企业购进一批电视机，货款为 10 万元，增值税为 1.3 万元，货款尚未支付。经双方协商同意，本月乙商场以一批金银首饰抵偿此笔债务，并由乙商场开具增值税专用发票，已知乙商场该批金银首饰的成本为 8 万元，若按同类商品的平均价格计算，该批首饰的不含税价格为 10 万元；若按同类商品最高销售价格计算，该批首饰的不含税价格为 11 万元。试计算乙商场 12 月金银首饰抵偿债务应缴纳的消费税和增值税。

解 抵偿债务应按最高价计算消费税＝11×25％＝2.75（万元）

应纳增值税＝10×13％＝1.3（万元）

3. 白酒关联企业间关联交易的消费税处理

白酒生产企业向商业销售单位收取的品牌使用费是随应税白酒的销售而向购货方收取的，属于应税白酒销售价款的组成部分。因此，不论企业采取何种方式或以何种名义收取价款，均应并入白酒的销售额中缴纳消费税。

4. 从高适用税率征收消费税的情况

（1）纳税人兼营不同税率的应税消费品，未分别核算各自销售额的，从高适用税率。

（2）将不同税率的应税消费品组成成套消费品销售的，即使分别核算，也从高适用税率。

【基础巩固 3-4】 某酒厂 5 月销售粮食白酒 12 000 斤（1 斤＝0.5 千克），售价为 5 元/斤，随同销售的包装物价格为 6 200 元；本月销售礼品盒 6 000 套，售价为 300 元/套，每套包括粮食白酒 2 斤，单价 80 元；干红酒 2 斤，单价 70 元。则该企业 5 月应纳消费税（　　）元。（题中的价格均为不含税价格）

A. 199 240　　　　B. 379 240

C. 391 240　　　　D. 484 550

解析 答案为 C。纳税人将不同税率的应税消费品组成成套消费品销售的，即使分别核算，销售额也从高适用税率。

该企业 5 月应纳消费税＝（12 000×5＋6 200）×20％＋12 000×0.5＋6 000×300×20％＋6 000×4×0.5＝391 240（元）

二、生产应税消费品应纳税额的计算

（一）从价计征的计算方法

1. 直接对外销售的应税消费品

从价计征的计税依据是应税消费品的销售额。其基本计算公式为：

应纳税额＝销售额×比例税率

【技能提升 3-1】 A 公司为一般纳税人，2020 年 5 月，该公司批发自产摩托车 100 辆，取得不含税销售额 80 万元，零售自产摩托车 10 辆，取得含税销售额 9.04 万元，已知该摩托车适用的消费税税率为 10％，增值税税率为 13％。试计算该公司本月的增值税销项税额及应纳消费税税额。

解 从价计征计税的情况下，增值税与消费税的计税依据均为不含增值税的销售额。

5 月应纳增值税销项税额＝80×13％＋9.04÷（1＋13％）×13％＝11.44（万元）

5 月应纳消费税税额＝80×10％＋9.04÷（1＋13％）×10％＝8.8（万元）

2. 自产自用的应税消费品

（1）用于连续生产应税消费品的，纳税人不纳税。

(2) 用于其他方面的，包括生产非应税消费品、在建工程、管理部门、非生产机构、提供劳务、馈赠、赞助、集资、广告、样品、职工福利、奖励等，纳税人在移送时缴纳消费税。其计税依据仍然是销售额，销售额的大小由销售量和销售价格决定，其中销售价格的确定有以下两种情况：

① "价格优先"，即采用当月销售的同类消费品的销售价格；如果当月无销售则采用上月或最近月份同类消费品的销售价格。同类消费品的销售价格指的是加权平均价格。

② 在没有同类消费品销售价格的情况下，销售价格按组成计税价格确定。其计算公式为：

组成计税价格＝成本×(1＋成本利润率)÷(1－比例税率)

公式中的"成本"指的是销售自产货物的实际生产成本。成本利润率为全国平均成本利润率，相关应税消费品的全国平均成本利润率如表 3-5 所示。

表 3-5　应税消费品的全国平均成本利润率

税　　目	子 税 目	平均成本利润率
烟类	甲类卷烟	10%
	乙类卷烟	5%
	雪茄烟	
	烟丝	
酒类	粮食白酒	10%
	薯类白酒	5%
	其他酒	
木制品类	木质一次性筷子	5%
	实木地板	
汽车类	乘用车	8%
	中轻型商用客车	5%
其他	高档化妆品	5%
	鞭炮、焰火	
	贵重首饰及珠宝玉石	6%
	摩托车	
	高尔夫球及球具	10%
	高档手表	20%
	游艇	10%

【技能提升 3-2】 A 厂为增值税一般纳税人，在节日期间将本公司所生产的高档化妆品 100 盒发放给职工，将其余的 500 盒移送到生产车间继续生产高档化妆品，每盒高档化妆品的生产成本为 80.95 元，该公司同类高档化妆品的平均售价为 150 元/盒，平均利润率为

5%，消费税税率为15%。(计算结果保留到个位)

要求：

(1) 试计算A厂向职工发放高档化妆品的应纳消费税税额和增值税销项税额。

(2) 若没有同类化妆品的销售价格，应如何计算应纳消费税税额和增值税销项税额？

解 (1) 该公司移送的500盒高档化妆品，因用于连续生产高档化妆品，所以不纳税。发放给职工的100盒化妆品，属于"用于其他方面"，应当纳税。

应纳消费税税额＝100×150×15%＝2 250 (元)

应纳增值税销项税额＝100×150×13%＝1 950 (元)

(2) 若没有同类化妆品的销售价格，则应采用计税价格。

组成计税价格＝100×80.95×(1＋5%)÷(1－15%)＝10 000 (元)

应纳消费税税额＝10 000×15%＝1 500 (元)

应纳增值税销项税额＝10 000×13%＝1 300 (元)

(二) 从量计征的计算方法

从量计征的计税依据是应税消费品的销售数量；自产自用的应税消费品，其计税依据是应税消费品的移送使用数量。现行消费税征税范围中，啤酒、黄酒和成品油实行从量计征的方法。

1. 直接对外销售的应税消费品

直接对外销售的应税消费品，其应纳税额的计算公式为：

应纳税额＝销售数量×定额税率

【技能提升3-3】 某啤酒厂2020年7月销售自制啤酒148 200升，价格为60万元(不含税)，适用的消费税定额税率为250元/吨，试计算该厂当月应纳消费税税额和增值税销项税额。

解 销售数量＝148 200÷988＝150 (吨)

应纳消费税税额＝150×250＝37 500 (元)

应纳增值税销项税额＝600 000×13%＝78 000 (元)

2. 自产自用的应税消费品

自产自用的应税消费品，其应纳税额的计算公式为：

应纳税额＝移送数量×定额税率

【技能提升3-4】 酒厂将自产的2吨黄酒发给职工作福利，成本为4 000元/吨，每吨对应的税额为240元，试计算这批黄酒的应纳消费税税额和增值税销项税额。

解 应纳消费税税额＝2×240＝480 (元)

应纳增值税销项税额＝[4 000×2×(1＋5%)＋480]×13%＝1 154.4 (元)

(三) 复合计征的计算方法

复合计征的计税依据是应税消费品的销售数量和销售额。现行消费税的征税范围中，只有卷烟和白酒采用复合计征的计算方法。其应纳税额的计算公式为：

应纳税额=销售额(或计税价格)×比例税率+销售数量(或移送数量)×定额税率

组成计税价格=(成本+利润+自产自用数量×定额税率)/(1-消费税税率)

【技能提升 3-5】 某酒厂以自产特制的粮食白酒 2 000 斤用于厂庆活动,每斤白酒的成本为 12 元,无同类产品售价。试计算其应纳消费税税额和增值税销项税额(成本利润率为 10%,假设没有进项税)(1 斤=500 克)。

解 从量计征的消费税=2 000×0.5=1 000 (元)

从价计征的消费税=[12×2 000×(1+10%)+1 000]÷(1-20%)×20%=6 850 (元)

(注:计税价格中包含从量征收的消费税)

应纳消费税税额=1 000+6 850=7 850 (元)

应纳增值税税额=[12×2 000×(1+10%)+1 000]÷(1-20%)×13%=4 452.5 (元)

【技能提升 3-6】 某卷烟厂为一般纳税人,2020 年 7 月生产销售甲类卷烟 1 000 标准箱(50 000 支,250 条)每条不含税销售价格为 70 元,试计算本月该厂应纳消费税税额和增值税销项税额。

解 卷烟的比例税率为 56%,定额税率为 150 元/箱。

应纳消费税税额=1 000×150+1 000×250×70×56%=9 950 000 (元)

应纳增值税销项税额=1 000×250×70×13%=2 275 000 (元)

素质课堂

党的二十大报告指出,要推动绿色发展,促进人与自然和谐共生。完善支持绿色发展的财税、金融、投资、价格政策和标准体系,发展绿色低碳产业,健全资源环境要素市场化配置体系,加快节能降碳先进技术研发和推广应用,倡导绿色消费,推动形成绿色低碳的生产方式和生活方式。

请同学们结合消费税知识点,谈谈我国对绿色低碳产业有哪些税收优惠?

三、委托加工应税消费品应纳税额的计算

委托加工应税消费品是指委托方提供原材料和主要材料,受托方只收取加工费和代垫部分辅助材料加工的应税消费品。以下情况不属于委托加工应税消费品:

(1) 由受托方提供原材料生产的应税消费品。

(2) 受托方先将原材料卖给委托方,再接受加工的应税消费品。

(3) 由受托方以委托方的名义购进原材料生产的应税消费品。

受托方加工完毕同委托方交货时,由受托方代收代缴消费税。如果受托方是个体经营者,委托方须在收回加工的应税消费品后向经营所在地主管税务机关缴纳消费税。如果受托方没有代收代缴消费税,应对受托方处代收代缴税款 50%以上 3 倍以下的罚款,委托方应补交税款,补税的计税依据为:已直接销售的,按销售额计税;未销售或不能直接销售的,按委托加工业务的组成计税价格计税。

（一）从价计征的计算方法

受托方代收代缴消费税时，应按受托方同类应税消费品的销售价格计税；没有同类价格的，按组成计税价格计税。其计算公式为：

组成计税价格＝（材料成本＋加工费）÷（1－比例税率）

式中，材料成本是指委托方提供的加工材料的实际成本；加工费是受托方向委托方收取的全部费用（包括代垫的辅助材料的实际成本，实际成本不含增值税）。

【技能提升 3-7】 甲日化厂 2020 年 6 月委托 A 公司加工一批化妆品，向 A 公司提供的原材料实际成本为 15 000 元，加工费 5 000 元（不含增值税），另外还支付了 A 公司代垫辅助材料的实际成本 5 500 元，A 公司无同类化妆品销售价格，已知化妆品适用的消费税比例税率为 15%。双方都是增值税一般纳税人，适用税率为 13%。试计算 A 公司应代收代缴的消费税税额、A 公司此项业务的应纳增值税销项税额。

解　由于受托方无同类化妆品销售价格，所以应采用组成计税价格计算消费税。

组成计税价格＝（15 000＋5 000＋5 500）÷（1－15%）＝30 000（元）

A 公司应代收代缴的消费税税额＝30 000×15%＝4 500（元）

A 公司应纳增值税销项税额＝（5 000＋5 500）×13%＝1 365（元）

【技能提升 3-8】 某鞭炮企业 2020 年 6 月受托为某单位加工一批鞭炮，委托单位提供的原材料实际成本为 60 万元，收取委托单位不含增值税的加工费 8 万元。鞭炮企业同类产品市场价格为 85 万元。鞭炮适用的比例税率为 15%。试计算该鞭炮企业在此项业务中应代收代缴的消费税税额和应缴纳的增值税销项税额。

解　由于受托方有同类产品的销售价格，所以按受托方同类应税消费品的售价计算纳税。

某鞭炮企业代收代缴的消费税税额＝85×15%＝12.75（万元）

某鞭炮企业应缴纳的增值税销项税额＝8×13%＝1.04（万元）

（二）从量计征的计算方法

委托加工应税消费品适用从量计征的，其应纳税额的计算公式为：

应纳税额＝委托加工数量×定额税率

（三）复合计征的计算方法

委托加工应税消费品属于白酒、卷烟的，适用复合计征的计算方法，其应纳税额的计算公式为

应纳税额＝委托加工数量×定额税率＋同类消费品销售价格（或组成计税价格）×比例税率

组成计税价格＝（材料成本＋加工费＋委托加工数量×定额税率）÷（1－比例税率）

【技能提升 3-9】 A 酒厂 2020 年 5 月委托 C 公司加工薯类白酒 10 000 斤[①]，向 C 公司

① 1 斤＝0.5 千克。

提供薯类的实际成本为 50 000 元，支付加工费 6 000 元(不含增值税)。C 公司无同类产品销售价格，薯类白酒适用的消费税比例税率为 20%，定额税率为 0.5 元/斤。试计算 C 公司应代收代缴的消费税税额。

解　C 公司无同类产品销售价格，所以应采用组成计税价格计算消费税。

组成计税价格＝(50 000＋6 000＋10 000×0.5)÷(1－20%)＝76 250 (元)

代收代缴的消费税税额＝10 000×0.5＋76 250×20%＝20 250 (元)

注意：① 委托方将收回的应税消费品以不高于受托方的计税价格出售的，为直接出售，不再缴纳消费税。

② 委托方以高于受托方的计税价格出售的，不属于直接出售，需按规定申报缴纳消费税，在计税时准予扣除受托方已代收代缴的消费税。

委托加工中委托方与受托方进行的税务处理如表 3-7 所示。

表 3-7　委托加工中委托方与受托方进行的税务处理

项　目	委 托 方	受 托 方
委托加工成立的条件	提供原料及主要材料	只收取加工费和代垫辅料费
加工及提货时由涉及的流转税	1. 购进材料涉及增值税进项税额。 2. 支付加工费涉及增值税进项税额。 3. 视同自产消费品应缴纳消费税	1. 购买辅料涉及增值税进项税额。 2. 收取加工费和代垫辅料费涉及增值税销项税额
消费税纳税环节	提货时由受托方代收代缴(受托方为个体户的除外)	交货时代收代缴委托方的消费税
代收代缴后消费税的相关处理	1. 直接出售的不再缴纳消费税。 2. 连续加工的，再销售时缴纳消费税，可按生产领用的比例抵扣已纳消费税	及时解缴代收代缴税款

四、进口应税消费品应纳税额的计算

(一) 从价计征的计算方法

进口应税消费品按组成计税价格计算纳税，其应纳税额的计算公式为：

应纳税额＝组成计税价格×消费税税率

组成计税价格＝(关税完税价格＋关税)÷(1－消费税税率)

关税完税价格是指海关核定的关税计税价格。

【技能提升 3-10】 某进出口公司进口了 95 辆汽车，每辆车经海关核定的关税完税价格为 8 万元，汽车的关税税率为 45%，消费税税率为 5%，增值税税率为 13%，试计算进口环节应缴纳的消费税和增值税。

解　组成计税价格＝95×8×(1＋45%)÷(1－5%)＝1 160 (万元)

应纳消费税税额＝1 160×5%＝58 (万元)

应纳增值税税额＝1 160×13%＝150.8 (万元)

(二)从量计征的计算方法

进口应税消费品适用从量计征的计算方法,其应纳税额的计算公式为:

应纳税额=进口数量×定额税率

进口应税消费品的数量为海关核定的数量。

(三)复合计征的计算方法

进口应税消费品适用复合计征的计算方法,其应纳税额的计算公式为:

应纳税额=进口应税消费品数量×定额税率+组成计税价格×消费税税率

组成计税价格=(关税完税价格+关税+进口数量×消费税定额税率)÷(1-消费税税率)

【技能提升 3-11】 某公司进口卷烟 200 标准箱,每箱关税完税价格为 60 000 元,关税税率为 25%,消费税税率为 56%,每标准箱定额税率为 150 元,试计算该公司当月进口环节应缴纳的增值税和消费税。(保留到个位)

解　组成计税价格=200×(60 000+60 000×25%+150)÷(1-56%)

≈34 159 091 (元)

应纳消费税税额=34 159 091×56%+200×150≈19 159 091 (元)

应纳增值税税额=34 159 091×13%≈4 440 682 (元)

小贴士

消费税的计税方法和计算公式如表 3-8 所示。

表 3-8　消费税的计税方法和计算公式

计税方法	计算公式	适用项目
定额税率(从量计征)	应纳税额=销售数量(移送数量、交货数量、进口数量)×定额税率	啤酒、黄酒、成品油
比例税率和定额税率复合计征(复合计征)	应纳税额=销售额(同类产品售价、组成计税价格)×比例税率+销售数量(移送数量、交货数量、进口数量)×定额税率	白酒、卷烟
比例税率(从价计征)	应纳税额=销售额(同类产品售价、组成计税价格)×比例税率	除上述以外的其他项目

【基础巩固 3-5】 某公司进口一批摩托车,海关应征进口关税 15 万元(假设关税税率为 30%),则进口环节还需缴纳(　　)。(消费税税率为 3%,保留小数点后两位)

A. 消费税 6.53 万元　　B. 消费税 2.01 万元

C. 增值税 11.05 万元　　D. 增值税 8.71 万元

解析　答案为 B、D。关税完税价格=15÷30%=50 (万元)

进口消费税=(50+15)÷(1-3%)×3%≈2.01 (万元)

进口增值税=(50+15)÷(1-3%)×13%≈8.71 (万元)

五、消费税已纳税款扣除的计算

（一）扣税范围

为避免重复征税，外购应税消费品和委托加工收回的应税消费品用于继续生产应税消费品以备销售的，可以将外购应税消费品和委托加工收回的应税消费品已缴纳的消费税给予抵扣，但允许抵扣的税目不包括酒、摩托车、小汽车、高档手表、游艇、电池、涂料，且允许抵扣的只涉及同一税目中应税消费品的连续加工，不能跨税目抵扣。

可以抵扣的项目有以下几种情况：

(1) 用外购或委托加工收回的已税烟丝生产的卷烟。

(2) 用外购或委托加工收回的已税珠宝玉石生产的贵重首饰及珠宝玉石。

(3) 用外购或委托加工收回的已税高档化妆品生产的高档化妆品。

(4) 用外购或委托加工收回的已税鞭炮、焰火生产的鞭炮、焰火。

(5) 用外购或委托加工收回的已税高尔夫球杆头、杆身和握把为原料生产的高尔夫球杆。

(6) 用外购或委托加工收回的已税木制一次性筷子为原料生产的木制一次性筷子。

(7) 用外购或委托加工收回的已税实木地板为原料生产的实木地板。

(8) 用外购或委托加工收回的已税汽油、柴油、石脑油、燃料油、润滑油为原料生产的应税成品油。

(9) 自 2015 年 5 月 1 日起，从葡萄酒生产企业购进、进口葡萄酒连续生产应税葡萄酒的，准予从葡萄酒消费税应纳税额中扣除所耗用应税葡萄酒已纳消费税税款。如本期消费税应纳税额不足抵扣的，余额留待下期抵扣。

(10) 以委托加工收回的已税摩托车连续生产应税摩托车。

对自己不生产应税消费品，而只是购进后再销售应税消费品的工业企业，其销售的高档化妆品、鞭炮、焰火和珠宝、玉石，凡不能构成最终消费品直接进入消费品市场，而需进一步生产加工的，应当征收消费税，同时允许扣除上述外购应税消费品的已纳税款。

（二）扣税计算

以上情形的消费税抵扣可以根据以下公式计算：

当期准予扣除的外购应税消费品已纳税款＝当期准予扣除的外购应税消费品买价×外购应税消费品适用税率

当期准予扣除的外购应税消费品买价＝期初库存的外购应税消费品买价＋当期购进的外购应税消费品买价－期末库存的外购应税消费品买价

当期准予扣除的委托加工应税消费品已纳税款＝期初库存的委托加工应税消费品已纳税款＋当期收回的委托加工应税消费品已纳税款－期末库存的委托加工应税消费品已纳税款

【基础巩固 3-6】 某烟厂 2020 年 5 月外购烟丝取得的增值税专用发票上注明的税款为 6.5 万元，本月生产领用 80%，期初尚有库存的外购烟丝 2 万元，期末库存烟丝 12 万元，则该企业本月在应纳消费税中可扣除的消费税是（　　）万元。

A. 6.8　　B. 9.6　　C. 12　　D. 40

解析　答案为 C。本月外购烟丝的买价＝6.5÷13%＝50（万元）

生产领用部分的买价＝50×80％＝40（万元）

或生产领用部分的买价＝2＋50－12＝40（万元）

准予扣除的消费税＝40×30％＝12（万元）

【技能提升 3-12】 某卷烟生产企业的期初库存烟丝为 200 万元，本月购进烟丝取得的增值税专用发票上注明价款为 150 万元，增值税税额为 19.5 万元，购进的烟丝数量共计 5 吨，本月生产领用外购烟丝 4 吨，试计算本期准予扣除的消费税。

解 本期准予扣除的消费税＝150÷5×4×30％＝36（万元）

（三）扣税环节

（1）对于在零售环节缴纳消费税的金银首饰（含镶嵌首饰）、钻石及钻石饰品已纳的消费税不得扣除。

（2）允许扣除已纳税款的应税消费品限于从工业企业购进应税消费品和进口环节已缴纳消费税的应税消费品，从商业企业购进应税消费品用于连续生产应税消费品的，符合抵扣条件的，准予扣除外购应税消费品已缴纳的消费税税款。

（3）对自己不生产应税消费品，只是购进后再销售应税消费品的工业企业，其销售的高档化妆品；鞭炮、焰火和珠宝玉石，凡不能构成最终消费品直接进入消费品市场，需要进一步生产加工的，应当征收消费税，同时允许扣除上述外购应税消费品的已纳税款。

【技能提升 3-13】 某白酒生产企业（以下简称甲企业）为增值税一般纳税人，2020 年 5 月发生以下业务：

（1）向某烟酒专卖店销售粮食白酒 20 000 千克，开具普通发票，取得含税收入 200 万元，另收取品牌使用费 50 万元、包装物租金 20 万元。

（2）提供 10 万元的原材料委托乙企业加工散装药酒 1 000 千克，收回时向乙企业支付不含增值税的加工费 1 万元，乙企业已代收代缴消费税。

（说明：药酒的消费税税率为 10％，白酒的消费税税率为 20％，加 0.5 元/500 克。）

要求：根据上述资料，按照下列序号计算回答问题，每问需计算出合计数。（保留小数点后两位）

（1）试计算本月甲企业向专卖店销售白酒应缴纳的消费税。

（2）试计算乙企业已代收代缴的消费税。

解 （1）甲企业应纳消费税税额＝(200＋50＋20)÷(1＋13％)×20％＋20 000×2×0.5÷10 000≈49.79（万元）

（2）乙企业应代收代缴的消费税税额＝(10＋1)÷(1－10％)×10％≈1.22（万元）

任务三 消费税的纳税申报

一、征收管理

（一）纳税义务发生时间

1. 纳税人销售的应税消费品

纳税人销售应税消费品，其纳税义务发生时间按不同的销售、结算方式分别确定。

(1) 纳税人采取赊销和分期收款方式结算的，其纳税义务发生时间为书面合同约定的收款日期的当天；书面合同没有约定收款日期或者无书面合同的，则为发出应税消费品的当天。

(2) 纳税人采取预收货款方式结算的，其纳税义务发生时间为发出应税消费品的当天。

(3) 纳税人采取托收承付、委托银行收款方式结算的，其纳税义务发生时间为发出应税消费品并办妥托收手续的当天。

(4) 纳税人采取其他方式结算的，其纳税义务发生时间为收讫销售款或者取得销售款凭据的当天。

2. 纳税人自产自用的应税消费品

纳税人自产自用的应税消费品，为移送使用的当天。

3. 纳税人委托加工的应税消费品

纳税人委托加工的应税消费品，为纳税人提货的当天。

4. 纳税人进口的应税消费品

纳税人进口应税消费品，为报关进口的当天。

注意： 消费税纳税义务的发生时间与增值税的原理一致，内容也基本相同，需要注意的是，委托加工的应税消费品，纳税义务发生时间为纳税人提货的当天。

（二）纳税期限

按照《消费税暂行条例》的规定，消费税的纳税期限分别为 1 日、3 日、5 日、10 日、15 日、1 个月或者 1 个季度。纳税人的具体纳税期限由主管税务机关根据纳税人应纳税额的大小分别核定；不能按照固定期限纳税的，可以按次纳税。

纳税人以 1 个月或者 1 个季度为 1 个纳税期的，自期满之日起 15 日内申报纳税；以 1 日、3 日、5 日、10 日或者 15 日为 1 个纳税期的，自期满之日起 5 日内预缴税款，于次月 1 日至 15 日内申报纳税并结清上月应纳税款。

纳税人进口应税消费品，应当自海关填发海关进口消费税专用缴款书之日起 15 日内缴纳税款。

如果纳税人不能按规定的纳税期限依法纳税，则应按《税收征收管理法》的有关规定进行处理。

（三）纳税地点

(1) 纳税人销售的应税消费品，以及自产自用的应税消费品，除国家另有规定外，应当向纳税人核算地主管税务机关申报纳税。

(2) 委托加工的应税消费品，除委托个人加工外，由受托方向所在地主管税务机关代收代缴消费税。

(3) 进口的应税消费品，由进口人或者其代理人向报关地海关申报纳税。

(4) 纳税人到外县(市)销售或委托外县(市)代销自产应税消费品的，于应税消费品销售后，回纳税人核算地或所在地缴纳消费税。

纳税人的总机构与分支机构不在同一县(市)的，应分别向各自机构所在地的主管税务机关申报纳税，但经财政部、国家税务总局或者其授权的财政税务机关批准，可以由总机构汇总向总机构所在地的主管税务机关申报纳税。

(5) 纳税人销售的应税消费品,如因质量等原因被购买者退回时,经所在地主管税务机关审核批准后,可退还已征收的消费税,但不能自行直接抵减应纳税额。

二、纳税申报

(一) 纳税申报的内容

无论纳税人有无销售,均应按主管税务机关核定的纳税期限填报纳税申报表,并于次月1日至15日内向当地税务机关申报纳税并结清上月应纳税款。纳税人应按有关规定及时办理纳税申报,并如实填写消费税纳税申报表。

(二)主要纳税申报表的样式

消费税纳税申报表主要包括“消费税及附加税费申报表”(见表3-9),“本期委托加工收回情况报告表”(见表3-10),“卷烟批发企业月份销售明细清单”(见表3-11),“卷烟生产企业合作生产卷烟消费税情况报告表”(见表3-12)。

表3-9 消费税及附加税费申报表

税款所属期: 年 月 日至 年 月 日

纳税人识别号(统一社会信用代码):

纳税人名称: 金额单位:人民币元(列至角分)

项目 应税消费品名称	适用税率		计量单位	本期销售数量	本期销售额	本期应纳税额
	定额税率	比例税率				
	1	2	3	4	5	6=1× 4+2× 5
合计	——	——	——	——	——	
				栏次	本期税费额	
本期减(免)税额				7		
期初留抵税额				8		
本期准予扣除税额				9		
本期应扣除税额				10=8+9		
本期实际扣除税额				11[10<(6−7),则为10,否则为6−7]		
期末留抵税额				12=10−11		
本期预缴税额				13		

续表

<table>
<tr><td rowspan="2">项目
应税
消费品名称</td><td colspan="2">适用税率</td><td rowspan="2">计量单位</td><td rowspan="2">本期销售数量</td><td rowspan="2">本期销售额</td><td rowspan="2">本期应纳税额</td></tr>
<tr><td>定额税率</td><td>比例税率</td></tr>
<tr><td></td><td>1</td><td>2</td><td>3</td><td>4</td><td>5</td><td>6=1× 4+2× 5</td></tr>
<tr><td colspan="4">本期应补(退)税额</td><td>14=6−7−11−13</td><td colspan="2"></td></tr>
<tr><td colspan="4">城市维护建设税本期应补(退)税额</td><td>15</td><td colspan="2"></td></tr>
<tr><td colspan="4">教育费附加本期应补(退)费额</td><td>16</td><td colspan="2"></td></tr>
<tr><td colspan="4">地方教育附加本期应补(退)费额</td><td>17</td><td colspan="2"></td></tr>
<tr><td colspan="7">声明：此表是根据国家税收法律法规及相关规定填写的，本人(单位)对填报内容(及附带资料)真实性、可靠性、完整性负责。
纳税人(签章)：　　年　　月　　日</td></tr>
<tr><td colspan="4">经办人：
经办人身份证号：
代理机构签章：
代理机构统一社会信用代码：</td><td colspan="3">受理人：
受理税务机关(章)：
受理日期：　　年　　月　　日</td></tr>
</table>

表 3-10　本期委托加工收回情况报告表

金额单位：元(列至角分)

一、委托加工收回应税消费品代收代缴税款情况

应税消费品名称	商品和服务税收分类编码	委托加工收回应税消费品数量	委托加工收回应税消费品计税价格	适用税率		受托方已代收代缴的税款	受托方（扣缴义务人）名称	受托方（扣缴义务人）识别号	税收缴款书（代扣代收专用）号码	税收缴款书（代扣代收专用）开具日期
				定额税率	比例税率					
1	2	3	4	5	6	7=3×5+4×6	8	9	10	11

二、委托加工收回应税消费品领用存情况

应税消费品名称	商品和服务税收分类编码	上期库存数量	本期委托加工收回入库数量	本期委托加工收回直接销售数量	本期委托加工收回用于连续生产数量	本期结存数量
1	2	3	4	5	6	7=3+4−5−6

表 3-11　卷烟批发企业月份销售明细清单

（卷烟批发环节消费税纳税人适用）

卷烟条包装商品条码	卷烟牌号规格	卷烟类别	卷烟类型	销售价格	销售数量	销售额	备注
1	2	3	4	5	6	7	8

表 3-12 卷烟生产企业合作生产卷烟消费税情况报告表

（卷烟生产环节消费税纳税人适用）

品牌输出方		品牌输入方		卷烟条包装商品条码	卷烟牌号规格	销量	销售价格	销售额	品牌输入方已缴纳税款
企业名称	统一社会信用代码	企业名称	统一社会信用代码						
1	2	3	4	5	6	7	8	9	10
合计							—		

思考练习

一、单项选择题

1. 根据我国现行消费税制度,下面说法不正确的是(　　)。

A. 消费税是价内税

B. 消费税实行比例税率

C. 消费税对同一消费品只能计税一次

D. 消费税是选择特定消费品课税

2. 下列商品中,征收消费税的是(　　)。

A. 冰箱　　B. 彩电

C. 空调　　D. 白酒

3. 委托加工的应税消费品在(　　)征收消费税。

A. 加工环节　　B. 销售环节

C. 交付原材料时　　D. 完工提货时

4. 下列关于消费税的有关规定,说法不正确的是(　　)。

A. 用于抵偿债务的应税消费品,应使用最高销售价格作为计税依据

B. 啤酒包装物押金逾期时,缴纳消费税和增值税

C. 自产自用的应税消费品,其计税数量为应税消费品的移送使用数量

D. 酒类生产企业向商业销售单位收取的"品牌使用费"缴纳消费税

5. 消费税纳税人的具体纳税期限由主管税务机关根据(　　)核定。

A. 与税务机关距离的远近　　B. 应纳税额的大小

C. 纳税人的申请　　D. 上级税务机关的要求

6. 下列各项中,符合消费税纳税义务发生时间的规定的是(　　)。

A. 进口的应税消费品,为取得进口货物的当天

B. 自产自用的应税消费品,为移送使用的当天

C. 委托加工的应税消费品,为支付加工费的当天

D. 采取预收货款方式结算的,为收到预收款的当天

7. 下列各项中,符合消费税有关规定的是(　　)。

A. 纳税人的总、分支机构不在同一县(市)的,一律在总机构所在地缴纳消费税

B. 纳税人销售的应税消费品,除另有规定外,应向纳税人核算地税务机关申报纳税

C. 纳税人委托加工的应税消费品,其纳税义务发生时间为纳税人支付加工费的当天

D. 因质量原因被购买者退回的消费品,可退已征的消费税,也可以直接抵减应纳税额

8. 纳税人自产自用的下列应税消费品中,不缴纳消费税的是(　　)的应税消费品。

A. 用于连续生产应税消费品　　B. 用于在建工程

C. 用于职工福利、奖励　　D. 用于赞助

9. 我国消费税对不同应税消费品采用不同的税率形式，下列应税消费品中，适用复合计征方法计算消费税的是(　　)。

A. 粮食白酒　　B. 高档化妆品
C. 成品油　　D. 摩托车

10. 根据消费税法律制度的规定，下列各项中，不属于消费税税目的是(　　)。

A. 电池　　B. 木制一次性筷子
C. 涂料　　D. 高档西服

11. 根据消费税法律制度的规定，下列消费品中，应征收消费税的是(　　)。

A. 汽车轮胎　　B. 酒精
C. 木质衣柜　　D. 高档手表

12. 从事生产、经营的纳税人应自领取营业执照之日起(　　)日内设置账簿。

A. 5　　B. 10
C. 15　　D. 30

13. 纳税人采取预收货款的结算方式销售应税消费品的，其纳税义务发生时间为(　　)。

A. 签订销售合同的当天　　B. 收到预收货款的当天
C. 发出应税消费品的当天　　D. 开具预收款发票的当天

14. 某烟厂4月外购烟丝，其含税价款为56.5万元，本月末生产领用本月库存烟丝80%，已知烟丝的消费税税率为30%。则该企业本月应纳消费税中可扣除的消费税是(　　)万元。

A. 56.5×30%×80%=13.56
B. 56.5÷(1+13%)×30%×80%=12
C. 56.5÷(1+13%)×30%=15
D. 56.5×30%=16.95

15. 根据消费税法律制度的规定，下列各项中，不需要缴纳消费税的是(　　)。

A. 将自产的应税消费品用于对外馈赠
B. 将自产的应税消费品用于职工福利
C. 将自产的应税消费品用于连续生产应税消费品
D. 将自产的应税消费品用于对外投资

16. 根据消费税法律制度的规定，下列说法中，不正确的是(　　)。

A. 纳税人生产的应税消费品，于生产时纳税
B. 纳税人自产的应税消费品，用于连续生产应税消费品的，不纳税
C. 纳税人自产自用的应税消费品，除用于连续生产应税消费品外，于移送使用时纳税
D. 进口的应税消费品，于报关进口时纳税

17. 根据消费税法律制度的规定，下列各项中，应征收消费税的是(　　)。

A. 零售环节销售的卷烟　　B. 零售环节销售的鞭炮
C. 生产环节销售的金银首饰　　D. 进口环节购进的小汽车

二、多项选择题

1. 根据我国现行消费税法律制度的规定,下面各项中,应当征收消费税的有(　　)。

A. 啤酒　　B. 调味料酒

C. 药酒　　D. 葡萄酒

2. 在中华人民共和国境内是指生产、委托加工和进口应当缴纳消费税的消费品的(　　)在境内。

A. 起运地　　B. 所在地

C. 实质加工地　　D. 到达地

3. 下列各项中,应当征收消费税的有(　　)。

A. 化妆品生产企业赠送给客户的高档化妆品

B. 将自产烟丝用于连续生产卷烟

C. 白酒生产企业向百货公司销售的试制药酒

D. 汽车厂移送非独立核算门市部待销售的小汽车

4. 下列属于使用复合计征的计算方法征收消费税的是(　　)。

A. 烟丝　　B. 卷烟

C. 啤酒　　D. 粮食白酒

5. 下列各项中,不应在收回委托加工的应税消费品后征收消费税的有(　　)。

A. 商业批发企业销售委托其他企业加工的特制白酒,但受托方向委托方交货时没有代收代缴消费税的

B. 商业批发企业委托个体工商户加工一批特制啤酒

C. 商业批发企业销售委托其他企业加工的特制白酒,是由受托方以其自身的名义购买原材料生产的应税消费品

D. 某小型白酒生产企业委托某大型白酒生产企业加工白酒,收回后直接销售的

6. 根据消费税法律制度的规定,下列应税消费品中,准予扣除外购已纳消费税的有(　　)。

A. 以已税烟丝为原料生产的卷烟

B. 以已税珠宝玉石为原料生产的贵重珠宝首饰

C. 以已税杆头、杆身和握把为原料生产的高尔夫球杆

D. 以已税润滑油为原料生产的润滑油

7. 纳税人用于(　　)的应税消费品,应当以纳税人同类应税消费品的最高售价作为计税依据计算征收消费税。

A. 换取生产资料　　B. 换取消费资料

C. 投资　　D. 抵偿债务

8. 下列消费品中,应当征收消费税的有(　　)。

A. 实木复合地板　　B. 电动汽车

C. 高尔夫球杆　　D. 石脑油

9. 下列关于消费税纳税义务发生时间的表述中，正确的有（　　）。

A. 纳税人采取托收承付和委托银行收款方式的，为发出应税消费品并办妥托收手续的当天

B. 纳税人自产自用应税消费品的，为移送使用的当天

C. 纳税人委托加工应税消费品的，为提货的当天

D. 纳税人进口应税消费品的，为报关进口的当天

10. 下述关于自产自用或委托加工应税消费品的销售额的表述中，正确的有（　　）。

A. 纳税人自产自用的应税消费品，按纳税人生产同类消费品的销售价格计算纳税

B. 纳税人自产自用的应税消费品，没有同类消费品销售价格的，按组成计税价格计算纳税

C. 组成计税价格的计算公式为：组成计税价格＝(成本＋利润)÷(1＋消费税税率)

D. 纳税人委托加工的应税消费品，按受托方同类消费品的销售价格计算纳税

11. 纳税人外购下列已税消费品用于生产应税消费品的，已纳消费税可以扣除的有（　　）。

A. 以外购已税卷烟贴商标、包装生产出售的卷烟

B. 以外购已税粮食白酒为原料生产的白酒

C. 以外购已税珠宝玉石为原料生产的贵重首饰及珠宝、玉石

D. 以外购已税木制一次性筷子为原料生产的木制一次性筷子

12. 根据消费税法律制度的规定，下列各项中，符合销售数量确定的规定有（　　）。

A. 销售应税消费品的，为应税消费品的销售数量

B. 自产自用应税消费品的，为完工后应税消费品折算的耗用数量

C. 委托加工应税消费品的，为纳税人收回的应税消费品数量

D. 进口应税消费品的，为纳税人申报的应税消费品进口数量

13. 根据消费税法律制度的规定，下列各项中，属于委托加工收回的应税消费品已纳税款扣除范围的有（　　）。

A. 以委托加工收回的已税高档化妆品为原料生产的高档化妆品

B. 以委托加工收回的已税鞭炮、焰火为原料生产的鞭炮、焰火

C. 以委托加工收回的已税摩托车零件生产的摩托车

D. 以委托加工收回的已税实木地板为原料生产的实木地板

三、判断题

1. 缴纳增值税的货物均应缴纳消费税。（　　）

2. 征收消费税的环节是从生产到流通的各个环节。（　　）

3. 纳税人把自产的应税消费品用做广告或样品时，也应于移送时按销售应税消费品计算纳税。（　　）

4. 应税消费品的销售额是指纳税人销售应税消费品时向购买方收取的全部价款和价外费用，也包括向购买方收取的增值税税款。（　　）

5. 纳税人兼营不同税率的应税消费品，如果未分别核算不同税率应税消费品的销售额、销售数量，或者将不同税率的应税消费品组成成套消费品销售的，从高适用税率。（　　）

6. 计算增值税和消费税的计税依据均为含消费税而不含增值税的价格。（　　）

7. 自产自用的应税消费品应视同销售，于移送时缴纳消费税。（　　）

8. 包装物已作价随同应税消费品销售，又另外收取押金，并在规定期限内未予退还的，不应纳入应税消费品的销售额计征消费税。（　　）

9. 纳税人销售的应税消费品，如因质量等原因被购买者退回时，经机构所在地或者居住地主管税务机关审核批准后，可退还已缴纳的消费税。（　　）

10. 纳税人用于换取生产资料和消费资料、投资入股和抵偿债务等方面的应税消费品，应当以纳税人同类应税消费品的平均销售价格作为计税依据计算消费税。（　　）

四、业务题

1. 某日化用品有限公司为增值税一般纳税人，2020 年 4 月，该公司发生下列业务：

(1) 外购原材料一批，货款已付，材料已验收入库。取得的增值税专用发票上注明税额为 30 万元，另支付运费 10 万元，运输单位已开具专用发票。

(2) 外购机器设备一台，取得的增值税专用发票上注明税额为 2.6 万元，货款已付。

(3) 销售高档化妆品一批，取得的产品销售收入为 2 373 万元(含增值税)，向购货方收取手续费 11.3 万元(含增值税)。

其他相关资料：该公司月初增值税进项税额为 6 万元，消费税税率为 15%。

要求：计算上述业务中应缴纳的消费税。

2. 某酒厂 2020 年 5 月生产一种新的粮食白酒，广告样品使用 800 斤，已知该种白酒无同类产品出厂价，生产成本为每斤 21 元，成本利润率为 10%，白酒的定额税率为 0.5 元/斤，比例税率为 20%。

要求：计算该厂当月应缴纳的消费税。

3. 2020 年 5 月，某手表生产企业销售 G 牌-1 型手表 800 只，取得不含税销售额 400 万元；销售 G 牌-2 型手表 200 只，取得不含税销售额 300 万元，高档手表消费税税率为 20%。

要求：计算该手表生产企业当月应缴纳的消费税。

4. 某酒厂为一般纳税人，2020 年 5 月 8 日发生一笔业务：采取委托银行收款的方式销售粮食白酒 8 000 斤，开具增值税专用发票，销售额为 100 000 元，货已发出，并已办妥托收手续，货款尚未收到。

要求：计算该酒厂应缴纳的消费税。

5. 某啤酒厂 2020 年 5 月 12 日销售给光明公司啤酒 50 吨，出厂价格为 2 000 元/吨，货已发出，并已办妥托收手续，货款尚未收回。

要求：计算该啤酒厂应缴纳的消费税。

6. 某企业将一批自产的高档化妆品作为职工福利，企业无同类产品价格，这批高档化妆品的成本为 10 000 元，消费税税率为 15%。

要求：计算该批自产自用高档化妆品应缴纳的消费税。

7. 某日用化工厂为增值税一般纳税人，生产高档化妆品。2020 年 6 月 5 日，委托某工厂加工一批应税高档化妆品，提供的原材料价值为 50 000 元，委托方开具的增值税专用发票上注明加工费为 1 000 元。将该批加工产品收回后（受托方没有同类化妆品的销售价格），领用 70%投入生产，进一步加工并分装出厂取得不含税销售额 100 000 元。

要求：计算该批高档化妆品应缴纳的消费税。

劳动模范
达·吉干：226 枚红指印留下的扶贫书记

在线测试

项目四
关税纳税业务

● **知识目标**

熟悉关税的纳税人、征税对象、税率；

掌握关税应纳税额的计算方法。

关税是我国财政收入的来源之一，征收关税是海关的重要职责。在我国，海关还代征国内某些税费，如代税务机关征收进口商品的增值税、消费税，代交通部门征收船舶吨位税等。

现行关税的法律规范有《中华人民共和国海关法》(以下简称《海关法》)、《中华人民共和国进出口关税条例》(以下简称《进出口关税条例》)以及作为条例组成部分的《中华人民共和国进出口税则》(以下简称《进出口税则》)和《中华人民共和国海关关于入境旅客行李物品和个人邮递物品征收进口税办法》等。

任务一　关税基本税收政策认知

一、关税的概念

关税是海关依法对进出境货物、物品征收的一种税。所谓“境”，是指关境，也称“海关境域”或“关税领域”，是指一个国家的海关可以全面实施海关法规的领域。简言之，关境就是一个国家的海关法所适用的范围。在通常情况下，一国关境与国境是一致的，包括国家全部的领土、领海、领空。但是，当某国在国境内设立了自由港、自由贸易区等，这些区域就进出口关税而言就处于关境之外，这时，该国的关境小于国境；当几个国家结成关税同盟，组成一个共同的关境，实施统一的关税法令和统一的对外税则，这些国家彼此之间的货物进出国境不征收关税，只就来自或运往其他国家的货物进出共同关境时征收关税，这些国家的关境大于国境，如欧盟。

二、关税的纳税人

关税的纳税人为进口货物收货人、出口货物发货人和进境物品的所有人。其中,进境物品的纳税人是指携带物品进境的入境人员、进境邮递物品的收件人及其他方式进口物品的收件人。

三、关税的征税对象

关税的征税对象是准许进出境的货物和物品。货物是指贸易性商品;物品是指非贸易性商品,包括入境旅客随身携带的行李物品、个人邮递物品、各种运输工具上的服务人员携带进口的自用物品、馈赠物品及其他方式进入国境的个人物品。跨境电子商务零售商品按“货物”征税。

根据关税法律制度的规定,旅客携运进出境的行李物品,在下列情况下海关暂不予放行:

(1) 旅客不能当场缴纳进境物品税款的。

(2) 进出境的物品属于许可证件管理的范围,但旅客不能当场提交的。

(3) 进出境的物品超出自用合理数量,按规定应当办理货物报关手续或其他海关手续,其尚未办理的。

四、关税的税率及应用

关税的税率分为进口税率和出口税率两种。

(一) 进口税率

进口税率设置最惠国税率、协定税率、特惠税率、普通税率、关税配额税率等。对进口货物在一定期限内可以实行暂定税率。进口货物适用何种关税税率是以进口货物的原产地为标准的。

我国对原产地的规定基本上采用了全部产地生产标准和实质性加工标准两种国际上通用的原产地标准。全部产地生产标准是指进口货物完全在一个国家内生产或制造,生产或制造国即为该货物的原产国,此标准主要涉及矿产品和动物。实质性加工标准是指适用于确定有两个或两个以上国家参与生产产品的原产地标准,即经过几个国家加工、制造的进口货物,以最后一个对货物进行经济上可视为实质性加工的国家作为有关货物的原产国。

“实质性加工”是指产品加工后,在进出口税则中四位数税号一级的税则归类已经有了改变,或者加工增值部分所占新产品总值的比例已超过30%及以上的。

1. 最惠国税率

最惠国税率适用于原产于与我国共同适用最惠国待遇条款的世界贸易组织成员的进口货物,原产于与我国签订含有相互给予最惠国待遇条款的双边贸易协定的国家或地区的进口货物,以及原产于我国境内的进口货物。

2. 协定税率

协定税率适用于原产于与我国签订含有关税优惠条款的区域性贸易协定的国家或地区的进口货物。

3. 特惠税率

特惠税率适用于原产于与我国签订含有特殊关税优惠条款的贸易协定的国家或地区的进口货物。

4. 普通税率

普通税率适用于原产于与我国共同适用最惠国待遇条款的世贸组织成员、与我国签订含有关税优惠条款的区域性贸易协定和签订含有特殊关税优惠条款的贸易协定的国家或地区以外的其他国家或地区的进口货物，以及原产地不明的货物。

5. 关税配额税率

实行关税配额管理的进口货物，在关税配额内的，适用关税配额税率；关税配额外的，其税率的适用按最惠国税率、协定税率、特惠税率和普通税率形式的规定执行。关税配额是进口国限制进口货物数量的措施，把征收关税和进口配额相结合以限制进口。对于在配额内进口的货物，可以适用较低的关税配额税率，对于配额之外的则适用较高税率。

6. 暂定税率

在最惠国税率的基础上，对于一些国内需要降低进口关税的货物，以及出于国际双边关系的考虑需要个别安排的进口货物，可以实行暂定税率。

进口关税一般采用比例税率，但对啤酒、原油、胶卷、部分鸡产品等少数货物实行从量计征。对广播用录像机、放像机、摄像机、数字照相机和摄录一体机实行复合税率。

【基础巩固 4-1】 根据关税法律制度的规定，下列进口货物中，实行复合计征进口关税的有(　　)。

A. 原油　　B. 啤酒

C. 放像机　　D. 广播用录像机

解析 答案为 C、D。对广播用录像机、放像机、摄像机、数字照相机和摄录一体机实行复合税率。

(二) 出口税率

我国出口关税实行一栏税率。目前，国家仅对少数资源性产品及易于竞相杀价、盲目出口、需要规范出口秩序的半制成品征收出口关税。

(三) 税率的确定

进出口货物应当依照《进出口税则》规定的归类原则归入适当的税号，按照适用的税率征税。

(1) 进出口货物，应当按照收发货人或者他们的代理人申报进口或者出口之日实施的税率征税。

(2) 进口货物到达前，经海关核准先行申报的，应当按照装载此货物的运输工具申报进境之日实施的税率征税。

(3) 进出口货物关税的补征和退还，适用该进出口货物原申报进口或者出口之日所实施的税率，但下列情况除外：

① 按照特定减免税办法批准予以减免税的进口货物，后因情况改变经海关批准转让或出售需予补税的，应按其原进口之日实施的税率征税。

② 加工贸易进口料、件等属于保税性质的进口货物，如经批准转为内销，应按向海关申报转为内销之日实施的税率征税；未经批准擅自转为内销的，则按海关查获日期所实施的税率征税。

③ 对经批准缓税进口的货物以后交税时，不论是分期或一次交清税款，都应按货物原进口之日实施的税率征税。

④ 分期支付租金的租赁进口货物，分期付税时，应按该项货物原进口之日实施的税率征税。

⑤ 溢卸、误卸货物事后确定需予征税时，应按其原运输工具申报进口日期所实施的税率征税；原进口日期无法查明的，可按确定补税当天实施的税率征税。

⑥ 因《进出口税则》归类的改变、完税价格的审定或其他工作差错而需补征税款的，应按原征税日期实施的税率征税。

⑦ 查获的走私进口货物需予以补税时，应按查获日期实施的税率征税。

⑧ 暂时进口货物转为正式进口需补税时，应按其转为正式进口之日实施的税率征税。

五、关税的税收优惠

关税减免分为法定减免税、特定减免税和临时减免税。这里主要介绍法定减免税。

法定减免税是指我国《海关法》《进出口关税条例》和《进出口税则》中所规定的给予进出口货物的减免税。进出口货物属于法定减免税的，进出口人或其代理人无须事先向海关提出申请，海关征税人员可凭有关证明文件和保管单证按规定予以减免税，海关对法定减免税货物一般不进行后续管理，也不做减免税统计。

对下列情况的货物，经海关审查无误后予以减免税：

(1) 一票货物关税税额、进口环节增值税或消费税税额在人民币 50 元以下的，可以免税。

(2) 无商业价值的广告品及货样，可以免税。

(3) 国际组织、外国政府无偿赠送的物资，可以免税。

(4) 进出境运输工具装载的途中必需的燃料、物料和饮食用品，可以免税。

(5) 因故退还的中国出口货物，可以免征进口关税，但已征收的出口关税不予退还。

(6) 因故退还的境外进口货物，可以免征出口关税，但已征收的进口关税不予退还。

(7) 在境外运输途中或者在起卸时遭受损坏或损失的，可以酌情减免关税。

(8) 起卸后海关放行前，因不可抗力遭受损坏或损失的，可以酌情减免关税。

(9) 海关查验时已经破漏、损坏或腐烂，经证明不是保管不慎造成的，可以酌情减免关税。

(10) 中国缔结或参加的国际条约规定减征、免征关税的货物、物品，海关应当按照规定减免关税。

(11) 法律规定减征、免征的其他货物。

任务二　关税的计算

一、关税的计税依据

我国对进出口货物征收关税主要采取从价计征的办法，以商品价格为标准征收关税。

因此,关税主要以进出口货物的完税价格为计税依据。关税应纳税额的计算公式为:

关税应纳税额=应税进出口货物完税价格×关税适用税率

因此,正确确定进出口货物的完税价格是计算关税的关键。

(一)进口货物的完税价格

1. 以成交价格为基础的完税价格的确定

一般贸易下,进口货物的完税价格以海关审定的成交价格为基础的到岸价格确定。

到岸价格是指由货物的货价和货物运抵我国境内输入地点起卸前的包装费、运费、保险费及其劳务费等费用构成的一种价格。其中还应包括为了在境内生产、制造、使用或出版发行而向境外支付的与该进口货物有关的专利、商标、著作权,以及专有技术、计算机软件和资料费等费用。

成交价格是一般贸易项下进口货物的买方为购买该项货物向卖方实际支付或应当支付的价格。如果买方支付的价格中没有包括下列费用,海关应将其计入成交价格:

(1) 由买方负担的向自己的采购代理人支付的购货佣金以外的佣金和经纪费。

(2) 由买方负担的在审查确定完税价格时与该货物视为一体的容器的费用。

(3) 由买方负担的包装材料和包装劳务费用。

(4) 与该货物的生产和向我国境内销售有关的,由买方以免费或者以低于成本的方式提供并可以按适当比例分摊的料、件、工具、模具、消耗材料及类似货物的价款,以及在境外开发、设计等相关服务的费用。

(5) 作为卖方向我国境内销售该货物的一项条件,应当由买方直接或间接支付的、与该货物有关的特许权使用费。

(6) 卖方直接或间接从买方获得的该货物进口后转售、处置或者使用的收益。

(7) 卖方违反合同规定延期交货造成的罚款,卖方在货价中冲减的,罚款则不能从成交价格中扣除。

小贴士

购货佣金指买方为购买进口货物,向自己的采购代理人支付的劳务费用;经纪费指买方为购买进口货物,向代表买卖双方利益的经纪人支付的劳务费用。

进口时在货物的价款中列明的下列费用,不计入该货物的完税价格:

(1) 货物进口后发生的基建、安装、装配、维修和技术指导等费用。

(2) 货物运抵境内输入地点起卸后的运输费用、保险费用和其他相关费用。

(3) 进口关税、进口环节海关代征税及其他国内税收。

【技能提升 4-1】 某市大型商贸公司进口一批化妆品,支付国外的买价 220 万元,购货佣金6 万元,国外的经纪费 4 万元;支付运抵我国海关地前的运输费用 20 万元,装卸费用和保险费用 11 万元;支付海关地再运往商贸公司的运输费用 8 万元,装卸费用和保险费用 3 万元。试计算进口该批化妆品的完税价格。

解 购货佣金及运抵境内输入地点之后的运输费用、装卸费用和保险费用不应计入完税价格之中。

进口货物的完税价格=220+4+20+11=255 (万元)

进口货物的运费应按照实际支付的费用计算。如果进口货物的运费无法确定，海关应当按照该货物的实际运输成本或者该货物进口同期运输行业公布的运费率(额)计算运费。进口货物的保险费应当按照实际支付的费用计算。如果进口货物的保险费无法确定或者未实际发生，海关应当按照“货价＋运费”两者总额的3‰计算保险费。其计算公式为：

$$保险费=(货价+运费)\times 3‰$$

【技能提升4-2】 某公司从德国进口一套生产设备，货价为450万元，运抵我国海关前发生的运输费用、保险费用无法确定。经海关查实其他运输公司相同业务的运输费用占货价的2%。该公司向海关缴纳了相关税款，并取得了完税凭证。计算该生产设备的完税价格。(关税税率为60%)

解　运输费＝450×2%＝9 (万元)

保险费＝(450＋9)×3‰≈1.38 (万元)

关税的完税价格＝450＋9＋1.38＝460.38 (万元)

2. 进口货物海关估价的方法

进口货物的成交价格不能确定或申报的价格经海关审查后不能接受的，海关依次以下列估定价格的方法估定该货物的完税价格：相同货物成交价格法—类似货物成交价格法—国际市场价格法—国内市场价格倒扣法—其他合理估定价格的方法。

(二) 出口货物的完税价格

1. 以成交价格为基础的完税价格

出口货物的完税价格应当为海关审定的货物售予境外的离岸价格扣除出口关税后的价格。其计算公式为：

$$出口货物的完税价格=离岸价格\div(1+出口税率)$$

确定出口货物的完税价格时，应注意以下几点：

(1) 应以该项货物运离关境前的最后一个口岸的离岸价格为实际离岸价格。若该项货物从内地起运，则从内地口岸到最后出境口岸所支付的国内段运输费应予扣除。

(2) 离岸价格不包括装船以后发生的费用。

(3) 出口货物在成交价格以外支付国外的佣金应予以扣除，未单独列明的则不予扣除。

(4) 出口货物在成交价格以外，买方另行支付的货物包装费，应计入成交价格。

2. 出口货物海关估价的方法

出口货物的成交价格不能确定时，其完税价格由海关依次按下列方法予以估定：

(1) 同时或大约同时向同一国家或地区销售出口的相同货物的成交价格。

(2) 同时或大约同时向同一国家或地区销售出口的类似货物的成交价格。

(3) 根据境内生产相同或类似货物的成本、利润、一般费用、境内发生的运输费及其相关费用、保险费计算所得的价格。

(4) 按照其他合理方法估定的价格。

二、关税应纳税额的计算方法

关税应纳税额的计算方法可分为从价计税、从量计税、复合计征和滑准计税。

（一）从价计税

从价计税是指以进出口货物的完税价格为计税依据的一种关税计征方法。我国对进口商品基本上都实行从价税。其计算公式为：

应纳税额＝完税价格×关税税率

（二）从量计税

从量计税是指以进口货物的计量单位(数量、重量、长度、容量等)为计税依据的一种关税计征方法。目前,我国仅对啤酒、胶卷等少数商品采用此类方法。其计算公式为：

应纳税额＝货物数量×单位税额

（三）复合计征

复合计征是指对某种进口货物同时使用从价和从量计征的一种关税计征方法。目前,我国对录像机、放像机、摄像机和摄录一体机实行复合计征。其计算公式为：

应纳税额＝完税价格×关税税率＋货物数量×单位税额

（四）滑准计税

滑准计税是指随进口货物价格的变动而税率反方向变动的一种关税计征方法,即价格越高,税率越低,税率为比例税率。其计算方法与从价计税的计算方法相同。目前我国对新闻纸实行滑准计税。

【技能提升 4-3】 某公司进口一台机器设备,成交价格为 508 万元,运费和保险费共计 1.5 万元,成交价格中包含该公司向境外采购代理人支付的买方佣金 8 万元,进口关税税率为 15%,试计算该公司应缴纳的进口关税。

解　关税完税价格＝508－8＋1.5＝501.5 (万元)

进口关税税额＝501.5×15%＝75.225 (万元)

【技能提升 4-4】 上海某进出口公司从美国进口一批货物,货物以离岸价格成交,成交价折合人民币 1 410 万元(包括单独计价并经海关审查属实的向境外采购代理人支付的买方佣金 10 万元,但不包括因使用该货物而向境外支付的软件费 50 万元、向卖方支付的佣金 15 万元),另支付货物运抵我国上海港的运费、保险费等 35 万元。假设该货物适用的关税税率为 20%,增值税税率为 13%,消费税税率为 10%。试计算该公司应缴纳的关税、消费税及增值税。

解　关税完税价格＝1 410＋50＋15－10＋35＝1 500 (万元)

进口关税＝1 500×20%＝300 (万元)

组成计税价格＝(1 500＋300)÷(1－10%)＝2 000 (万元)

进口环节海关代征消费税＝2 000×10%＝200 (万元)

进口环节海关代征增值税＝2 000×13%＝260 (万元)

三、关税的会计核算

（一）进口业务关税的会计核算

1. 企业自营进口业务

自营进口业务所缴纳的关税是购进商品成本的组成部分。应缴纳的进口关税,借记“材料采购”“固定资产”等科目，贷记“应交税费——应交进口关税”科目。实际工作中也可以不通过“应交税费——应交进口关税”科目，直接借记“材料采购”等科目，贷记“银行存款”科目。

【技能提升 4-5】 某企业为一般纳税人，有进出口经营权，现进口一批某商品，完税价格折合人民币 40 万元，款项尚未支付。进口关税税率为 20%，代征增值税税率为 13%，根据海关开出的专用缴款书，以银行转账支票付讫税款。试计算该公司应缴纳的关税和增值税，并写出相应的会计分录。（单位：万元）

解 应交关税＝40×20% ＝8（万元）

材料采购成本＝40＋8＝48（万元）

代征增值税＝48×13%＝6.24（万元）

会计处理如下：

（1）计提关税时：

借：材料采购 8

贷：应交税费——应交进口关税 8

（2）支付进口关税和增值税时：

借：应交税费——应交进口关税 8

——应交增值税（进项税额） 6.24

贷：银行存款 14.24

2. 企业代理进口业务

发生代理进口业务时，受托方一般不垫付货款，并且大多以收取手续费的形式为委托方提供代理服务。进口关税由委托方负担，受托方即使向海关缴纳了关税，也只是代垫或代付，日后仍要从委托方收回。代理进口业务所计缴的关税，在会计核算上也是通过设置“应交税费——应交进口关税”科目来反映的，对方科目为“应收账款”“银行存款”等。

（二）出口业务关税的会计核算

1. 企业自营出口业务

我国对大多出口业务不征收出口关税，只对极个别的商品征收出口关税。自营出口产品需要缴纳的关税，属于进出口企业出口销售业务中的费用，应借记“税金及附加”科目，贷记“应交税费——应交出口关税”科目。

【技能提升 4-6】 某企业向美洲出口一批商品，出口离岸价格折合人民币 52 万元。已知适用的关税税率为 30%。关税以支票转账支付。试计算其出口关税并写出相应的会计分录。（单位：万元）

解 出口关税税额＝52÷（1＋30%）×30%＝12（万元）

（1）计提出口关税时：

借：税金及附加 12

贷：应交税费——应交出口关税 12

（2）支付出口关税时：

借：应交税费——应交出口关税 12

贷：银行存款 12

【技能提升 4-7】 某进出口公司自营出口一批商品，我国口岸离岸价格折合人民币为60万元，出口关税税率为20%，试计算该公司应缴纳的出口关税。

解 出口关税税额＝60÷(1＋20%)×20%＝10（万元）

2. 企业代理出口业务

外贸企业代收出口关税时，借记“应收账款”科目，贷记“应交税费——应交出口关税”科目。实际缴纳时，借记“应交税费——应交出口关税”科目，贷记“银行存款”科目。

任务三　关税的纳税申报

一、关税纳税时间

（一）申报时间

关税的纳税人或其代理人应在规定的保管期限内向货物或物品的进出境海关申报。进口货物自运输工具申报进境之日起14日内，出口货物在货物运抵海关监管区后、装货的24小时以前，应由进出口货物的纳税义务人向货物进出境地海关申报。海关根据税则归类和完税价格计算应缴纳的关税和进口环节代征税，并填发税款缴款书。超过规定期限未缴纳税款的，海关将依法征收滞纳金。

（二）缴纳期限

纳税义务人应当自海关填发税款缴款书之日起15日内，向指定银行缴纳税款。如关税缴纳期限的最后一日是周末或法定节假日，则关税缴纳期限顺延至周末或法定节假日之后的第1个工作日。逾期缴纳的，除依法追缴关税外，由海关自到期日的次日起至交清税款之日止，按日加收欠缴税款0.1%的滞纳金和按月征收延缓缴纳期内的关税利息，利息率为每月10%，不足1个月的按1个月计算。关税滞纳金计算公式为：

关税滞纳金＝应纳税额×0.1%×滞纳天数

如果纳税人确有暂时经济困难，经海关审查批准后，可在一定时期内缓纳关税。关税缓纳期一般为3个月，同时应向海关支付缓纳期内的关税利息。

关税纳税义务人因不可抗力或者在国家税收政策调整的情形下，不能按期缴纳税款的，经海关总署批准，可以延期缴纳税款，但最长不得超过6个月。

二、关税纳税地点

关税的缴纳地点应根据纳税人申报及进出口货物的具体情况确定。

1. 关境地征收

关境地征收即口岸征收，是指不管纳税人的住址在哪里，进出口货物在哪里通关，纳税人即在哪里缴纳关税，这是常见的方法。

2. 主管地征收

主管地征收即集中征收。这是一种由纳税人所在地的海关（主管地海关）监管其通关，关税也在纳税人所在地缴纳的方式。该方式只适用于集装箱运输。

三、关税纳税申报应提供的资料

关税纳税申报应提供的资料包括“海关(进出口)专用缴款书”“中华人民共和国海关进口货物报关单”“中华人民共和国海关出口货物报关单”,以及进口许可证及其有关单证等。

一、单项选择题

1. 我国关税由(　　)征收。

A. 税务机关　　B. 海关
C. 工商行政管理局　　D. 人民政府

2. 在进口货物正常成交价格中若含有(　　),可以从中扣除。

A. 包装费　　B. 境外运费
C. 境外保险费　　D. 卖方支付的回扣

3. 以下计入进口货物完税价格的项目有(　　)。

A. 货物运抵境内输入地点之后的运输费
B. 进口关税
C. 卖方间接从买方对该货物进口后使用所得中获得的收益
D. 国内保险费

4. 依据关税的有关规定,下列费用中不得计入完税价格的是(　　)。

A. 买价
B. 境外运费
C. 由买方负担的包装费
D. 由买方负担的购货佣金

5. 出口货物的完税价格应该包括(　　)。

A. 离境口岸至境外口岸之间的运费、保险费
B. 支付给境外的佣金
C. 工厂至离境口岸之间的运费、保险费
D. 出口关税

6. 根据关税法律制度的规定,下列货物中,实行从量计征进口关税的是(　　)。

A. 啤酒　　B. 摄像机
C. 小汽车　　D. 计算机

7. 某外贸进出口公司进口一批设备,成交价格为 20 万元,关税税率为 40%,从起运地至输入地起卸前的运费及保险费等为 3 万元。则该公司进口该批设备应缴纳的关税为(　　)万元。

A. 1.2　　B. 7.2
C. 8　　D. 9.2

二、多项选择题

1. 根据关税法律制度的规定,关税进口税率可分为(　　)。

A. 最惠国税率　　B. 协定税率

C. 特惠税率　　D. 暂定税率

2. 根据关税法律制度的规定,下列费用中,应计入进口货物完税价格的有(　　)。

A. 进口货物运抵我国关境内输入地点起卸前的运费

B. 进口货物运抵我国关境内输入地点起卸前的保险费

C. 进口货物运抵我国关境内输入地点起卸前的包装费

D. 进口货物运抵我国关境内输入地点起卸前的专利权使用费

3. 下列各项中,属于关税纳税人的有(　　)。

A. 外贸进出口公司

B. 工贸或农贸结合的进出口公司

C. 入境旅客随身携带的行李、物品的持有人

D. 进口个人邮件的收件人

4. 根据关税法律制度的规定,下列各项货物中,经海关审查无误后可以免税的有(　　)。

A. 无商业价值的广告品及货样

B. 国际组织、外国政府无偿赠送的物资

C. 进出境运输工具装载的途中必需的燃料、物料和饮食用品

D. 一票货物关税税额、进口环节增值税或者消费税税额在人民币100元以下的

5. 下列各项中,正确的有(　　)。

A. 一般贸易下进口货物以海关审定的成交价格为基础的到岸价格作为完税价格

B. 进口货物的运费应按照实际支付的费用计算

C. 出口货物的完税价格应当以海关审定的货物售予境外的离岸价格扣除出口关税后作为完税价格

D. 出口货物在成交价格以外支付国外的佣金应予以扣除,未单独列明的则不予扣除

三、判断题

1. 无商业价值的广告品及货样,经海关审核无误后可以免征关税。　(　　)

2. 对于因故退还的中国出口货物已经征收的出口关税,海关予以退还。　(　　)

3. 进口货物适用的关税税率是以进口货物的原产地为标准的。　(　　)

4. 对从境外采购进口的原产于中国境内的货物,不征收进口关税。　(　　)

四、业务题

1. 某公司进口一批货物,成交价格为人民币300万元,含单独计价并经海关审核属实的进口后装配调试费用20万元,该货物进口关税税率为10%。

要求:试计算其应缴纳的关税。

2. 有进出口经营权的某外贸公司,某月发生以下经营业务:

(1) 经有关部门批准,从境外进口小轿车30辆,每辆小轿车货价15万元,运抵我国海关前发生的运输费用、保险费用无法确定,经海关查实其他运输公司相关业务的运输费用占货价的比例为2%。该外贸公司向海关缴纳了相关税款,并取得完税凭证。

(2) 月初将上月购进的一批库存材料(价款40万元)经海关核准委托境外公司加工一

批货物，月末该批加工货物在海关规定的期限内复运进境供销售，支付给境外公司加工费20万元，进境前的运费和保险费共3万元。向海关缴纳了相关税款，并取得了完税凭证。

（提示：小轿车关税税率为25%，货物关税税率为20%，增值税税率为13%，消费税税率为8%。）

要求：

(1) 计算小轿车在进口环节应缴纳的关税、消费税和增值税。

(2) 计算加工货物在进口环节应缴纳的关税和增值税。

(3) 对上述业务做相应的会计处理。

劳动模范
达瓦措姆：让税徽闪亮在雪域高原

在线测试

项目五 企业所得税纳税业务

● **知识目标**

了解企业所得税的概念；
熟悉企业所得税的基本税收知识；
掌握企业所得税的计算方法及纳税申报流程；
掌握企业所得税纳税申报表的填制方法。

企业是社会活动中非常重要的主体，是创造社会价值的主要力量之一。企业在创造价值的同时要承担一定的社会责任，为国家的税收做出贡献是企业承担社会责任的一种表现形式。企业需要承担的税负种类有很多，而企业所得税是其中无法转嫁且税率较高的税种。本项目围绕企业所得税的内容展开，讲述企业所得税的相关税收知识，包括基本的税收政策、应纳税所得额和应纳税额的计算、纳税申报的流程和纳税申报表的填写等。

任务一　企业所得税基本税收政策认知

企业所得税是以企业的生产经营所得和其他所得为征税对象征收的一种所得税。我国现行的企业所得税的法律制度包括 2007 年 3 月 16 日第十届全国人大第五次会议审议通过并于 2008 年 1 月 1 日起实施的《中华人民共和国企业所得税法》(以下简称《企业所得税法》)及国务院 2007 年 12 月 28 日通过的《中华人民共和国企业所得税法实施条例》(以下简称《企业所得税法实施条例》),以及国家财政、税务主管部门制定、发布的一系列部门规章和规范性文件。

一、企业所得税的纳税人

在中华人民共和国境内，企业和其他取得收入的组织（以下统称企业）为企业所得税的纳税人，包括各类企业、事业单位、社会团体、民办非企业单位和从事经营活动的其他组织。

依照中国法律、行政法规成立的个人独资企业、合伙企业属于自然人性质的企业，不具有法人资格，股东承担无限责任。因此，个人独资企业和合伙企业不属于企业所得税的纳税人，不缴纳企业所得税。

【基础巩固 5-1】 根据企业所得税法律制度的规定，下列各项中不属于企业所得税纳税人的是(　　)。

A. 个体工商户　　　　B. 合伙企业

C. 事业单位　　　　D. 个人独资企业

解析　答案为 A、B、D。个体工商户、合伙企业及个人独资企业缴纳个人所得税。事业单位属于企业所得税纳税人。

企业所得税采取收入来源地管辖权和居民管辖权相结合的双重管辖权，把企业分为居民企业和非居民企业，分别确定不同的纳税义务。

(一) 居民企业

居民企业是指依法在中国境内成立，或者依照外国(地区)法律成立但实际管理机构在中国境内的企业。居民企业应当就其来源于中国境内、境外的所得缴纳企业所得税。实际管理机构是指对企业的生产经营、人员、账务、财产等实施实质性全面管理和控制的机构。

(二) 非居民企业

非居民企业是指依照外国(地区)法律成立且实际管理机构不在中国境内，但在中国境内设立机构、场所的，或者在中国境内未设立机构、场所，但有来源于中国境内所得的企业。

机构、场所是指在中国境内从事生产经营活动的机构、场所，包括以下内容：

(1) 管理机构、营业机构、办事机构。

(2) 工厂、农场、开采自然资源的场所。

(3) 提供劳务的场所。

(4) 从事建筑、安装、装配、修理、勘探等工程作业的场所。

(5) 其他从事生产经营活动的机构、场所。

(6) 非居民企业委托营业代理人在中国境内从事生产经营活动的，包括委托单位或者个人经常代其签订合同或者储存、交付货物等，该营业代理人视为非居民企业在中国境内设立的机构、场所。

【基础巩固 5-2】 根据企业所得税法律制度的规定，下列关于非居民企业的表述中，正确的是(　　)。

A. 在境外成立的企业均属于非居民企业

B. 在境内成立但有来源于境外所得的企业属于非居民企业

C. 依照外国法律成立，实际管理机构在中国境内的企业属于非居民企业

D. 依照外国法律成立，实际管理机构不在中国境内，但在中国境内设立机构、场所的企业属于非居民企业

解析　答案为 D。A 选项，在境外成立的企业范围过于宽泛。B、C 选项为居民企业。非居民企业是指依照外国(地区)法律成立且实际管理机构不在中国境内，但在中国境内设立机构、场所的，或者在中国境内未设立机构、场所，但有来源于中国境内所得的企业。

二、企业所得税的征税对象

企业所得税的征税对象是企业取得的生产经营所得、其他所得和清算所得。

(一) 居民企业的征税对象

居民企业应当就其来源于中国境内、境外的所得缴纳企业所得税。

(二) 非居民企业的征税对象

非居民企业在中国境内设立机构、场所的,应当就其所设机构、场所取得的来源于中国境内的所得,以及发生在中国境外但与其所设机构、场所有实际联系的所得,缴纳企业所得税。

非居民企业在中国境内未设立机构、场所的,或者虽设立机构、场所,但取得的所得与其所设机构、场所没有实际联系的,应当就其来源于中国境内的所得缴纳企业所得税。

非居民企业征税对象的内容如表 5-1 所示。

表 5-1 非居民企业征税对象的内容

企业类型	所得类型		是否在我国缴纳企业所得税
在中国境内设立机构、场所的非居民企业	来源于境内所得	与所设机构场所有实际联系	√
		与所设机构场所没有实际联系	√
	来源于境外所得	与所设机构场所有实际联系	√
		与所设机构场所没有实际联系	×
在中国境内未设立机构、场所的非居民企业	来源于境内所得		√
	来源于境外所得		×

(三) 征税对象的确定

征税对象包括来自境内和境外的所得,其确定原则如下:

(1) 销售货物所得,按照交易活动发生地确定。

(2) 提供劳务所得,按照劳务发生地确定。

(3) 转让财产所得,不动产转让所得按照不动产所在地确定,动产转让所得按照转让动产的企业或者机构、场所所在地确定,权益性投资资产转让所得按照被投资企业所在地确定。

(4) 股息、红利等权益性投资所得,按照分配所得的企业所在地确定。

(5) 利息所得、租金所得、特许权使用费所得,按照负担、支付所得的企业或者机构、场所所在地确定,或者按照负担、支付所得的个人的住所地确定。

(6) 其他所得,由国务院财政、税务主管部门确定。

三、企业所得税的税率

我国的企业所得税实行比例税率,具体规定如下:

(1) 基本税率 25%。适用于居民企业和在中国境内设有机构、场所且所得与机构、场所有关联的非居民企业。

(2) 低税率为 20%。适用于在中国境内未设立机构、场所的,或者虽设立机构、场所,但取得的所得与其所设机构、场所没有实际联系的非居民企业。但《企业所得税法实施条例》

同时规定，该所得实际征收过程中减按10%征收。

四、企业所得税的税收优惠

我国企业所得税的税收优惠包括免税收入、减免税所得、优惠税率、民族自治地方的减免税、加计扣除、抵扣应纳税所得额、加速折旧、减计收入、抵免应纳税额和其他专项优惠政策。企业同时从事适用不同企业所得税待遇的项目的，其优惠项目应当单独计算所得，并合理分摊企业的期间费用；没有单独计算的，不得享受企业所得税优惠。

（一）免税收入

免税收入是指企业的应税所得中按照税法规定免予征收企业所得税的收入。企业的免税收入包括以下几项：

（1）国债利息收入。

（2）符合条件的居民企业之间的股息、红利等权益性投资收益。

（3）在中国境内设立机构、场所的非居民企业从居民企业取得与该机构、场所有实际联系的股息、红利等权益性投资收益。

（4）符合条件的非营利组织的收入。

（二）减免税所得

1. 免征所得

企业从事下列项目的所得，免征企业所得税：

（1）蔬菜、谷物、薯类、油料、豆类、棉花、麻类、糖料、水果、坚果的种植。

（2）农作物新品种的选育。

（3）中药材的种植。

（4）林木的培育和种植。

（5）牲畜、家禽的饲养。

（6）林产品的采集。

（7）灌溉、农产品初加工、兽医、农技推广、农机作业和维修等农、林、牧、渔服务业项目。

（8）远洋捕捞。

2. 减征所得

企业从事下列项目的所得，减半征收企业所得税：

（1）花卉、茶以及其他饮料作物和香料作物的种植。

（2）海水养殖、内陆养殖。

3. 三免三减半

（1）从事国家重点扶持的公共基础设施项目的投资经营所得，自项目取得第1笔生产经营收入所属纳税年度起，第1年至第3年免征企业所得税，第4年至第6年减半征收企业所得税。

（2）从事符合条件的环境保护、节能节水项目的所得，自项目取得第1笔生产经营收入所属纳税年度起，第1年至第3年免征企业所得税，第4年至第6年减半征收企业所得税。

4. 减免税所得的其他规定

（1）在一个纳税年度内，居民企业取得的符合条件的技术转让所得不超过500万元的

部分，免征企业所得税；超过500万元的部分，减半征收企业所得税。

(2) 自2019年1月1日至2021年12月31日，对小型微利企业年应纳税所得额不超过100万元的部分，减按25%计入应纳税所得额；对年应纳税所得额超过100万元但不超过300万元的部分，减按50%计入应纳税所得额。

(3) 其他情形。

(三) 优惠税率

企业所得税优惠税率的相关内容如下：

(1) 符合条件的小型微利企业，减按20%的税率征收企业所得税。

(2) 国家需要重点扶持的高新技术企业，减按15%的税率征收企业所得税。

(3) 符合条件的西部地区的企业，可减按15%的税率征收企业所得税。

(四) 民族自治地方的减免税

民族自治地方的自治机关对本民族自治地方的企业应缴纳的企业所得税中属于地方分享的部分，可以决定减征或者免征。自治州、自治县决定减征或者免征的，须报省、自治区、直辖市人民政府批准。对民族自治地方内国家限制和禁止行业的企业，不得减征或者免征企业所得税。

(五) 加计扣除

企业的下列支出，可以在计算应纳税所得额时加计扣除：

1. 开发新技术、新产品、新工艺发生的研究开发费用

企业开展研发活动中实际发生的研发费用，未形成无形资产计入当期损益的，在按规定据实扣除的基础上，在2018年1月1日至2020年12月31日期间，再按照实际发生额的75%在税前加计扣除；形成无形资产的，在上述期间按照无形资产成本的175%在税前摊销。

下列行业不适用税前加计扣除政策：烟草制造业，住宿和餐饮业，批发和零售业，房地产业，租赁和商务服务业，娱乐业，财政部和国家税务总局规定的其他行业。

2. 安置残疾人员及国家鼓励安置的其他就业人员所支付的工资

企业安置残疾人员所支付的工资的加计扣除，是指企业安置残疾人员的，在按照支付给残疾职工工资据实扣除的基础上，按照支付给残疾职工工资的100%加计扣除。企业安置国家鼓励安置的其他就业人员所支付的工资的加计扣除办法，由国务院另行规定。

(六) 抵扣应纳税所得额

创业投资企业从事国家需要重点扶持和鼓励的创业投资，可以按投资额的一定比例抵扣应纳税所得额。抵扣应纳税所得额是指创业投资企业采取股权投资方式投资于未上市的中小高新技术企业2年以上的，可以按照其投资额的70%在股权持有满2年的当年抵扣该创业投资企业的应纳税所得额；当年不足抵扣的，可以在以后纳税年度结转抵扣。

(七) 加速折旧

企业的固定资产由于技术进步等原因，确需加速折旧的，可以缩短折旧年限或者采取加速折旧的方法，包括以下两方面：

(1) 由于技术进步，产品更新换代较快的固定资产。

(2) 常年处于强震动、高腐蚀状态的固定资产。

（八）减计收入

企业综合利用资源，生产符合国家产业政策规定的产品所取得的收入，可以在计算应纳税所得额时减计收入。减计收入是指企业以"资源综合利用企业所得税优惠目录"规定的共生、伴生矿产资源，废水（液）、废气、废渣，再生资源等资源作为主要原材料，生产国家非限制和禁止并符合国家和行业相关标准的产品取得的收入，减按 90%计入收入总额。

（九）抵免应纳税额

企业购置用于环境保护、节能节水、安全生产等专用设备的投资额，可以按一定比例实行税额抵免。税额抵免是指企业购置并实际使用的法定的有关环境保护、节能节水、安全生产等的专用设备的，该专用设备投资额的 10%可以从企业当年的应纳税额中抵免；当年不足抵免的，可以在以后 5 个纳税年度结转抵免。

（十）其他专项优惠政策

根据国民经济和社会发展的需要，或者由于突发事件等原因对企业经营活动产生重大影响的，国务院可以制定企业所得税专项优惠政策，报全国人民代表大会常务委员会备案。

任务二　企业所得税的计算

一、企业所得税的计税依据

企业所得税的计税依据就是企业的应纳税所得额，是指企业每一纳税年度的收入总额，减除不征税收入、免税收入、各项扣除以及允许弥补的以前年度亏损后的余额。计算企业所得税应纳税所得额的公式为：

应纳税所得额＝收入总额－不征税收入－免税收入－各项扣除－允许弥补的以前年度亏损　（直接法）

在计算应纳税所得额时，按照税法规定计算出的应纳税所得额与企业依据会计准则、会计制度计算的会计利润不一致时，应按照税法的规定进行必要的调整。

应纳税所得额＝会计利润±纳税调整项目　（间接法）

（一）收入总额

1. 一般收入的确认

企业收入总额是指以货币形式和非货币形式从各种来源取得的收入，包括销售货物收入，提供劳务收入，转让财产收入，股息、红利等权益性投资收益，利息收入，租金收入，特许权使用费收入，接受捐赠收入及其他收入。

(1) 销售货物收入。销售货物收入是指企业销售商品、产品、原材料、包装物、低值易耗品及其他存货取得的收入。

(2) 提供劳务收入。提供劳务收入是指企业从事建筑安装、修理修配、交通运输、仓储租赁、金融保险、邮电通信、咨询经纪、文化体育、科学研究、技术服务、教育培训、餐饮住宿、中介代理、卫生保健、社区服务、旅游、娱乐、加工及其他劳务服务活动取得的收入。

(3) 转让财产收入。转让财产收入是指企业转让固定资产、生物资产、无形资产、股权、

债权等财产取得的收入。

(4) 股息、红利等权益性投资收益。股息、红利等权益性投资收益是指企业因权益性投资从被投资方取得的收入。

(5) 利息收入。利息收入是指企业将资金提供他人使用但不构成权益性投资,或者因他人占用本企业资金取得的收入,包括存款利息、贷款利息、债券利息、欠款利息等收入。

(6) 租金收入。租金收入是指企业提供固定资产、包装物或者其他有形资产的使用权取得的收入。租金收入按照合同约定的承租人应付租金的日期确认收入的实现。

(7) 特许权使用费收入。特许权使用费收入是指企业提供专利权、非专利技术、商标权、著作权及其他特许权的使用权取得的收入。

(8) 接受捐赠收入。接受捐赠收入是指企业接受的来自其他企业、组织或者个人无偿给予的货币性资产、非货币性资产。接受捐赠收入按照实际收到捐赠资产的日期确认收入的实现。

(9) 其他收入。其他收入是指企业取得《企业所得税法》具体列举的收入外的其他收入,包括企业资产溢余收入、逾期未退包装物押金收入、确实无法偿付的应付款项、已做坏账损失处理后又收回的应收款项、债务重组收入、补贴收入、违约金收入、汇兑收益等。

2. 特殊收入的确认

企业的下列生产经营业务可以分期确认收入的实现:

(1) 以分期收款方式销售货物的,按照合同约定的收款日期确认收入的实现。

(2) 企业受托加工制造大型机械设备、船舶、飞机,以及从事建筑、安装、装配工程业务或者提供其他劳务等,持续时间超过 12 个月的,按照纳税年度内完工进度或者完成的工作量确认收入的实现。

(3) 采取产品分成方式取得收入的,按照企业分得产品的日期确认收入的实现,其收入额按照产品的公允价值确定。

(4) 企业发生非货币性资产交换,以及将货物、财产、劳务用于捐赠、偿债、赞助、集资、广告、样品、职工福利或者利润分配等用途的,应当视同销售货物、转让财产或者提供劳务,但国务院财政、税务主管部门另有规定的除外。

企业所得税重要的收入确认时间汇总如表 5-2 所示。

表 5-2 企业所得税重要的收入确认时间汇总

收入类型		确认时间
销售货物收入	采用托收承付方式的	办妥托收手续时确认
	采取预收款方式的	发出商品时确认
	商品需要安装和检验的	(1) 一般:购买方接受商品以及安装和检验完毕时确认。 (2) 安装程序比较简单的:发出商品时确认
	采用支付手续费方式委托代销的	收到代销清单时确认
	采用分期收款方式的	按照合同约定的收款日确认
	采用产品分成方式取得收入的	按照企业分得产品的日期确认

续表

收入类型	确认时间
提供劳务收入	在各个纳税期末采用完工进度(完工百分比)法确认
股息、红利等权益性投资收益	被投资方做出利润分配决定的日期确认(另有规定的除外)
利息收入	按照合同约定应付相关款项的日期确认
租金收入	
特许权使用费收入	
接受捐赠收入	按实际收到捐赠资产的日期确认

(二)不征税收入

不征税收入是指从性质和根源上不属于企业营利性活动带来的经济利益、不作为应纳税所得额组成部分的收入。下列收入为不征税收入:

1. 财政拨款

财政拨款是指各级人民政府对纳入预算管理的事业单位、社会团体等组织拨付的财政资金,但国务院和国务院财政、税务主管部门另有规定的除外。

2. 依法收取并纳入财政管理的行政事业性收费、政府性基金

行政事业性收费是指依照法律法规等有关规定,按照国务院规定程序批准,在实施社会公共管理,以及在向公民、法人或者其他组织提供特定公共服务过程中,向特定对象收取并纳入财政管理的费用。政府性基金是指企业依照法律、行政法规等有关规定,代政府收取的具有专项用途的财政资金。

3. 国务院规定的其他不征税收入

国务院规定的其他不征税收入是指企业取得的,由国务院财政、税务主管部门规定专项用途并经国务院批准的财政性资金。

【基础巩固 5-3】 根据企业所得税法律制度的规定,企业的下列收入中属于不征税收入的是(　　)。

A. 财政拨款　　B. 租金收入

C. 产品销售收入　　D. 国债利息收入

解析 答案为 A。企业所得税法律制度规定财政拨款和依法收取并纳入财政管理的行政事业性收费、政府性基金为不征税收入。B、C、D 选项均不属于此范围。

小贴士

不征税收入属于"非营利活动"带来的收入,理论上不应列入企业所得税的应税范围。免税收入是国家为了实现某些经济和社会目标,在特定时期内对特定收入给予的税收优惠。

（三）扣除项目

1. 税前扣除项目

企业实际发生的与取得收入有关的、合理的支出，包括成本、费用、税金、损失和其他支出，准予在计算应纳税所得额时扣除。但应当区分收益性支出和资本性支出。收益性支出在发生当期直接扣除；资本性支出应当分期扣除或者计入有关资产成本，不得在发生当期直接扣除。

(1) 成本。成本是指企业在生产经营活动中发生的销售成本、销货成本、业务支出及其他耗费。

(2) 费用。费用是指企业在生产经营活动中发生的销售费用、管理费用和财务费用。已经计入成本的有关费用除外。

(3) 税金。税金是指企业发生的除企业所得税和允许抵扣的增值税以外的各项税金及其附加，即纳税人按照规定缴纳的消费税、资源税、土地增值税、关税、城市维护建设税、教育费附加、房产税、车船税、城镇土地使用税、印花税等。企业缴纳的增值税属于价外税，故不在扣除之列。

(4) 损失。损失是指企业在生产经营活动中发生的固定资产和存货的盘亏、毁损、报废损失，转让财产损失，呆账损失，坏账损失，自然灾害等不可抗力因素造成的损失及其他损失。

(5) 其他支出。其他支出是指除成本、费用、税金、损失外，企业在生产经营活动中发生的与生产经营活动有关的、合理的支出。

2. 扣除标准

(1) 工资薪金支出。企业发生的合理的工资薪金支出，准予扣除。工资薪金是指企业每一纳税年度支付给在本企业任职或者受雇的员工的所有现金形式或者非现金形式的劳动报酬，包括基本工资、奖金、津贴、补贴、年终加薪、加班工资，以及与员工任职或者受雇有关的其他支出。

(2) 职工福利费、工会经费、职工教育经费。企业发生的职工福利费、工会经费、职工教育经费按标准扣除。未超过标准的按实际发生数额扣除，超过扣除标准的只能按标准扣除。

① 企业发生的职工福利费支出，不超过工资薪金总额14%的部分，准予扣除。

② 企业拨缴的工会经费，不超过工资薪金总额2%的部分，准予扣除。

③ 企业发生的职工教育经费支出，不超过工资薪金总额8%的部分，准予在计算企业所得税应纳税所得额时扣除；超过部分，准予在以后纳税年度结转扣除。

【技能提升5-1】 某市一家居民企业主要生产、销售彩色电视机，已计入成本、费用中的实发工资总额150万元、工会经费3万元、职工教育经费12.25万元和福利费25万元。试计算职工工会经费、职工福利费、职工教育经费应调整的应纳税所得额。

解 工会经费＝150×2%＝3万元，则应扣除3万元。

职工教育经费=150×8%=12 万元,则可扣除 12 万元,调增 12.25-12=0.25 万元。

福利费=150×14%=21 万元,则可扣除 21 万元,应调增 25-21=4 万元。

素质课堂

党的二十大报告明确了到 2035 年我国要实现高水平科技自立自强,进入创新型国家前列的目标。国家创新体系效能全面提升,国家战略科技力量和高水平人才队伍居世界前列,基础研究和原始创新能力全面增强,关键核心技术实现重大突破和自主可控,更多科技前沿领域实现并跑和领跑。全社会研发经费投入强度、基础研究经费投入占研发经费投入比重达到主要发达国家水平。我国全球创新指数排名进入世界前列,科技进步贡献率大幅提升。

请同学们结合本项目知识点,谈谈我国高新技术企业所得税有哪些优惠政策?

(3) 保险费。保险费是指投保人为取得保险保障,按合同约定向保险人支付的费用,包括财产保险、劳动保护支出、职工基本社会保险、社会补充保险和商业人身保险。

① 财产保险。企业参加财产保险,按照规定缴纳的保险费,准予扣除。企业参加雇主责任险、公众责任险等责任保险,按照规定缴纳的保险费,准予在企业所得税税前扣除。该项规定适用于 2018 年度及以后年度企业所得税汇算清缴。

② 劳动保护支出。企业发生的合理的劳动保护支出,准予扣除。

③ 职工基本社会保险。企业依照国务院有关主管部门或者省级人民政府规定的范围和标准为职工缴纳的基本养老保险费、基本医疗保险费、失业保险费、工伤保险费、生育保险费等基本社会保险费和住房公积金,准予扣除。

④ 补充社会保险。企业根据国家有关政策规定,为在本企业任职或者受雇的全体员工支付的补充养老保险费、补充医疗保险费,分别在不超过职工工资总额 5%标准内的部分,在计算应纳税所得额时准予扣除;超过的部分,不予扣除。

⑤ 商业人身保险。商业人身保险包含以下两种情况:一是企业职工因公出差乘坐交通工具发生的人身意外保险费支出,准予扣除;二是除企业依照国家规定为特殊工种职工支付的人身安全保险费和国务院财政、税务主管部门规定可以扣除的其他商业保险费外,企业为投资者或者职工支付的商业保险费,不得扣除。

【技能提升 5-2】 某公司 2020 年度支出合理的工资薪金总额 1 000 万元,按规定标准为职工缴纳基本社会保险费 150 万元,为受雇的全体员工支付补充养老保险费 80 万元、补充医疗保险费 120 万元,为公司高管购买重大疾病险缴纳商业保险费 30 万元。请分析并计算上述各项费用的扣除限额。

解 补充养老保险费的扣除限额=1 000×5%=50 万元,实际发生额为 80 万元,超过扣除限额,只能按限额扣除。

补充医疗保险费的扣除限额=1 000×5%=50 万元,实际发生额 120 万元,超过扣除限额,只能按限额扣除。

为公司高管缴纳商业保险费并不属于准予扣除的情况,该 30 万元不得扣除。

该公司 2020 年度发生的上述保险费在企业所得税税前可以扣除的数额＝150＋50＋50＝250 万元。或者，调增应纳税所得额＝(80－50)＋(120－50)＋30＝130 万元。

(4) 借款费用。

① 企业在生产经营活动中发生的合理的、不需要资本化的借款费用，准予扣除。

② 企业为购置、建造固定资产、无形资产和经过 12 个月以上的建造才能达到预定可销售状态的存货发生借款的，在有关资产购置、建造期间发生的合理的借款费用，应当作为资本性支出计入有关资产的成本，并依照《企业所得税法实施条例》的有关规定扣除。

(5) 利息费用。

① 非金融企业向金融企业借款的利息支出、金融企业的各项存款利息支出和同业拆借利息支出、企业经批准发行债券的利息支出可据实扣除。

② 非金融企业向非金融企业借款的利息支出，不超过按照金融企业同期同类贷款利率计算的数额的部分可据实扣除，超过部分不许扣除。

金融企业是指各类银行、保险公司及经中国人民银行批准从事金融业务的非银行金融机构。

【基础巩固 5-4】 公司 2020 年度“财务费用”账户中的利息，包括以年利率 8%向银行借入的9 个月期的生产用 300 万元贷款的借款利息和 10.5 万元的向非金融企业借入的与银行同期的生产周转用 100 万元资金的借款利息。该公司当年度可在计算应纳税所得额时扣除的利息费用是多少?

解 可税前扣除的银行利息费用＝300×8%÷12×9＝18 (万元)

向非金融企业借入款项可扣除的利息费用限额＝100×8%÷12×9＝6 万元，实际借款利息 10.5 万元>6 万元，故只能按照限额扣除。

该公司 2020 年度可税前扣除的利息费用＝18＋6＝24 (万元)

(6) 汇兑损失。企业在货币交易中，以及纳税年度终了时将人民币以外的货币性资产、负债按照期末即期人民币汇率中间价折算为人民币时产生的汇兑损失，除已经计入有关资产成本以及与向所有者进行利润分配相关的部分外，准予扣除。

(7) 公益性捐赠。企业通过公益性社会组织或者县级(含县级)以上人民政府及其组成部门和直属机构，用于慈善活动、公益事业的捐赠支出，在年度利润总额 12%以内的部分，准予在计算应纳税所得额时扣除；超过年度利润总额 12%的部分，准予结转以后 3 年内在计算应纳税所得额时扣除。

公益性捐赠具体范围包括以下几项：

① 救助灾害、救济贫困、扶助残疾人等困难的社会群体和个人的活动。

② 教育、科学、文化、卫生、体育事业。

③ 环境保护、社会公共设施建设。

④ 促进社会发展和进步的其他社会公共和福利事业。

【基础巩固 5-5】 某企业 2020 年度实现利润总额 100 万元，在营业外支出账户列支了通过公益性社会团体向贫困地区的捐款 10 万元、直接向某小学捐款 5 万元。在计算该企业 2020 年度应纳税所得额时，允许扣除的捐款数额为(　　)万元。

A. 5　　　　　　　　　　　　B. 10

C. 12　　D. 15

解析　答案为B。企业发生的公益性捐赠支出，在年度利润总额12%以内的部分，准予在计算应纳税所得额时扣除；超过年度利润总额12%的部分，准予结转以后3年内在计算应纳税所得额时扣除。100×12%=12万元，直接捐款5万元不允许扣除，10万元<12万元，允许扣除10万元。

(8) 业务招待费。企业发生的与生产经营活动有关的业务招待费支出，按照发生额的60%扣除，但最高不得超过当年销售(营业)收入的5‰。

企业在筹建期间，发生的与筹办活动有关的业务招待费支出，可按实际发生额的60%计入企业筹办费，并按有关规定在税前扣除。

【技能提升5-3】　某公司2020年度销售收入净额2 000万元，实际发生业务招待费40万元和15万元，请计算其税前各可扣除的业务招待费。

解　业务招待费发生扣除最高限额=2 000×5‰=10 (万元)

① 40×60%=24万元，因为24万元>10万元，所以税前可扣除10万元。

② 15×60%=9万元，因为9万元<10万元，所以税前可扣除9万元。

(9) 广告费和业务宣传费。企业发生的符合条件的广告费和业务宣传费支出，除国务院财政、税务主管部门另有规定外，不超过当年销售(营业)收入15%的部分，准予扣除；超过部分，准予在以后纳税年度结转扣除。企业在筹建期间发生的广告费和业务宣传费，可按实际发生额计入企业筹办费，并按有关规定在税前扣除。

自2021年1月1日至2025年12月31日，对化妆品制造或销售、医药制造和饮料制造(不含酒类制造)企业发生的广告费和业务宣传费支出，不超过当年销售(营业)收入30%的部分，准予扣除；超过部分，准予在以后纳税年度结转扣除。烟草企业的烟草广告费和业务宣传费支出，一律不得在计算应纳税所得额时扣除。对签订广告费和业务宣传费分摊协议(以下简称分摊协议)的关联企业，其中一方发生的不超过当年销售(营业)收入税前扣除限额比例内的广告费和业务宣传费支出可以在本企业扣除，也可以将其中的部分或全部按照分摊协议归集至另一方扣除。另一方在计算本企业广告费和业务宣传费支出企业所得税税前扣除限额时，可将按照上述办法归集至本企业的广告费和业务宣传费不计算在内。

【基础巩固5-6】　某机械设备制造企业2020年度实现销售收入3 000万元，发生符合条件的广告费和业务宣传费支出350万元，上年度未在税前扣除完的符合条件的广告费和业务宣传费支出60万元。在计算该企业2020年度应纳税所得额时，允许扣除的广告费和业务宣传费支出为(　　)万元。

A. 410　　B. 350

C. 450　　D. 360

解析　答案为A。企业发生的符合条件的广告费和业务宣传费支出，除国务院财政、税务主管部门另有规定外，不超过当年销售(营业)收入15%的部分，准予扣除；超过部分，准予在以后纳税年度结转扣除。

准予扣除限额=3 000×15%=450 (万元)

符合条件的支出=350+60=410 (万元)

因为410万元<450万元，所以允许扣除410万元。

(10) 环境保护专项资金。企业依照法律、行政法规的有关规定提取的用于环境保护、生态恢复等方面的专项资金,准予扣除。上述专项资金提取后改变用途的,不得扣除。

(11) 租赁费。企业根据生产经营活动的需要租入固定资产支付的租赁费,按照以下方法扣除:

① 以经营租赁方式租入固定资产发生的租赁费支出,按照租赁期限均匀扣除。经营性租赁是指所有权不转移的租赁。

② 以融资租赁方式租入固定资产发生的租赁费支出,按照规定构成融资租入固定资产价值的部分应当提取折旧费用,分期扣除。融资租赁是指在实质上转移与一项资产所有权有关的全部风险和报酬的一种租赁。

(12) 劳动保护费。企业发生的合理的劳动保护支出,准予扣除。

(13) 有关资产的费用。企业转让各类固定资产发生的费用,允许扣除。企业按规定计算的固定资产折旧费、无形资产和递延资产的摊销费,准予扣除。

(14) 总机构分摊的费用。非居民企业在中国境内设立的机构、场所,就其中国境外总机构发生的与该机构、场所生产经营有关的费用,能够提供总机构出具的费用汇集范围、定额、分配依据和方法等证明文件,并合理分摊的,准予扣除。

(15) 手续费及佣金支出。

① 保险企业:财产保险企业按照全部保费收入扣除退保金等后余额的15%计算限额;人身保险企业按当年全部保费收入扣除退保金等后余额的10%计算限额。

② 其他企业:按与具有合法经营资格的中介服务机构或个人(不含交易双方及其雇员、代理人和代表人等)所签订服务协议或合同确认的收入金额的5%计算限额。

③ 从事代理服务、主营业务收入为手续费、佣金的企业(如证券、期货、保险代理等企业),其为取得该类收入而实际发生的营业成本(包括手续费及佣金支出),准予在企业所得税前据实扣除。

(16) 依照有关法律、行政法规和国家有关税法规定准予扣除的其他项目。

企业所得税部分费用扣除标准汇总如表5-3所示。

表5-3　企业所得税部分费用扣除标准汇总

项　目	准予扣除标准	超标准处理
职工福利费	不超过工资薪金总额的14%的部分	不得扣除
工会经费	不超过工资薪金总额的2%的部分	不得扣除
职工教育经费	不超过工资薪金总额的8%的部分	当年不得扣除,超过部分准予结转以后纳税年度扣除
利息费用	不超过按照金融企业同期同类贷款利率计算的利息	不得扣除
业务招待费	按照发生的60%扣除,但最高不得超过当年销售(营业)收入的5‰	不得扣除

续表

项　　目	准予扣除标准	超标准处理
广告费和业务宣传费	不超过当年销售(营业)收入 15%的部分	当年不得扣除,超过部分准予结转以后纳税年度扣除
公益性捐赠支出	不超过年度利润总额 12%的部分	准予结转以后 3 年内在计算应纳税所得额时扣除

3. 不得扣除项目

在计算应纳税所得额时,下列支出不得扣除:

(1) 向投资者支付的股息、红利等权益性投资收益款项。

(2) 企业所得税税款。

(3) 税收滞纳金。具体是指纳税人违反税收法规,被税务机关处以的滞纳金。

(4) 罚金、罚款和被没收财物的损失。罚金、罚款和被没收财物的损失是指纳税人违反国家有关法律、法规规定,被有关部门处以的罚款,以及被司法机关处以的罚金和被没收的财物。

(5) 超过规定标准的捐赠支出。

(6) 赞助支出。赞助支出是指企业发生的与生产经营活动无关的各种非广告性质支出。

(7) 未经核定的准备金支出。未经核定的准备金支出是指不符合国务院财政、税务主管部门规定的各项资产减值准备、风险准备等准备金支出。

(8) 企业之间支付的管理费、企业内营业机构之间支付的租金和特许权使用费,以及非银行企业内营业机构之间支付的利息。

(9) 与取得收入无关的其他支出。

【基础巩固 5-7】 根据企业所得税法律制度的规定,下列各项中,在计算企业所得税应纳税所得额时不得扣除的有(　　)。

A. 向投资者支付的红利

B. 企业内部营业机构之间支付的租金

C. 企业内部营业机构之间的特许权使用费

D. 未经核定的准备金支出

解析　答案为 A、B、C、D。企业所得税法律制度规定向投资者支付的股息、红利等权益性投资收益款项,企业内营业机构之间支付的租金和特许权使用费,不符合国务院财政、税务主管部门规定的各项资产减值准备、风险准备等准备金支出等,在计算企业所得税应纳税所得额时不得扣除。

(四) 亏损弥补

亏损是指企业将每一纳税年度的收入总额减除不征税收入、免税收入和各项扣除后小于零的数额。税法规定,企业某一纳税年度发生的亏损可以用下一年度的所得弥补,下一年度的所得不足以弥补的,可以逐年延续弥补,但一般最长不得超过 5 年。企业在汇总计算缴纳企业所得税时,其境外营业机构的亏损不得抵减境内营业机构的盈利。

【技能提升 5-4】 假定居民企业 2014 年为投产年度，一直到 2020 年，每一年的经营情况如表 5-4 所示。

请分析该居民企业的亏损弥补情况。

表 5-4 2014—2020 年某居民企业的经营情况

年　度	2014	2015	2016	2017	2018	2019	2020
获利/万元	−120	−50	10	30	30	40	70

解 2014 年度亏损 120 万元，可申请用 2014—2018 年的税前盈利弥补。亏损期结束，总计弥补亏损 110 万元，剩余 10 万元不能再用以后年度利润弥补。

2015 年度亏损 50 万元，可申请用 2016—2020 年的税前盈利弥补。由于 2016—2019 年的盈利已用于弥补 2014 年的亏损，因此，2015 年的亏损只能用 2020 年的盈利弥补，用于弥补亏损 50 万元，还剩余 20 万元应缴纳企业所得税。

小贴士

自 2018 年 1 月 1 日起，当年具备高新技术企业或科技型中小企业资格的企业，其具备资格年度之前 5 个年度发生的尚未弥补完的亏损，准予结转以后年度弥补，最长结转年限由 5 年延长至 10 年。

（五）非居民企业的应纳税所得额

在中国境内未设立机构、场所的，或者虽设立机构、场所，但取得的所得与其所设机构、场所没有实际联系的非居民企业，其取得的来源于中国境内的所得，按照下列方法计算其应纳税所得额：

（1）股息、红利等权益性投资收益和利息、租金、特许权使用费所得，以收入全额为应纳税所得额。

（2）转让财产所得，以收入全额减除财产净值后的余额为应纳税所得额。财产净值是指有关资产、财产的计税基础减除已经按照规定扣除的折旧、折耗、摊销、准备金等后的余额。

（3）其他所得，参照前两项规定的方法计算应纳税所得额。

非居民企业在中国境内设立的机构、场所，就其中国境外总机构发生的与该机构、场所生产经营有关的费用，能够提供总机构出具的费用汇集范围、定额、分配依据和方法等证明文件并合理分摊的，准予扣除。

【基础巩固 5-8】 根据企业所得税法律制度的规定，在中国境内未设立机构、场所的非居民企业从中国境内取得的下列所得中，应以收入全额为应纳税所得额的有（　　）。

A. 红利　　B. 转让财产所得

C. 租金　　D. 利息

解析 答案为 A、C、D。企业所得税法律制度规定股息、红利等权益性投资收益和利息、租金、特许权使用费所得，以收入全额为应纳税所得额。转让财产所得，以收入全额减除财产净值后的余额为应纳税所得额。

(六) 资产的税务处理

企业的各项资产包括固定资产、生产性生物资产、无形资产、长期待摊费用、投资资产、存货等,以历史成本为计税基础。企业持有各项资产期间资产增值或者减值,除国务院财政、税务主管部门规定可以确认损益外,不得调整该资产的计税基础。企业转让资产,该项资产的净值准予在计算应纳税所得额时扣除。除另有规定外,企业在重组过程中,应当在交易发生时确认有关资产的转让所得或者损失,相关资产应当按照交易价格重新确定计税基础。

企业资产的税务处理会影响企业所得税的应纳税所得额,所以资产的税务处理是学习企业所得税的重点之一。

1. 固定资产的税务处理

固定资产是指企业为生产产品、提供劳务、出租或者经营管理而持有的、使用时间超过12个月的非货币性资产,包括房屋、建筑物、机器、机械、运输工具以及其他与生产经营活动有关的设备、器具、工具等。

(1) 不得计算折旧扣除的固定资产。下列固定资产不得计算折旧扣除:

① 房屋、建筑物以外未投入使用的固定资产。

② 以经营租赁方式租入的固定资产。

③ 以融资租赁方式租出的固定资产。

④ 已足额提取折旧仍继续使用的固定资产。

⑤ 与经营活动无关的固定资产。

⑥ 单独估价作为固定资产入账的土地。

⑦ 其他不得计算折旧扣除的固定资产。

(2) 固定资产确定计税基础的方法。固定资产按照以下方法确定计税基础:

① 外购的固定资产,以购买价款和支付的相关税费以及直接归属于使该资产达到预定用途发生的其他支出为计税基础。

② 自行建造的固定资产,以竣工结算前发生的支出为计税基础。

③ 融资租入的固定资产,以租赁合同约定的付款总额和承租人在签订租赁合同过程中发生的相关费用为计税基础,租赁合同未约定付款总额的,以该资产的公允价值和承租人在签订租赁合同过程中发生的相关费用为计税基础。

④ 盘盈的固定资产,以同类固定资产的重置完全价值为计税基础。

⑤ 通过捐赠、投资、非货币性资产交换、债务重组等方式取得的固定资产,以该资产的公允价值和支付的相关税费为计税基础。

⑥ 改建的固定资产,除已足额提取折旧的固定资产的改建支出和租入固定资产的改建支出外,以改建过程中发生的改建支出增加计税基础。

(3) 固定资产折旧的一般规定。固定资产按照直线法计算的折旧,准予扣除。企业应当自固定资产投入使用月份的次月起计算折旧;停止使用的固定资产,应当自停止使用月份的次月起停止计算折旧。企业应当根据固定资产的性质和使用情况,合理确定固定资产的预计净残值。固定资产的预计净残值一经确定,不得变更。

(4) 固定资产计算折旧的最低年限。除国务院财政、税务主管部门另有规定外,固定资产计算折旧的最低年限如下:

① 房屋、建筑物，为 20 年。

② 飞机、火车、轮船、机器、机械和其他生产设备，为 10 年。

③ 与生产经营活动有关的器具、工具、家具等，为 5 年。

④ 飞机、火车、轮船以外的运输工具，为 4 年。

⑤ 电子设备，为 3 年。

【基础巩固 5-9】 根据企业所得税法律制度的规定，企业的下列资产或支出项目中，按规定应计提折旧的是(　　)。

A. 已足额提取折旧仍继续使用的固定资产

B. 单独估价作为固定资产入账的土地

C. 以融资租赁方式租入的固定资产

D. 未投入使用的机器设备

解析　答案为 C。企业所得税法律制度规定，已足额提取折旧仍继续使用的固定资产、单独估价作为固定资产的土地、未投入使用的机器设备均不计提折旧。

2. 生产性生物资产的税务处理

生产性生物资产是指企业为生产农产品、提供劳务或者出租等而持有的生物资产，包括经济林、薪炭林、产畜和役畜等。

(1) 生产性生物资产确定计税基础的方法。生产性生物资产按照以下方法确定计税基础：

① 外购的生产性生物资产，以购买价款和支付的相关税费为计税基础。

② 通过捐赠、投资、非货币性资产交换、债务重组等方式取得的生产性生物资产，以该资产的公允价值和支付的相关税费为计税基础。

(2) 生产性生物资产折旧的一般规定。生产性生物资产按照直线法计算的折旧，准予扣除。企业应当自生产性生物资产投入使用月份的次月起计算折旧；停止使用的生产性生物资产，应当自停止使用月份的次月起停止计算折旧。企业应当根据生产性生物资产的性质和使用情况，合理确定生产性生物资产的预计净残值。生产性生物资产的预计净残值一经确定，不得变更。

(3) 生产性生物资产计算折旧的最低年限。生产性生物资产计算折旧的最低年限如下：

① 林木类生产性生物资产，为 10 年。

② 畜类生产性生物资产，为 3 年。

3. 无形资产的税务处理

无形资产是指企业为生产产品、提供劳务、出租或者经营管理而持有的、没有实物形态的非货币性长期资产，包括专利权、商标权、著作权、土地使用权、非专利技术、商誉等。在计算应纳税所得额时，企业按照规定计算的无形资产摊销费用，准予扣除。

(1) 不得计算摊销费用扣除的无形资产。下列无形资产不得计算摊销费用扣除：

① 自行开发的支出已在计算应纳税所得额时扣除的无形资产。

② 自创商誉。

③ 与经营活动无关的无形资产。

④ 其他不得计算摊销费用扣除的无形资产。

（2）无形资产确定计税基础的方法。无形资产按照以下方法确定计税基础：

① 外购的无形资产，以购买价款和支付的相关税费以及直接归属于使该资产达到预定用途发生的其他支出为计税基础。

② 自行开发的无形资产，以开发过程中该资产符合资本化条件后至达到预定用途前发生的支出为计税基础。

③ 通过捐赠、投资、非货币性资产交换、债务重组等方式取得的无形资产，以该资产的公允价值和支付的相关税费为计税基础。

（3）无形资产摊销的一般规定。无形资产按照直线法计算的摊销费用，准予扣除。无形资产的摊销年限不得低于 10 年。作为投资或者受让的无形资产，有关法律规定或者合同约定了使用年限的，可以按照规定或者约定的使用年限分期摊销。外购商誉的支出，在企业整体转让或者清算时，准予扣除。

4. 长期待摊费用的税务处理

长期待摊费用是账户用于核算企业已经支出，但摊销期限在 1 年以上（不含 1 年）的各项费用，包括固定资产大修理支出、租入固定资产的改建支出以及摊销期限在 1 年以上的其他待摊费用。企业发生的下列支出作为长期待摊费用，按照规定摊销的，准予扣除：

（1）已足额提取折旧的固定资产的改建支出，按照固定资产预计尚可使用年限分期摊销。

（2）租入固定资产的改建支出，按照合同约定的剩余租赁期限分期摊销。固定资产的改建支出是指改变房屋或者建筑物结构、延长使用年限等发生的支出。改建的固定资产延长使用年限的，除前述规定外，应当适当延长折旧年限。

（3）固定资产的大修理支出，按照固定资产尚可使用年限分期摊销。

（4）其他应当作为长期待摊费用的支出，自支出发生月份的次月起，分期摊销，摊销年限不得低于 3 年。

5. 投资资产的税务处理

投资资产是指企业对外进行权益性投资和债权性投资形成的资产。企业对外投资期间，投资资产的成本在计算应纳税所得额时不得扣除。企业在转让或者处置投资资产时，投资资产的成本，准予扣除。投资资产按照以下方法确定成本：

（1）通过支付现金方式取得的投资资产，以购买价款为成本。

（2）通过支付现金以外的方式取得的投资资产，以该资产的公允价值和支付的相关税费为成本。

6. 存货的税务处理

企业使用或者销售的存货的成本计算方法，包括先进先出法、加权平均法、个别计价法。计价方法一经选用，不得随意变更。企业按照规定计算的存货成本，准予在计算应纳税所得额时扣除。

7. 资产损失的税务处理

企业发生的资产损失应在按税法规定实际确认或者实际发生的当年申报扣除。企业以前年度发生的资产损失未能在当年税前扣除的，可以按照规定向税务机关说明并进行专项申报扣除。其中，属于实际资产损失的，准予追补至该项损失的发生年度扣除，其追补确认期限一般不得超过 5 年。企业因以前年度实际资产损失未在税前扣除而多缴的企业所得税税款，可在追补确认年度企业所得税应纳税款中予以抵扣，不足抵扣的，向以后年度递延抵扣。

二、企业所得税应纳税额的计算

（一）一般企业所得税应纳税额的计算

企业所得税应纳税额的计算公式为：

应纳税额＝应纳税所得额×适用税率－减免税额－抵免税额

式中，减免税额和抵免税额是指依照《企业所得税法》和国务院的税收优惠规定减征、免征和抵免的应纳税额。

【技能提升 5-5】 某企业为居民企业，2020 年发生的经营业务如下：取得销售收入 2 500 万元；销售成本 1 100 万元；发生销售费用 670 万元（其中广告费 450 万元）、管理费用 480 万元（其中业务招待费 15 万元）、财务费用 60 万元；销售税金 160 万元（含增值税 120 万元）；营业外收入 70 万元、营业外支出 50 万元（含通过公益性社会团体向贫困山区捐赠 30 万元、支付税收滞纳金 6 万元）；计入成本、费用中的实发工资总额 150 万元、拨缴职工工会经费 5 万元、发生职工福利费 25 万元、发生职工教育经费 16 万元。试计算该企业 2020 年度实际应纳的企业所得税。

解 （1）会计利润总额＝2 500＋70－1 100－670－480－60－40－50＝170（万元）

（2）广告费和业务宣传费调增应纳税所得额＝450－2 500×15%＝75（万元）

（3）业务招待费调增应纳税所得额＝15－15×60%＝6（万元）

扣除标准：2 500×5‰＝12.5（万元）＞15×60%＝9（万元）

（4）捐赠支出应调增应纳税所得额＝30－170×12%＝9.6（万元）

（5）工会经费调增应纳税所得额＝5－150×2%＝2（万元）

（6）职工福利费调增应纳税所得额＝25－150×14%＝4（万元）

（7）职工教育经费调增应纳税所得额＝16－150×8%＝4（万元）

（8）应纳税所得额＝170＋75＋6＋9.6＋6＋2＋4＋4＝276.6（万元）

（9）2020 年度应缴企业所得税＝276.6×25%＝69.15（万元）

（二）境外所得抵免税额的计算

企业取得的下列所得已在境外缴纳的所得税税额，可以从其当期应纳税额中抵免，抵免限额为该项所得依照规定计算的应纳税额；超过抵免限额的部分，可以在以后 5 个年度内，用每年抵免限额抵免当年应抵税额后的余额进行抵补：

（1）居民企业来源于中国境外的应税所得。

（2）非居民企业在中国境内设立机构、场所，取得发生在中国境外但与该机构、场所有实际联系的应税所得。

（3）居民企业从其直接或间接控制的外国企业分得的来源于中国境外的股息、红利等权益性投资收益，外国企业在境外实际缴纳的所得税税额中属于该项所得负担的部分，可以作为该居民企业的可抵免境外所得税税额，在规定的抵免限额内抵免。

抵免限额是指企业来源于中国境外的所得，依照规定计算的应纳税额。

自 2017 年 7 月 1 日起，企业可以选择按国（地区）别分别计算［“分国（地区）不分项”］，或者不按国(地区)别汇总计算["不分国(地区)不分项"]其来源于境外的应纳税所得额,按照规定的税率,分别计算其可抵免境外所得税的税额和抵免限额。上述方式一经选择,5 年内不得改变。

【技能提升 5-6】 某企业应纳税所得额为 100 万元,适用 25%的企业所得税税率。另外,该企业分别在 A、B 两国已设有分支机构(我国与 A、B 两国签订避免双重征税协定),在 A、B 两国分支机构的所得额分别为 50 万元和 30 万元,A、B 两国的税率分别为 30%和 20%。计算该企业当年在中国应纳企业所得税税额。

解 境内、境外所得按税法计算的应纳税总额=(100+50+30)×25%=45 (万元)

A 国已纳税款=50×30%=15 (万元)

A 国扣除限额=45×[50÷(100+50+30)]=12.5 (万元)

A 国已纳税款 15 万元大于允许扣除限额 12.5 万元,因此只能扣除 12.5 万元,超出的 2.5 万元当年不允许扣除。

B 国已纳税款=30×20%=6 (万元)

B 国扣除限额=45×[30÷(100+50+30)]=7.5 (万元)

B 国已纳税款 6 万元小于允许扣除限额 7.5 万元,因此 B 国已纳税款可以全额扣除。

该企业当年在中国应纳企业所得税额=45-12.5-6=26.5 (万元)

任务三　企业所得税的纳税申报

一、征收管理

(一) 纳税地点

1. 居民企业的纳税地点

除税收法律、行政法规另有规定外,居民企业以企业登记注册地为纳税地点;但登记注册地在境外的,以实际管理机构所在地为纳税地点。

2. 非居民企业的纳税地点

非居民企业在中国境内设立机构、场所的,以机构、场所所在地为纳税地点。非居民企业在中国境内设立两个或者两个以上机构、场所的,经税务机关审核批准,可以选择由其主要机构、场所汇总缴纳企业所得税。

在中国境内未设立机构、场所的,或者虽设立机构、场所但取得的所得与其所设机构、场所没有实际联系的非居民企业,以扣缴义务人所在地为纳税地点。

(二) 纳税期限

企业所得税按年计征,分月或者分季预缴,年终汇算清缴,多退少补。纳税年度自公历 1 月 1 日起至 12 月 31 日止。

企业在一个纳税年度中间开业,或者终止经营活动,使该纳税年度的实际经营期不足 12 个月的,应当以其实际经营期为 1 个纳税年度。企业依法清算时,应当以清算期间作为 1 个纳税年度。

企业应当自年度终了之日起 5 个月内，向税务机关报送年度企业所得税纳税申报表，并汇算清缴，结清应缴应退税款。

企业在年度中间终止经营活动的，应当自实际经营终止之日起 60 日内，向税务机关办理当期企业所得税汇算清缴。

二、纳税申报

企业分月或者分季预缴企业所得税时，应当按照月度或者季度的实际利润额预缴；按照月度或者季度的实际利润额预缴有困难的，可以按照上一纳税年度应纳税所得额的月度或者季度平均额预缴，或者按照经税务机关认可的其他方法预缴。预缴方法一经确定，该纳税年度内不得随意变更。同时应当自月份或者季度终了之日起 15 日内，向税务机关报送预缴企业所得税纳税申报表，预缴税款。

企业在纳税年度内无论盈利或者亏损，都应当依照规定期限，向税务机关报送预缴企业所得税纳税申报表、年度企业所得税纳税申报表、财务会计报告和税务机关规定应当报送的其他有关资料。

企业所得税以人民币计算。所得以人民币以外的货币计算的，应当折合成人民币计算并缴纳税款。

（一）申报资料

1. 居民企业所得税月(季)度预缴纳税申报

（1）实行查账征收企业所得税的居民企业，应当就其来源于中国境内、境外的所得，在季度或月份终了后 15 日内向主管税务机关办理企业所得税月(季)度预缴申报。需要报送的资料如表 5-5 所示。

表 5-5　居民企业所得税月(季)度预缴纳税申报资料(适用查账征收)

<table>
<tr><th colspan="2">材料名称</th><th>数　量</th><th>备　注</th></tr>
<tr><td colspan="2">“中华人民共和国企业所得税月(季)度预缴纳税申报表(A 类，2018 年版)”</td><td>2 份</td><td></td></tr>
<tr><td colspan="4">以下为条件报送资料</td></tr>
<tr><td rowspan="3">跨省、自治区、直辖市和计划单列市设立的，实行汇总纳税办法的居民企业还应报送的资料</td><td>企业当期财务报表</td><td>1 份</td><td>按照“财务会计报告报送”的有关规定报送</td></tr>
<tr><td>各分支机构上一年度的年度财务报表(或年度财务状况和营业收支情况)</td><td>1 份</td><td>由总机构在预缴申报时报送，在 1 个纳税年度内，原则上只需要报送一次</td></tr>
<tr><td>“企业所得税汇总纳税分支机构所得税分配表”</td><td>1 份</td><td>分支机构报送经总机构所在地主管税务机关受理的汇总纳税企业分支机构所得税分配表</td></tr>
</table>

续表

跨省、自治区、直辖市和计划单列市经营的建筑企业总机构还应报送的资料	直接管理的跨地区经营项目部就地预缴税款的完税证明	1份	
在同一省、自治区、直辖市和计划单列市内跨地、市(区、县)设立的,实行汇总纳税办法的居民企业还应报送的资料	各省级税务机关规定的相关资料	1份	
符合条件的境外投资居民企业还应报送的资料	"居民企业参股外国企业信息报告表"	1份	
收入全额归属中央的企业,新增二级及以下分支机构的,二级分支机构还应报送的资料	加载统一社会信用代码营业执照	1份	
	总机构出具的其为二级或二级以下分支机构证明文件	1份	
适用股权激励和技术入股递延纳税政策的企业,还应报送的资料	"技术成果投资入股企业所得税递延纳税备案表"	1份	投资完成后首次预缴申报时报送

(2) 实行核定征收企业所得税的居民企业,应当就其来源于中国境内、境外的所得,在季度或月份终了后 15 日内办理企业所得税月(季)度预缴申报。需要报送的资料如表 5-6 所示。

表 5-6 居民企业所得税月(季)度预缴纳税申报资料(适用核定征收)

材料名称		数 量	备 注
"中华人民共和国企业所得税月(季)度预缴和年度纳税申报表(B 类,2018 年版)"		2 份	
以下为条件报送资料			
符合条件的境外投资居民企业还应报送的材料	"居民企业参股外国企业信息报告表"	1 份	

2. 居民企业所得税年度纳税申报

(1) 实行查账征收企业所得税的居民企业,依照税收法律法规及相关规定确定的申报内容,向税务机关申报年度企业所得税,并办理汇算清缴,结清应缴应退税款。需要报送的资料如表 5-7 所示。

表 5-7　居民企业所得税年度纳税申报资料(适用查账征收)

<table>
<tr><th colspan="2">材料名称</th><th>数　量</th><th>备　注</th></tr>
<tr><td colspan="2">“中华人民共和国企业所得税年度纳税申报表(A 类,2017 年版)”</td><td>2 份</td><td></td></tr>
<tr><td colspan="4">以下为条件报送资料</td></tr>
<tr><td rowspan="2">房地产开发经营企业还应报送的资料</td><td>房地产开发产品实际毛利额与预计毛利额之间差异调整情况的报告</td><td>1 份</td><td></td></tr>
<tr><td>依据计税成本对象确定原则确定的已完工开发产品成本对象,确定原则、依据,共同成本分配原则、方法,以及开发项目基本情况、开发计划等专项报告</td><td>1 份</td><td></td></tr>
<tr><td>税前扣除手续费及佣金支出的还应报送的资料</td><td>当年手续费及佣金计算分配表和其他相关资料</td><td>1 份</td><td>应依法取得合法真实凭证</td></tr>
<tr><td rowspan="4">申报抵免境外所得税收(取得境外分支机构的营业利润所得)还应报送的资料</td><td>与境外所得相关的完税证明或纳税凭证(原件或复印件)</td><td>1 份</td><td rowspan="7">备案资料使用非中文的,企业应同时提交中文译本复印件。上述资料已向税务机关提供的,可不再提供;上述资料若有变更,须重新提供;复印件须注明与原件一致,译本须注明与原本无异议,并加盖企业公章</td></tr>
<tr><td>境外分支机构会计报表</td><td>1 份</td></tr>
<tr><td>境外分支机构所得依照中国境内企业所得税法及实施条例的规定计算的应纳税额的计算过程及说明资料</td><td>1 份</td></tr>
<tr><td>具有资质的机构出具的有关分支机构审计报告等</td><td>1 份</td></tr>
<tr><td rowspan="3">跨省、自治区、直辖市和计划单列市设立的,实行汇总纳税办法的居民企业(总机构)还应报送的资料</td><td>总机构的年度财务报表</td><td>1 份</td></tr>
<tr><td>各分支机构的年度财务报表</td><td>1 份</td></tr>
<tr><td>各分支机构参与企业年度纳税调整情况的说明</td><td>1 份</td></tr>
<tr><td>企业符合研发项目可加计扣除研发费用的还应报送的资料</td><td>“研发项目可加计扣除研发费用情况归集表”</td><td>1 份</td><td>根据研发支出辅助账汇总表填报</td></tr>
</table>

(2) 实行核定征收企业所得税的居民企业,依照税收法律法规及相关规定确定的申报内容,向税务机关申报年度企业所得税,并办理汇算清缴,结清应缴应退税款。需要报送的资料如表 5-8 所示。

表 5-8 居民企业所得税年度纳税申报资料(适用核定征收)

<table>
<tr><th colspan="2">材料名称</th><th>数 量</th><th>备 注</th></tr>
<tr><td colspan="2">“中华人民共和国企业所得税月(季)度预缴和年度纳税申报表(B 类,2018 年版)”</td><td>2 份</td><td></td></tr>
<tr><td colspan="4">以下为条件报送资料</td></tr>
<tr><td>适用《企业所得税法》第 45 条情形或者需要适用《特别纳税调整实施办法(试行)》第 84 条规定的居民企业还应报送的资料</td><td>“受控外国企业信息报告表”</td><td>1 份</td><td></td></tr>
<tr><td>纳入《企业所得税法》第 24 条规定抵免范围的外国企业或符合《企业所得税法》第 45 条规定的受控外国企业还应报送的资料</td><td>按照中国会计制度编报的年度独立财务报表</td><td>1 份</td><td></td></tr>
</table>

(二) 纳税申报表

企业所得税纳税申报表如表 5-9～表 5-11 所示。

表 5-9 中华人民共和国企业所得税月(季)度预缴纳税申报表(A 类,2018 年版)

税款所属期间: 年 月 日至 年 月 日

纳税人识别号(统一社会信用代码):□□□□□□□□□□□□□□□□□□

纳税人名称: 金额单位:人民币元(列至角分)

<table>
<tr><td>预缴方式</td><td colspan="4">□ 按照实际利润额预缴</td><td colspan="4">□ 按照上一纳税年度应纳税所得额平均额预缴</td><td colspan="2">□ 按照税务机关确定的其他方法预缴</td></tr>
<tr><td>企业类型</td><td colspan="4">□ 一般企业</td><td colspan="4">□ 跨地区经营汇总纳税企业总机构</td><td colspan="2">□ 跨地区经营汇总纳税企业分支机构</td></tr>
<tr><td colspan="11">按季度填报信息</td></tr>
<tr><td rowspan="2">项 目</td><td colspan="2">一 季 度</td><td colspan="2">二 季 度</td><td colspan="2">三 季 度</td><td colspan="2">四 季 度</td><td colspan="2" rowspan="2">季度平均值</td></tr>
<tr><td>季初</td><td>季末</td><td>季初</td><td>季末</td><td>季初</td><td>季末</td><td>季初</td><td>季末</td></tr>
<tr><td>从业人数</td><td></td><td></td><td></td><td></td><td></td><td></td><td></td><td></td><td colspan="2"></td></tr>
<tr><td>资产总额(万元)</td><td></td><td></td><td></td><td></td><td></td><td></td><td></td><td></td><td colspan="2"></td></tr>
<tr><td>国家限制或禁止行业</td><td colspan="4">□ 是 □否</td><td colspan="4">小型微利企业</td><td colspan="2">□ 是 □否</td></tr>
<tr><td colspan="11">预缴税款计算</td></tr>
<tr><td>行次</td><td colspan="8">项 目</td><td colspan="2">本年累计金额</td></tr>
<tr><td>1</td><td colspan="8">营业收入</td><td colspan="2"></td></tr>
<tr><td>2</td><td colspan="8">营业成本</td><td colspan="2"></td></tr>
<tr><td>3</td><td colspan="8">利润总额</td><td colspan="2"></td></tr>
<tr><td>4</td><td colspan="8">加:特定业务计算的应纳税所得额</td><td colspan="2"></td></tr>
</table>

续表

<table>
<tr><td>5</td><td colspan="3">减：不征税收入</td><td></td></tr>
<tr><td>6</td><td colspan="3">减：免税收入、减计收入、所得减免等优惠金额（填写 A201010）</td><td></td></tr>
<tr><td>7</td><td colspan="3">减：固定资产加速折旧（扣除）调减额（填写 A201020）</td><td></td></tr>
<tr><td>8</td><td colspan="3">减：弥补以前年度亏损</td><td></td></tr>
<tr><td>9</td><td colspan="3">实际利润额（3＋4－5－6－7－8） 按照上一纳税年度应纳税所得额平均额确定的应纳税所得额</td><td></td></tr>
<tr><td>10</td><td colspan="3">税率（25％）</td><td></td></tr>
<tr><td>11</td><td colspan="3">应纳所得税额（9×10）</td><td></td></tr>
<tr><td>12</td><td colspan="3">减：减免所得税额（填写 A201030）</td><td></td></tr>
<tr><td>13</td><td colspan="3">减：实际已缴纳所得税额</td><td></td></tr>
<tr><td>14</td><td colspan="3">减：特定业务预缴（征）所得税额</td><td></td></tr>
<tr><td>L15</td><td colspan="3">减：符合条件的小型微利企业延缓缴纳所得税额（是否延缓缴纳所得税</td><td>□是 □否</td></tr>
<tr><td>15</td><td colspan="3">本期应补（退）所得税额（11－12－13－14－L15）\ 税务机关确定的本期应纳所得税额</td><td></td></tr>
<tr><td colspan="5">汇总纳税企业总分机构税款计算</td></tr>
<tr><td>16</td><td rowspan="4">总机构填报</td><td colspan="2">总机构本期分摊应补（退）所得税额（17＋18＋19）</td><td></td></tr>
<tr><td>17</td><td colspan="2">其中：总机构分摊应补（退）所得税额（15×总机构分摊比例____％）</td><td></td></tr>
<tr><td>18</td><td colspan="2">财政集中分配应补（退）所得税额（15×财政集中分配比例____％）</td><td></td></tr>
<tr><td>19</td><td colspan="2">总机构具有主体生产经营职能的部门分摊所得税额（15×全部分支机构分摊比例____％×总机构具有主体生产经营职能部门分摊比例____％）</td><td></td></tr>
<tr><td>20</td><td rowspan="2">分支机构填报</td><td colspan="2">分支机构本期分摊比例</td><td></td></tr>
<tr><td>21</td><td colspan="2">分支机构本期分摊应补（退）所得税额</td><td></td></tr>
<tr><td colspan="5">附报信息</td></tr>
<tr><td colspan="2">高新技术企业</td><td>□是 □否</td><td>科技型中小企业</td><td>□是 □否</td></tr>
<tr><td colspan="2">技术入股递延纳税事项</td><td>□是 □否</td><td></td><td></td></tr>
<tr><td colspan="5">谨声明：本纳税申报表是根据国家税收法律法规及相关规定填报的，是真实的、可靠的、完整的。
法定代表人（签字）： 年 月 日</td></tr>
<tr><td colspan="3">经办人：
经办人身份证号：
代理机构签章：
代理机构统一社会信用代码：</td><td colspan="2">受理人：
受理税务机关（章）：
受理日期： 年 月 日</td></tr>
</table>

国家税务总局监制

表 5-10　中华人民共和国企业所得税月(季)度预缴和年度纳税申报表(B 类，2018 年版)

税款所属期间：　　年　月　日至　　年　月　日

纳税人识别号(统一社会信用代码)：□□□□□□□□□□□□□□□□□□

纳税人名称：　　　　　　　　　　　　　　　　　　　　　金额单位：人民币元(列至角分)

<table>
<tr><td>核定征收方式</td><td colspan="9">□核定应税所得率(能核算收入总额的)　□核定应税所得率(能核算成本费用总额的)
□核定应纳所得税额</td></tr>
<tr><td colspan="10">按 季 度 填 报 信 息</td></tr>
<tr><td rowspan="2">项目</td><td colspan="2">一季度</td><td colspan="2">二季度</td><td colspan="2">三季度</td><td colspan="2">四季度</td><td rowspan="2">季度平均值</td></tr>
<tr><td>季初</td><td>季末</td><td>季初</td><td>季末</td><td>季初</td><td>季末</td><td>季初</td><td>季末</td></tr>
<tr><td>从业人数</td><td></td><td></td><td></td><td></td><td></td><td></td><td></td><td></td><td></td></tr>
<tr><td>资产总额(万元)</td><td></td><td></td><td></td><td></td><td></td><td></td><td></td><td></td><td></td></tr>
<tr><td>□是　□否</td><td colspan="4">小型微利企业</td><td colspan="2">□是　□否</td><td colspan="3"></td></tr>
<tr><td colspan="10">按 年 度 填 报 信 息</td></tr>
<tr><td>从业人数(填写平均值)</td><td colspan="4"></td><td colspan="4">资产总额(填写平均值，单位：万元)</td><td></td></tr>
<tr><td>国家限制或禁止行业</td><td colspan="4">□是　□否</td><td colspan="4">小型微利企业</td><td>□是　□否</td></tr>
</table>

行次	项目	本年累计金额
1	收入总额	
2	减：不征税收入	
3	减：免税收入(4+5+10+11)	
4	国债利息收入免征企业所得税	
5	符合条件的居民企业之间的股息、红利等权益性投资收益免征企业所得税(6+7.1+7.2+8+9)	
6	其中：一般股息红利等权益性投资收益免征企业所得税	
7.1	通过沪港通投资且连续持有 H 股满 12 个月取得的股息红利所得免征企业所得税	
7.2	通过深港通投资且连续持有 H 股满 12 个月取得的股息红利所得免征企业所得税	
8	居民企业持有创新企业 CDR 取得的股息红利所得免征企业所得税	
9	符合条件的居民企业之间属于股息、红利性质的永续债利息收入免征企业所得税	
10	投资者从证券投资基金分配中取得的收入免征企业所得税	
11	取得的地方政府债券利息收入免征企业所得税	
12	应税收入额(1-2-3)\成本费用总额	
13	税务机关核定的应税所得率(%)	
14	应纳税所得额(第 12×13 行)\[第 12 行÷(1-第 13 行)×第 13 行]	
15	税率(25%)	

续表

16	应纳所得税额(14×15)	
17	减:符合条件的小型微利企业减免企业所得税	
18	减:实际已缴纳所得税额	
L19	减:符合条件的小型微利企业延缓缴纳所得税额(是否延缓缴纳所得税□是 □否)	
19	本期应补(退)所得税额(16−17−18−L19) \ 税务机关核定本期应纳所得税额	
20	民族自治地方的自治机关对本民族自治地方的企业应缴纳的企业所得税中属于地方分享的部分减征或免征(□免征 □减征:减征幅度________%)	
21	本期实际应补(退)所得税额	

表 5-11 中华人民共和国企业所得税年度纳税申报表(A 类,2017 年版)

行次	类别	项 目	金 额
1	利润总额计算	一、营业收入(填写 A101010\101020\103000)	
2		减:营业成本(填写 A102010\102020\103000)	
3		减:税金及附加	
4		减:销售费用(填写 A104000)	
5		减:管理费用(填写 A104000)	
6		减:财务费用(填写 A104000)	
7		减:资产减值损失	
8		加:公允价值变动收益	
9		加:投资收益	
10		二、营业利润(1−2−3−4−5−6−7+8+9)	
11		加:营业外收入(填写 A101010\101020\103000)	
12		减:营业外支出(填写 A102010\102020\103000)	
13		三、利润总额(10+11−12)	
14	应纳税所得额计算	减:境外所得(填写 A108010)	
15		加:纳税调整增加额(填写 A105000)	
16		减:纳税调整减少额(填写 A105000)	
17		减:免税、减计收入及加计扣除(填写 A107010)	
18		加:境外应税所得抵减境内亏损(填写 A108000)	
19		四、纳税调整后所得(13−14+15−16−17+18)	
20		减:所得减免(填写 A107020)	
21		减:弥补以前年度亏损(填写 A106000)	
22		减:抵扣应纳税所得额(填写 A107030)	
23		五、应纳税所得额(19−20−21−22)	

续表

24	应纳税额计算	税率(25%)	
25		六、应纳所得税额(23×24)	
26		减:减免所得税额(填写 A107040)	
27		减:抵免所得税额(填写 A107050)	
28		七、应纳税额(25−26−27)	
29		加:境外所得应纳所得税额(填写 A108000)	
30		减:境外所得抵免所得税额(填写 A108000)	
31		八、实际应纳所得税额(28+29−30)	
32		减:本年累计实际已缴纳的所得税额	
33		九、本年应补(退)所得税额(31−32)	
34		其中:总机构分摊本年应补(退)所得税额(填写 A109000)	
35		财政集中分配本年应补(退)所得税额(填写 A109000)	
36		总机构主体生产经营部门分摊本年应补(退)所得税额(填写 A109000)	

一、单项选择题

1. 根据企业所得税法律制度的规定,下列各项中,不属于企业所得税纳税人的是(　　)。

A. 有限责任公司　　B. 事业单位

C. 个人独资企业　　D. 股份有限公司

2. 根据企业所得税法律制度的规定,下列各项中,属于非居民企业的是(　　)。

A. 依照外国法律成立,实际管理机构在境内的甲公司

B. 依照中国法律成立,在境外设立机构、场所的乙公司

C. 依照外国法律成立且实际管理机构在境外,但在境内设立机构、场所的丙公司

D. 依照中国法律成立,实际管理机构在境内的丁公司

3. 甲公司 2020 年度企业所得税应纳税所得额为 1 000 万元,减免税额 10 万元,抵免税额 20 万元。已知企业所得税税率为 25%,下列有关甲公司当年企业所得税应纳税额的算式中,正确的是(　　)。

A. 1 000×25%−10−20=220 (万元)

B. 1 000×25%−10=240 (万元)

C. 1 000×25%=250 (万元)

D. 1 000×25%−20=230 (万元)

4. 根据企业所得税法律制度的规定,企业应当自纳税年度终了之日起一定期限内,向

税务机关报送年度企业所得税纳税申报表。该期限为(　　)个月。

A. 3　　B. 4

C. 5　　D. 6

5. 2020年7月1日,甲公司与乙公司签订一项销售合同,采用预收款方式销售一批商品,并于7月10日收到全部价款。甲公司7月20日发出商品,乙公司于9月21日收到该批商品。根据企业所得税法律制度的规定,关于甲公司上述销售收入确认时间的表述中,正确的是(　　)。

A. 7月10日确认销售收入　　B. 7月20日确认销售收入

C. 7月21日确认销售收入　　D. 7月1日确认销售收入

6. 根据企业所得税法律制度的规定,下列各项中,属于不征税收入的是(　　)。

A. 国债利息收入　　B. 违约金收入

C. 股息收入　　D. 财政拨款收入

7. 根据企业所得税法律制度的规定,下列各项中,属于免税收入的是(　　)。

A. 财政拨款收入

B. 转让企业债券取得的收入

C. 企业购买国债取得的利息收入

D. 县级以上人民政府将国有资产无偿划入企业指定专门用途并按规定进行管理

8. 根据企业所得税法律制度的规定,下列各项中,在计算企业所得税应纳税所得额时,不得扣除的是(　　)。

A. 企业发生的合理的劳动保护支出

B. 企业发生的非广告性质赞助支出

C. 企业参加财产保险按照规定缴纳的保险费

D. 企业转让固定资产发生的费用

9. 甲公司2020年度取得销售货物收入1 000万元,发生的与生产经营活动有关的业务招待费支出6万元。已知在计算企业所得税应纳税所得额时,业务招待费支出按照发生额的60%扣除,但最高不得超过当年销售(营业)收入的5‰。甲公司在计算2020年度企业所得税应纳税所得额时,准予扣除的业务招待费支出为(　　)元。

A. 6　　B. 5

C. 4.97　　D. 3.6

10. 甲公司2020年度实现利润总额30万元,直接向受灾地区群众捐款6万元,通过公益性社会组织向贫困地区捐款4万元。已知公益性捐赠支出不超过年度利润总额的12%的部分,准予在计算应纳税所得额时扣除,超过部分准予结转以后3年内扣除。甲公司在计算2020年度企业所得税应纳税所得额时,准予扣除的捐赠额为(　　)万元。

A. 6　　B. 10

C. 3.6　　D. 4

11. 根据企业所得税法律制度的规定,下列固定资产中,可以计算折旧扣除的是(　　)。

A. 以融资租赁方式租出的固定资产

B. 以经营租赁方式租入的固定资产

C. 已足额提取折旧仍继续使用的固定资产

D. 未投入使用的厂房

12. 甲公司为居民企业，2020 年度境内应纳税所得额为 1 000 万元。来源于 M 国的应纳税所得额为 300 万元，已在 M 国缴纳企业所得税税额 60 万元。已知：甲公司选择按国(地区)别分别计算其来源于境外的应纳税所得额，适用的企业所得税税率为 25%。甲公司 2020 年度应纳企业所得税税额的下列算式中，正确的是(　　)。

A. (1 000+300)×25%−60=265 (万元)

B. 1 000×25%−60=190 (万元)

C. 1 000×25%=250 (万元)

D. (1 000+300)×25%=325 (万元)

13. 根据企业所得税法律制度的规定，下列固定资产的最低折旧年限为 3 年的是(　　)。

A. 建筑物　　B. 生产设备

C. 汽车　　D. 电子设备

14. 甲企业为符合条件的小型微利企业。2020 年甲企业的应纳税所得额为 90 万元。甲企业当年应缴纳的企业所得税税额为(　　)万元。

A. 22.5　　B. 18

C. 11.25　　D. 9

15. 根据企业所得税法律制度的规定，下列各项中，应以同类固定资产的重置完全价值为计税基础的是(　　)。

A. 盘盈的固定资产　　B. 自行建造的固定资产

C. 外购的固定资产　　D. 通过捐赠取得的固定资产

二、多项选择题

1. 根据企业所得税法律制度的规定，下列取得收入的主体中，应当缴纳企业所得税的有(　　)。

A. 国有独资公司　　B. 股份有限公司

C. 合伙企业　　D. 高等院校

2. 根据企业所得税法律制度的规定，下列各项中，属于企业取得收入的货币形式的有(　　)。

A. 股权投资　　B. 应收票据

C. 银行存款　　D. 应收账款

3. 根据企业所得税法律制度的规定，下列关于来源于中国境内、境外所得确定原则的表述中，正确的有(　　)。

A. 转让不动产所得，按照不动产所在地确定

B. 股息所得，按照分配所得的企业所在地确定

C. 销售货物所得，按照交易活动发生地确定

D. 提供劳务所得，按照劳务发生地确定

4. 根据企业所得税法律制度的规定，下列关于收入确认的表述中，正确的有(　　)。

A. 销售商品采用预收款方式的，在收到预收款时确认收入

B. 销售商品采用托收承付方式的，在办妥托收手续时确认收入

C. 销售商品采用支付手续费方式委托代销的，在收到代销清单时确认收入

D. 销售商品需要安装和检验的，在收到款项时确认收入

5. 根据企业所得税法律制度的规定，在计算企业所得税应纳税所得额时，准予扣除的有（　　）。

A. 向客户支付的合同违约金

B. 向税务机关支付的税收滞纳金

C. 向职工发放的福利费中不超过工资薪金总额14%的部分

D. 向公安部门缴纳的交通违章罚款

6. 根据企业所得税法律制度的规定，下列各项中，在计算企业所得税应纳税所得额时，不得扣除的有（　　）。

A. 被行政机关处以的罚款　　B. 与取得收入无关的费用支出

C. 被人民法院处以的罚金　　D. 向投资者分配的红利

7. 根据企业所得税法律制度的规定，企业缴纳的下列税金中，准予在企业所得税税前扣除的有（　　）。

A. 增值税　　B. 消费税

C. 土地增值税　　D. 印花税

8. 根据企业所得税法律制度的规定，下列各项资产中，不可以计算折旧扣除的有（　　）。

A. 以经营租赁方式租出的商品

B. 未投入使用的厂房

C. 未投入使用的生产设备

D. 以融资租赁方式租出的生产设备

9. 根据企业所得税法律制度的规定，下列各项属于生产性生物资产的有（　　）。

A. 薪炭林　　B. 产畜

C. 役畜　　D. 经济林

10. 根据企业所得税法律制度的规定，下列支出中，可以在计算企业所得税应纳税所得额时加计扣除的有（　　）。

A. 安置残疾人员所支付的工资

B. 广告费和业务宣传费

C. 研究开发费用

D. 购置环保专用设备所支付的价款

11. 根据企业所得税法律制度的规定，下列选项中，属于长期待摊费用的有（　　）。

A. 购入固定资产的支出

B. 固定资产的大修理支出

C. 租入固定资产的改建支出

D. 已足额提取折旧的固定资产的改建支出

12. 下列各项中，属于我国企业所得税的税收优惠形式的有（　　）。

A. 加计扣除　　B. 加速折旧

C. 减计收入　　D. 抵免应纳税额

13. 根据企业所得税法律制度的规定，企业从事下列项目的所得，减半征收企业所得税的有(　　)。

A. 花卉的种植　　B. 茶叶的种植

C. 海水养殖　　D. 内陆养殖

14. 根据企业所得税法律制度的规定，下列关于企业所得税征收管理的说法，正确的有(　　)。

A. 按月或按季预缴所得税的，企业应当自月份或季度终了之日起30日内，向税务机关报送预缴企业所得税纳税申报表，预缴税款

B. 企业应当自年度终了之日起5个月内，向税务机关报送年度企业所得税纳税申报表

C. 企业只有在盈利的情况下才需要依照规定期限，向税务机关报送预缴企业所得税纳税申报表

D. 企业在年度中间终止经营活动的，应当自实际经营终止之日起60日内，向税务机关办理当期企业所得税汇算清缴

15. 根据企业所得税法律制度的规定，企业发生的下列支出中，超出规定扣除标准的部分准予在以后纳税年度结转扣除的有(　　)。

A. 职工福利费　　B. 补充养老保险费

C. 职工教育经费　　D. 业务宣传费

三、判断题

1. 居民企业无须就其来源于中国境外的所得缴纳企业所得税。(　　)

2. 在中国境内设立机构、场所的非居民企业取得的发生在中国境外，但与其所设机构、场所有实际联系的所得，无须缴纳企业所得税。(　　)

3. 企业从事花卉种植的所得，减半征收企业所得税。(　　)

4. 未在我国设立机构的非居民企业转让财产所得，以收入全额为企业所得税应纳税所得额。(　　)

5. 个人独资企业和合伙企业既是个人所得税的纳税人，又是企业所得税的纳税人。(　　)

6. 企业以货币形式和非货币形式从各种来源取得的收入，在计算企业所得税应纳税所得额时，均应计入收入总额。(　　)

7. 非营利组织从事营利性活动取得的收入免征企业所得税。(　　)

8. 企业为在本企业任职或受雇的全体员工支付的补充养老保险费、补充医疗保险费，不得在企业所得税税前扣除。(　　)

9. 企业以前年度发生的资产损失，属于实际资产损失的，准予追补至该项损失发生年度扣除，其追补确认期限一般不得超过5年。(　　)

10. 企业从事符合条件的环境保护、节能节水项目的所得，自项目获利的纳税年度起，第1年至第3年免征企业所得税，第4年至第6年减半征收企业所得税。(　　)

11. 税收滞纳金可以税前扣除。(　　)

12. 企业发生的合理的劳动保护支出，准予扣除。(　　)

13. 企业开发新技术、新产品、新工艺发生的研究开发费用，可以在计算应纳税所得额时除按照实际发生额据实扣除外，还可以按照规定比例加计扣除。(　　)

14. 在外国成立且实际管理机构不在中国境内的企业，不是企业所得税的纳税人。 （ ）

15. 公益捐赠支出可以全额税前扣除。 （ ）

四、业务训练题

1. 甲企业2020年发生合理的工资薪金支出100万元，发生职工福利费18万元，职工教育经费1.5万元。已知在计算企业所得税应纳税所得额时，职工福利费支出、职工教育经费支出的扣除比例分别为不超过工资薪金总额的14%和8%。

要求：根据企业所得税法律制度的规定，在计算甲企业2020年企业所得税应纳税所得额时，准予扣除的职工福利费和职工教育经费金额合计数。

2. 甲公司2020年度取得销售货物收入1 000万元，发生的与生产经营活动有关的业务招待费支出6万元，已知在计算企业所得税应纳税所得额时，业务招待费支出按照发生额的60%扣除，但最高不得超过当年销售(营业)收入的5‰。

要求：计算甲公司在计算2020年度企业所得税应纳税所得额时，准予扣除的业务招待费支出。

3. 2020年甲企业(计算机制造企业)取得销售收入3 000万元，广告费支出400万元，2019年结转广告费60万元。

要求：根据企业所得税法律制度的规定，计算甲企业2020年准予扣除的广告费。

4. 中国境内居民企业甲公司2020年的生产经营情况如下：

(1) 实现不含税销售收入3 000万元，出租生产设备取得不含税租金收入50万元。

(2) 销售成本、销售费用、管理费用、税金及附加共计2 800万元，全部符合税法规定，可以在企业所得税前扣除。

(3) “营业外支出”账户列支35万元，其中，通过希望工程基金委员会向某灾区捐款10万元，直接向某困难地区捐款5万元，非广告性赞助支出20万元。已知公益性捐赠支出不超过年度利润总额的12%的部分，准予在当年扣除。甲公司当年已预缴企业所得税40万元，适用的企业所得税税率为25%。

要求：计算甲公司2020年企业所得税应补缴或者应退税的金额。

5. 甲企业为增值税一般纳税人，企业所得税按年计征。2020年度取得销售收入8 800万元，销售成本5 000万元，会计利润845万元。2020年甲企业其他相关财务资料如下：

(1) 在管理费用中，发生业务招待费140万元，新产品的研究开发费用280万元(未形成无形资产计入当期损益)。

(2) 在销售费用中，发生广告费700万元，业务宣传费140万元。

(3) 发生财务费用900万元，其中支付给与其有业务往来的客户借款利息700万元，年利率为7%，金融机构同期同类贷款利率为6%。

(4) 营业外支出中，列支通过减灾委员会向遭受自然灾害的地区捐款50万元，支付给客户的违约金10万元。

(5) 已在成本费用中列支的实发工资总额500万元，并实际列支职工福利费105万元，上缴工会经费10万元并取得工会经费专用拨缴款收据，职工教育经费支出47.5万元。

已知甲企业适用的企业所得税税率为25%。

要求：

(1) 计算业务招待费应调整的应纳税所得额。

(2) 计算新产品的研究开发费用应调整的应纳税所得额。

(3) 计算广告费和业务宣传费应调整的应纳税所得额。

(4) 计算财务费用应调整的应纳税所得额。

(5) 计算营业外支出应调整的应纳税所得额。

(6) 计算职工福利费、工会经费、职工教育经费应调整的应纳税所得额。

(7) 计算甲企业 2020 年的应纳税所得额。

(8) 计算甲企业 2020 年应纳的企业所得税。

劳动模范
鸡西市税务局
第一稽查局局
长马瑛

操作视频
企业所得税

在线测试

项目六
个人所得税纳税业务

● **知识目标**

理解个人所得税的纳税人和扣缴义务人的概念；

掌握个人所得税的税目和税率知识；

掌握个人所得税应纳税额的计算方法；

学会进行个人所得税的纳税申报。

作为对个人所取得的各项应税所得征收的一种税，个人所得税除了为我国的税收收入提供一定的来源外，还对我国的经济发展与社会稳定发挥着重要作用。一方面，国家鼓励个人通过各种形式的劳动及投资取得收益，实现"多劳多得"；另一方面，国家通过《中华人民共和国个人所得税法》(以下简称《个人所得税法》)对个人取得的收入进行调节，使得高收入者多交税，低收入者少交税甚至不交税。一般来说，取得应税所得者为个人所得税的纳税人，支付应税所得者为个人所得税的扣缴义务人。通过对个人所得税纳税业务的学习，应牢固树立自觉纳税的意识，并能进行个人所得税的纳税申报。

任务一　个人所得税基本税收政策认知

一、个人所得税的概念

个人所得税是对个人(自然人)所取得的各项应税所得征收的一种税。应税所得是指个人从中国境内和境外取得的各项所得，包括工资、薪金所得，劳务报酬所得，稿酬所得，特许权使用费所得，经营所得，利息、股息、红利所得，财产租赁所得，财产转让所得，偶然所得。

二、个人所得税的纳税人和扣缴义务人

(一) 纳税人

个人所得税的纳税人包括居民纳税人和非居民纳税人。

1. 居民纳税人

居民纳税人是指在中国境内有住所，或者无住所而一个纳税年度内在中国境内居住累计满 183 天的个人。居民纳税人就其从中国境内与境外取得的所得，缴纳个人所得税。

2. 非居民纳税人

非居民纳税人是指在中国境内无住所且不居住，或者无住所而一个纳税年度内在中国境内居住累计不满 183 天的个人。非居民纳税人就其从中国境内取得的所得，缴纳个人所得税。

一个纳税年度是指自公历的 1 月 1 日至 12 月 31 日。在中国境内有住所是指因户籍、家庭、经济利益关系而在中国境内习惯性居住。

【基础巩固 6-1】 下列人员属于个人所得税居民纳税人的是（　　）。

A. 在中国境内有住所的个人

B. 在中国境内无住所也不在中国境内居住的外籍人员

C. 因工作需要被派往境外出差的中国居民

D. 在中国境内无住所也不在中国境内居住的港澳台同胞

解析　答案为 A、C。居民纳税人是指在中国境内有住所，或者无住所而一个纳税年度内在中国境内居住累计满 183 天的个人。

个人所得税法所称在中国境内居住满 183 天，是指在一个纳税年度内，在中国境内累计居住满 183 天。在计算居住天数时，按其一个纳税年度内在境内实际居住的天数确定，取消了原来的临时离境规定。即在中国境内无住所的个人，在一个纳税年度内无论出境多少次，只要在我国境内累计住满 183 天，就可以判定为我国的居民个人。自 2019 年 1 月 1 日起，在中国境内无住所的个人一个纳税年度内在中国境内累计居住天数，按照个人在中国境内累计停留的天数计算。在中国境内停留的当天满 24 小时的，计入中国境内居住天数；在中国境内停留的当天不足 24 小时的，不计入中国境内居住天数。

（二）扣缴义务人

我国的个人所得税实行代扣代缴与个人申报相结合的制度，因此凡是支付应纳税所得的单位都是个人所得税的扣缴义务人，在其向纳税人支付应税所得（个体工商户的生产、经营所得除外）时履行代扣代缴的义务。

三、个人所得税的税目

根据《个人所得税法》的相关规定和应纳税所得来源的不同，将个人所得税应纳税项目分为以下九个：

（一）工资、薪金所得

工资、薪金所得是指个人因任职或受雇取得的工资、薪金、奖金、年终加薪、劳动分红、津贴、补贴以及与任职或者受雇有关的其他所得。

下列收入不属于工资、薪金性质的津贴、补贴，不予征收个人所得税：

（1）独生子女补贴。

（2）执行公务员工资制度未纳入基本工资总额的补贴、津贴差额和家属成员的副食补贴。

(3) 托儿补助费。

(4) 差旅费津贴、误餐补助。

(二) 劳务报酬所得

劳务报酬所得是指个人独立从事非雇佣的各种劳务所取得的所得,包括从事设计、装潢、安装、制图、化验、测试、医疗、法律、会计、咨询、讲学、翻译、审稿、书画、雕刻、影视、录音、录像、演出、表演、广告、展览、技术服务、介绍服务、经纪服务、代办服务及其他劳务取得的所得。

【基础巩固 6-2】 下列收入中,应按"劳务报酬所得"缴纳个人所得税的是(　　)。

A. 退休后再受雇取得的收入

B. 在任职单位取得的董事费收入

C. 为其他单位设计图纸取得的收入

D. 个人购买彩票取得的收入

解析 答案为C。A、B选项按照"工资、薪金所得"缴纳个人所得税,D选项按照"偶然所得"缴纳个人所得税。

小贴士

区分"劳务报酬所得"和"工资、薪金所得"主要看是否存在雇佣与被雇佣的关系。

"工资、薪金所得"是个人从事非独立劳动,因任职或受雇从所在单位(雇主)领取的报酬,存在雇佣与被雇佣关系。

"劳务报酬所得"是指个人独立从事某种技艺,独立提供某种劳务而取得的报酬,一般不存在雇佣关系。

(三) 稿酬所得

稿酬所得是指个人因其作品以图书、报刊等形式出版、发表而取得的所得。作品包括文学作品、书画作品、摄影作品及其他作品。作者逝世后,财产继承人取得的遗作稿酬,也应征收个人所得税。

(四) 特许权使用费所得

特许权使用费所得是指个人提供专利权、商标权、著作权、非专利技术及其他特许权的使用权取得的所得,提供著作权的使用权取得的所得,不包括稿酬所得。

以下各项所得均按"特许权使用费所得"征收个人所得税:

(1) 作者将自己的文字作品手稿原件或复印件公开拍卖(竞价)取得的所得。

(2) 个人取得特许权的经济赔偿收入。

(3) 编剧从电视剧的制作单位取得的剧本使用费。

(五) 经营所得

经营所得包括以下几项:

(1) 个体工商户从事生产、经营活动取得的所得;个人独资企业投资人、合伙企业的个人合伙人来源于境内注册的个人独资企业、合伙生产企业生产、经营所得。

(2) 个人依法从事办学、医疗、咨询及其他有偿服务活动取得的所得。

(3) 个人对企业、事业单位承包经营、承租经营、转包、转租取得的所得。

(4) 个人从事其他生产、经营活动取得的所得。

出租汽车经营单位对出租车驾驶员采取单车承包或承租方式运营，出租车驾驶员从事客货营运取得的收入，按"工资、薪金所得"项目征税；出租车属于个人所有，但挂靠出租汽车经营单位或企事业单位，驾驶员向挂靠单位缴纳管理费的，或出租企业经营单位将出租车所有权转移给驾驶员的，出租车驾驶员从事客货运营取得的收入，比照"经营所得"项目征收；从事个体出租车运营的出租车驾驶员取得的收入，按"经营所得"项目缴纳个人所得税。

(六) 利息、股息、红利所得

利息、股息、红利所得是指个人拥有债权、股权等而取得的利息、股息、红利所得。

个人从公开发行和转让市场取得的上市公司股票，持股期限超过 1 年的，股息红利所得暂免征收个人所得税。

个人从公开发行和转让市场取得的上市公司股票，持股期限在 1 个月以内(含 1 个月)的，其股息红利所得全额计入应纳税所得额；持股期限在 1 个月以上至 1 年(含 1 年)的，暂减按 50%计入应纳税所得额。上述所得统一适用 20%的税率计征个人所得税。

(七) 财产租赁所得

财产租赁所得是指个人出租不动产、机器设备、车船及其他财产取得的所得。

(八) 财产转让所得

财产转让所得是指个人转让有价证券、股权、合伙企业中的财产份额、不动产、机器设备、车船及其他财产取得的所得。

(九) 偶然所得

偶然所得是指个人得奖、中奖、中彩及其他偶然性质取得的所得。

小贴士

(1) 企业对累计消费达到一定额度的顾客，给予额外抽奖机会，个人获奖所得，按照"偶然所得"项目，全额适用 20%的税率缴纳个人所得税。

(2) 个人取得单张有奖发票奖金所得超过 800 元的，应全额按照"偶然所得"项目缴纳个人所得税。

【基础巩固 6-3】 下列收入中，应按"偶然所得"缴纳个人所得税的是(　　)。

A. 存款利息所得　　B. 股票转让所得

C. 参加有奖销售所得奖金　　D. 购买福利彩票所得奖金

解析　答案为 C、D。A 选项按照"利息、股息、红利所得"缴纳个人所得税，B 选项按照"财产转让所得"缴纳个人所得税。

四、个人所得来源的确定

除国务院财政、税务主管部门另有规定外，下列所得，不论支付地点是否在中国境内，均为来源于中国境内的所得。

(1) 因任职、受雇、履约等而在中国境内提供劳务取得的所得。

(2) 将财产出租给承租人在中国境内使用而取得的所得。

(3) 许可各种特许权在中国境内使用而取得的所得。

(4) 转让中国境内的不动产等财产或者在中国境内转让其他财产取得的所得。

(5) 从中国境内企业、事业单位、其他组织以及居民个人取得的利息、股息、红利所得。

五、个人所得税的税率

居民个人取得工资、薪金所得，劳务报酬所得，稿酬所得，特许权使用费所得统称综合所得，按照纳税年度合并计算个人所得税；非居民个人取得综合所得，按月或者按次分项计算个人所得税；纳税人取得经营所得，利息、股息、红利所得，财产租赁所得，财产转让所得，偶然所得，按照法律规定分别计算个人所得税。

(一) 综合所得税率

综合所得适用3%～45%的超额累进税率。具体税率如表6-1所示。

表6-1 个人所得税税率(综合所得适用)

级　数	全年应纳税所得额	税率/%	速算扣除数/元
1	不超过36 000元的	3	0
2	超过36 000元至144 000元的部分	10	2 520
3	超过144 000元至300 000元的部分	20	16 920
4	超过300 000元至420 000元的部分	25	31 920
5	超过420 000元至660 000元的部分	30	52 920
6	超过660 000元至960 000元的部分	35	85 920
7	超过960 000元的部分	45	181 920

注：本表所称全年应纳税所得额是指依照法律规定，居民个人取得综合所得以每一纳税年度收入额减除费用6万元以及专项扣除、专项附加扣除和依法确定的其他扣除后的余额。

非居民个人取得工资、薪金所得，劳务报酬所得，稿酬所得，特许权使用费所得，依照表6-1按月换算后计算应纳税额。按月换算后的综合所得税率如表6-2所示。

表6-2 按月换算后的个人所得税税率(综合所得适用)

级　数	应纳税所得额	税率/%	速算扣除数/元
1	不超过3 000元的	3	0
2	超过3 000元至12 000元的部分	10	210
3	超过12 000元至25 000元的部分	20	1 410
4	超过25 000元至35 000元的部分	25	2 660
5	超过35 000元至55 000元的部分	30	4 410
6	超过55 000元至80 000元的部分	35	7 160
7	超过80 000元的部分	45	15 160

注：本表所称应纳税所得额是指依照法律规定，非居民个人的工资、薪金所得，以每月收入额减除费用5 000元后的余额为应纳税所得额；劳务报酬所得、稿酬所得、特许权使用费所得，以每次收入额为应纳税所得额。

(二) 经营所得

经营所得适用5%～35%的超额累进税率。具体税率如表6-3所示。

表6-3 个人所得税税率(经营所得适用)

级数	全年应纳税所得额	税率/%	速算扣除数/元
1	不超过30 000元的	5	0
2	超过30 000元至90 000元的部分	10	1 500
3	超过90 000元至300 000元的部分	20	10 500
4	超过300 000元至500 000元的部分	30	40 500
5	超过500 000元的部分	35	65 500

注:本表所称全年应纳税所得额是指依照法律规定,以每一纳税年度的收入总额减除成本、费用及损失后的余额。

(三) 利息、股息、红利所得,财产租赁所得,财产转让所得和偶然所得

利息、股息、红利所得,财产租赁所得,财产转让所得和偶然所得适用比例税率,税率为20%。自2001年1月1日起,对个人出租住房取得的所得暂减按10%的税率征收个人所得税。

六、个人所得税的税收优惠

(一) 免税项目

下列各项个人所得,免征个人所得税:

(1) 省级人民政府、国务院部委和中国人民解放军军以上单位,以及外国组织、国际组织颁发的科学、教育、技术、文化、卫生、体育、环境保护等方面的奖金。

(2) 国债和国家发行的金融债券利息。

(3) 按照国家统一规定发给的补贴、津贴。

(4) 福利费、抚恤金、救济金。

(5) 保险赔款。

(6) 军人的转业费、复员费、退役金。

(7) 按照国家统一规定发给干部、职工的安家费、退职费、基本养老金或者退休费、离休费、离休生活补助。

(8) 依照有关法律规定应予免税的各国驻华使馆、领事馆的外交代表、领事官员和其他人员的所得。

(9) 中国政府参加的国际公约、签订的协议中规定免税的所得。

(10) 国务院规定的其他免税所得。

【基础巩固6-4】 根据个人所得税法律制度的规定,下列所得中,应缴纳个人所得税的是(　　)。

A. 独生子女补贴　B. 加班费　C. 差旅费津贴　D. 国债利息

解析 答案为B。A、C选项不属于工资、薪金性质的津贴、补贴,不予征收个人所得税,D选项属于个人所得税税收优惠中的免税项目。

(二) 减税项目

有下列情形之一的,可以减征个人所得税,具体幅度和期限由省、自治区、直辖市人民政

府规定，并报同级人民代表大会常务委员会备案：

(1) 残疾、孤老人员和烈属的所得。

(2) 因严重自然灾害造成重大损失的。

(三) 暂免征税项目(包括但不限于)

下列各项个人所得，暂免征收个人所得税：

(1) 个人举报、协查各种违法、犯罪行为而获得的奖金。

(2) 个人办理代扣代缴手续，按规定取得的扣缴手续费。

(3) 个人转让自用达5年以上，并且是唯一的家庭生活用房取得的所得。

(4) 个人购买福利彩票、赈灾彩票、体育彩票，一次中奖收入在1万元以下的(含1万元)。

(5) 个体工商户、个人独资企业和合伙企业或个人从事种植业、养殖业、饲养业、捕捞业取得的所得。

任务二　个人所得税的计算

个人所得的形式，包括现金、实物、有价证券和其他形式的经济利益。个人所得为实物的，应当按照取得该实物的凭证上所注明的价格计算应纳税所得额，无凭证的实物或凭证上注明的价格明显偏低的，参照市场价格核定应纳税所得额；个人所得为有价证券的，根据票面价格或市场价格核定应纳税所得额；个人所得为其他形式的经济利益的，参照市场价格核定应纳税所得额。

一、综合所得应纳税额的计算

个人所得税的应纳税额是根据不同应税项目的收入特点以应纳税所得额和税率为基础，采用不同的计算方式予以确定的。应纳税所得额是个人取得的各项收入减去费用扣除金额和减免税收入后的余额。

(一) 居民个人个人所得税的计算

居民个人的综合所得应纳税额的计算取决于应纳税所得额和税率的确定。

1. 居民个人应纳税所得额的确定

居民个人的综合所得，以居民个人每一纳税年度的收入额减除费用6万元及专项扣除、专项附加扣除和依法确定的其他扣除后的余额，为应纳税所得额。

综合所得中的劳务报酬所得、稿酬所得、特许权使用费所得以收入减除20%的费用后的余额为收入额。稿酬所得的收入额减按70%计算。

(1) 专项扣除。专项扣除包括居民个人按照国家规定的范围和标准缴纳的基本养老保险、基本医疗保险、失业保险等社会保险费和住房公积金等。

(2) 专项附加扣除。专项附加扣除包括子女教育、继续教育、大病医疗、住房贷款利息、住房租金和赡养老人等支出，其遵循公平合理、利于民生、简便易行的原则。

① 子女教育专项附加扣除。个人所得税纳税人的子女接受学前教育(年满3岁至小学入学前教育)和学历教育的相关支出，按照每个子女每年12 000元(每月1 000元)的标准定

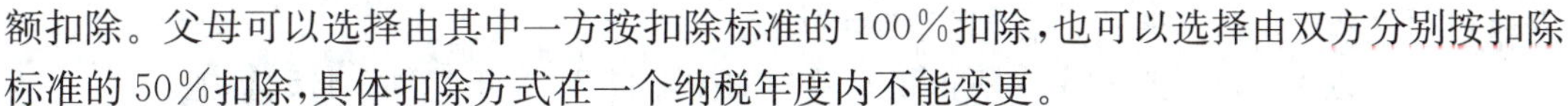

额扣除。父母可以选择由其中一方按扣除标准的100%扣除，也可以选择由双方分别按扣除标准的50%扣除，具体扣除方式在一个纳税年度内不能变更。

② 继续教育专项附加扣除。个人所得税纳税人接受学历教育的支出，在学历教育期间按照每年4 800元(每月400元)的标准定额扣除，纳税人接受技能人员职业资格继续教育、专业技术人员职业资格继续教育支出，在取得相关证书的年度，按照每年3 600元的标准定额扣除。

③ 大病医疗专项附加扣除。个人所得税纳税人在一个纳税年度内发生的与基本医保相关的医药费用支出，扣除医保报销后个人负担(指医保目录范围内的自付部分)累计超过15 000元的部分，由纳税人在办理年度汇算清缴时，在80 000元限额内据实扣除。纳税人发生的医药费支出可以选择由本人或配偶扣除；未成年子女发生的医药费支出可以选择由其父母一方扣除。

④ 住房贷款利息专项附加扣除。个人所得税纳税人本人或其配偶单独或者共同使用商业银行或住房公积金个人住房贷款为本人或其配偶购买中国境内住房发生的首套住房贷款利息支出，在实际发生贷款利息的年度，可以按照每年12 000元(每月1 000元)的标准定额扣除。扣除期限最长不超过20年。经夫妻双方约定，可以选择由其中一方扣除，具体扣除方式在一个纳税年度内不能变更。

⑤ 住房租金专项附加扣除。纳税人在自己的主要工作城市没有住房而发生的住房租金支出，可以按照以下标准定额扣除：

a. 直辖市、省会(首府)城市、计划单列市以及国务院确定的其他城市，扣除标准为每月1 500元。

b. 除第一项所列城市以外，市辖区户籍人口超过100万的城市，扣除标准为每月1 100元；市辖区户籍人口不超过100万的城市，扣除标准为每月800元。

纳税人的配偶在纳税人的主要工作城市有自有住房的，视同纳税人在主要工作城市有自有住房。

住房租金支出由签订租赁住房合同的承租人扣除。纳税人及其配偶不得同时分别享受住房贷款利息专项附加扣除和住房租金专项附加扣除。

⑥ 赡养老人专项附加扣除。纳税人赡养1位及1位以上被赡养人的赡养支出，统一按照以下标准定额扣除：

a. 纳税人为独生子女的，按照每月2 000元(每年24 000元)的标准定额扣除。

b. 纳税人为非独生子女的，由其与兄弟姐妹分摊每月2 000元的扣除额度，每人分摊的额度不能超过每月1 000元。可以由赡养人均摊或者约定分摊，也可以由被赡养人指定分摊。约定或者指定分摊的须签订书面分摊协议，指定分摊优于约定分摊。具体分摊方式在一个纳税年度内不得变更。

被赡养老人是指年满60岁(含)的父母，以及子女均已去世的年满60岁的祖父母、外祖父母。

⑦关于设立3岁以下婴幼儿照护专项附加扣除的解读

a. 纳税人照护3岁以下婴幼儿子女的相关支出，按照每个婴幼儿每月1 000元的标准定额扣除。

b. 父母可以选择由其中一方按扣除标准的100%扣除，也可以选择由双方分别按扣除标准的50%扣除，具体扣除方式在一个纳税年度内不能变更。

c. 3岁以下婴幼儿照护个人所得税专项附加扣除涉及的保障措施和其他事项，参照《个人所得税专项附加扣除暂行办法》有关规定执行。

d. 3 岁以下婴幼儿照护个人所得税专项附加扣除自 2022 年 1 月 1 日起实施。

(3) 依法确定的其他扣除。依法确定的其他扣除包括个人缴付符合国家规定的企业年金、职业年金,个人购买符合国家规定的商业健康保险、税收递延型商业养老保险的支出,以及国务院规定可以扣除的其他项目。

自 2017 年 7 月 1 日起,对个人购买符合规定的商业健康保险产品的支出,允许在当年(月)计算应纳税所得额时予以税前扣除,扣除限额为 2 400 元/年(200 元/月)。单位统一为员工购买符合规定的商业健康保险产品的支出,应计入员工个人工资、薪金所得,视同个人购买,按上述限额予以扣除。

2. 居民个人综合所得预扣预缴个人所得税计算

(1) 扣缴义务人向居民个人支付工资、薪金所得时预扣预缴个人所得税的计算。扣缴义务人向居民个人支付工资、薪金所得时,应当按照累计预扣法计算预扣税款,并按月办理全员全额扣缴申报。其具体计算公式为

本期应预扣预缴税额=(累计预扣预缴应纳税所得额×预扣率-速算扣除数)-累计减免税额-累计已预扣预缴税额

累计预扣预缴应纳税所得额=累计收入-累计免税收入-累计减除费用-累计专项扣除-累计专项附加扣除-累计依法确定的其他扣除

式中,累计减除费用按照 5 000 元/月乘以纳税人当年截至本月在本单位的任职受雇月份数计算;预扣预缴税额的预扣率、速算扣除数如表 6-4 所示。

表 6-4　个人所得税预扣率表一

(居民个人工资、薪金所得预扣预缴适用)

级　数	累计预扣预缴应纳税所得额	预扣率	速算扣除数/元
1	不超过 36 000 元的部分	3%	0
2	超过 36 000 元至 144 000 元的部分	10%	2 520
3	超过 144 000 元至 300 000 元的部分	20%	16 920
4	超过 300 000 元至 420 000 元的部分	25%	31 920
5	超过 420 000 元至 660 000 元的部分	30%	52 920
6	超过 660 000 元至 960 000 元的部分	35%	85 920
7	超过 960 000 元的部分	45%	181 920

(2) 扣缴义务人向居民个人支付劳务报酬所得、稿酬所得、特许权使用费所得时预扣预缴个人所得税计算。

① 预扣预缴的方法。

扣缴义务人向居民个人支付劳务报酬所得、稿酬所得、特许权使用费所得时,按次或者按月预扣预缴其个人所得税。其中,属于一次性收入的,以取得该项收入为一次;属于同一项目连续性收入的,以一个月内取得的收入为一次,具体预扣预缴方法如下:

劳务报酬所得、稿酬所得、特许权使用费所得以收入减除费用后的余额为收入额。其中,稿酬所得的收入额减按 70%计算。

劳务报酬所得、稿酬所得、特许权使用费所得每次收入不超过 4 000 元的，减除费用按 800 元计算；每次收入 4 000 元以上的，减除费用按 20%计算。

劳务报酬所得、稿酬所得、特许权使用费所得，以每次收入额为预扣预缴应纳税所得额。

② 具体计算。

a. 劳务报酬所得预扣预缴税额的计算。

劳务报酬所得适用 20%～40%的超额累进预扣率，如表 6-5 所示。

每次收入不足 4 000 元的，其预扣预缴税额的计算公式为

预扣预缴税额＝应纳税所得额×适用税率＝(每次收入额－800)×20%

每次收入在 4 000 元以上的，其预扣预缴税额的计算公式为

预扣预缴税额＝应纳税所得额×适用税率－速算扣除数
＝每次收入额×(1－20%)×适用税率－速算扣除数

表 6-5　个人所得税预扣率表二

(居民个人劳务报酬所得预扣预缴适用)

级　数	累计预扣预缴应纳税所得额	预 扣 率	速算扣除数/元
1	不超过 20 000 元的部分	20%	0
2	超过 20 000 元至 50 000 元的部分	30%	2 000
3	超过 50 000 元的部分	40%	7 000

b. 稿酬所得预扣预缴税额的计算

稿酬所得适用 20%的比例预扣率。

每次收入不足 4 000 元的，其预扣预缴税额的计算公式为

预扣预缴税额＝应纳税所得额×适用税率＝(每次收入额－800)×70%×20%

每次收入在 4 000 元以上的，其预扣预缴税额的计算公式为

预扣预缴税额＝应纳税所得额×适用税率＝每次收入额×(1－20%)×70%×20%

C. 特许权使用费所得预扣预缴税额的计算

特许权使用费所得适用 20%的比例预扣率。

每次收入不足 4 000 元的，其预扣预缴税额的计算公式为

预扣预缴税额＝应纳税所得额×适用税率＝(每次收入额－800)×20%

每次收入在 4 000 元以上的，其预扣预缴税额的计算公式为

预扣预缴税额＝应纳税所得额×适用税率＝每次收入额×(1－20%)×20%

小贴士

累计预扣法是指扣缴义务人在一个纳税年度内预扣预缴税款时，以纳税人在本单位截至当前月份工资、薪金所得累计收入减除累计免税收入、累计减除费用、累计专项扣除、累计专项附加扣除和累计依法确定的其他扣除后的余额为累计预扣预缴应纳税所得额，适用个人所得税预扣率表，计算累计应预扣预缴税额，再减除累计减免税额和累计已预扣预缴税额，其余额为本期应预扣预缴税额。余额为负值时，暂不退税。纳税年度终了后余额仍为负值时，由纳税人通过办理综合所得年度汇算清缴，税款多退少补。

自2020年7月1日起，对一个纳税年度内首次取得工资、薪金所得的居民个人，扣缴义务人在预扣预缴个人所得税时，可按照5 000元/月乘以纳税人当年截至本月月份数计算累计减除费用。首次取得工资、薪金所得的居民个人，是指自纳税年度首月起至新入职时，未取得工资、薪金所得或者未按照累计预扣法预扣预缴过连续性劳务报酬所得个人所得税的居民个人。

对上一完整纳税年度内每月均在同一单位预扣预缴工资、薪金所得个人所得税且全年工资、薪金收入不超过6万元的居民个人，扣缴义务人在预扣预缴本年度工资、薪金所得个人所得税时，累计减除费用自1月份起直接按照全年6万元计算扣除。即，在纳税人累计收入不超过6万元的月份，暂不预扣预缴个人所得税；在其累计收入超过6万元的当月及年内后续月份，再预扣预缴个人所得税。

3. 居民个人综合所得应纳税额的计算

居民个人综合所得应纳税额及应纳税所得额的计算公式为：

应纳税额＝应纳税所得额×适用税率－速算扣除数

应纳税所得额＝每一纳税年度的收入额－费用6万元－专项扣除－专项附加扣除－依法确定的其他扣除

【技能提升6-1】 张某2020年取得工资、薪金收入160 000万元。当地规定的社会保险和住房公积金个人缴存比例为养老保险8%，医疗保险2%，失业保险0.5%，住房公积金12%，张某缴纳社会保险费核定的缴费工资基数为9 000元。张某是家中独生子，其独生女儿正在上小学，父母均已年满60岁。张某已和其妻子约定由张某进行子女教育专项附加扣除。请计算张某2020年应缴纳的个人所得税。

解 （1）全年应扣除的费用为60 000元。

（2）全年专项扣除＝9 000×(8%＋2%＋0.5%＋12%)×12＝24 300（元）

（3）全年专项附加扣除为：

子女教育支出实行定额扣除，每年扣除12 000元。

赡养老人支出实行定额扣除，每年扣除24 000元。

专项附加扣除合计＝12 000＋24 000＝36 000（元）

（4）扣除项合计＝60 000＋24 300＋36 000＝120 300（元）

（5）应纳税所得额＝160 000－120 300＝39 700（元）

（6）应缴纳的个人所得税＝39 700×10%－2 520＝1 450（元）

（二）非居民个人个人所得税的计算

1. 非居民个人应纳税所得额的确定

（1）非居民个人的工资、薪金所得，以每月收入额减除费用5 000元后的余额为应纳税所得额。

（2）非居民个人的劳务报酬所得、稿酬所得、特许权使用费所得，以每次收入额为应纳税所得额。

2. 非居民个人应纳税额的计算

(1) 非居民个人取得工资、薪金所得应纳税额的计算公式为：

应纳税额＝(每月收入额－5 000元)×适用税率－速算扣除数

(2) 非居民个人取得劳务报酬所得、稿酬所得、特许权使用费所得应纳税额的计算公式为：

应纳税额＝每次收入额×适用税率－速算扣除数

【技能提升 6-2】 非居民个人John于2020年3月从中国境内取得劳务报酬所得5 000元，请计算John应缴纳的个人所得税。

解 非居民个人取得的劳务报酬以每次收入额为应纳税所得额，因此应纳税所得额为5 000元，适用按月换算后的综合所得税率表。

应纳税额＝5 000×10%－210＝290 (元)

二、经营所得个人所得税的计算

(一) 经营所得应纳税所得额的确定

经营所得以每一纳税年度的收入总额减除成本、费用及损失后的余额，为应纳税所得额。

成本、费用是指个体工商户、个人独资企业、合伙企业及个人在从事其他生产、经营活动中发生的各项直接支出和分配计入成本的间接费用以及销售费用、管理费用、财务费用。

损失是指个体工商户、个人独资企业、合伙企业及个人在从事其他生产、经营活动中发生的固定资产和存货的盘亏、毁损、报废损失，转让财产损失、坏账损失，自然灾害等不可抗力因素造成的损失及其他损失。

个体工商户业主、个人独资企业投资者、合伙企业个人合伙人以及从事其他生产、经营活动的个人，以其每一纳税年度来源于个体工商户、个人独资企业、合伙企业以及其他生产、经营活动的所得，减除费用6万元、专项扣除以及依法确定的其他扣除后的余额，为应纳税所得额。

1. 个体工商户经营所得确定的特殊规定

(1) 个体工商户在生产经营活动中，应当分别核算生产经营费用和个人、家庭费用。对于生产经营与个人、家庭生活混用难以分清的费用，其40%视为与生产经营有关的费用，准予扣除。

(2) 个体工商户纳税年度发生的亏损，准予向以后年度结转，用以后年度的生产经营所得弥补，但结转年限最长不得超过5年。

(3) 个体工商户实际支付给从业人员的、合理的工资薪金支出，准予扣除，个体工商户业主的工资薪金支出不得税前扣除。

(4) 个体工商户按照国务院有关主管部门或者省级人民政府规定的范围和标准为其业主和从业人员缴纳的养老保险费、基本医疗保险费、失业保险费、生育保险费、工伤保险费和住房公积金，准予扣除。

(5) 个体工商户在生产经营活动中发生的合理的不需要资本化的借款费用，准予扣除。

(6) 个体工商户在生产经营活动中发生的下列利息支出，准予扣除：

① 向金融企业借款的利息支出。

② 向非金融企业和个人借款的利息支出，不超过按照金融企业同期同类贷款利率计算的数额部分。

(7) 个体工商户向当地工会组织拨缴的工会经费、实际发生的职工福利费支出、职业教育经费支出分别在工资薪金总额的2%、14%、2.5%的标准内据实扣除。

(8) 个体工商户发生的与生产经营活动有关的业务招待费，按照实际发生额的60%扣除，但最高不得超过当年销售(营业)收入的5‰。

(9) 个体工商户每一纳税年度发生的与其生产经营活动直接相关的广告费和业务宣传费不超过当年销售(营业)收入15%的部分，可以据实扣除；超过部分，准予在以后的纳税年度据实扣除。

(10) 个体工商户按照规定缴纳的摊位费、行政性收费、协会会费等，按实际发生数额扣除。

(11) 个体工商户参加财产保险，按照规定缴纳的保险费，准予扣除。

(12) 个体工商户发生的合理的劳动保护支出，准予扣除。

(13) 个体工商户自申请营业执照之日起至开始生产经营之日止所发生的符合规定的费用，除为取得固定资产、无形资产的支出，以及应计入资产价值的汇兑损益、利息支出外，作为开办费，个体工商户可以选择在开始生产经营的当年一次性扣除，可以自生产经营月份起在不短于3年期限内摊销扣除，但一经选定，不得改变。

(14) 个体工商户通过公益性社会团体或者县级以上人民政府及其部门，用于《中华人民共和国公益事业捐赠法》规定的公益事业的捐赠，捐赠额不超过其应纳税所得额30%的部分可以据实扣除；财政部、国家税务总局规定可以全额在税前扣除的捐赠支出项目，按有关规定执行；个体工商户直接对受益人的捐赠不得扣除。

(15) 个体工商户研究开发新产品、新技术、新工艺所发生的开发费用，以及研究开发新产品、新技术而购置单台价值在10万元以下的测试仪器和试验性装置费，准予直接扣除；单台价值在10万元以上(含10万元)的测试仪器和试验性装置，按固定资产管理，不得在当期直接扣除。

(16) 个体工商户经营过程中支出的个人所得税税额，税收滞纳金，罚金、罚款和被没收财物的损失，不符合扣除规定的捐赠支出，赞助支出，用于个人和家庭的支出，与取得生产经营收入无关的其他支出，国家税务总局规定不准扣除的支出等不得扣除。

2. 个人独资企业和合伙企业经营所得确定的特殊规定

国家对个人独资企业和合伙企业取得的所得征收个人所得税，征收方式有两种：查账征收和核定征收。

素质课堂

党的二十大报告提出，要完善分配制度，坚持按劳分配为主体、多种分配方式并存，坚持多劳多得，鼓励勤劳致富，促进机会公平，增加低收入者收入，扩大中等收入群体，规范收入分配秩序，规范财富积累机制。

请同学们思考我国个人所得税制度对于调节收入分配有何特殊功能？

核定征收是指由税务机关根据纳税人情况，在正常生产经营条件下，对其生产的应税产品查实核定产量和销售额，并根据税法规定采用定额征收、核定应税所得率征收或以其他合理的征收方式征收税款的税收征收方式。国家应对个人独资企业和合伙企业实行核定征收个人所得税的情形有三项：一是依照国家有关规定应当设置但未设置账簿的；二是虽设置账簿，但账目混乱或者成本资料、收入凭证、费用凭证残缺不全，难以查账的；三是纳税人发生纳税义务，未按照规定的期限办理纳税申报，经税务机关责令限期申报，逾期仍不申报的。

（1）个人独资企业的投资者以全部生产经营所得为应纳税所得额。合伙企业的投资者按照合伙企业的全部生产经营所得和合伙协议约定的分配比例确定应纳税所得额，合伙协议没有约定分配比例的，以全部生产经营所得和合伙人数量平均计算每个投资者的应纳税所得额。其中，生产经营所得包括企业分配给投资者或合伙人的所得和企业当年留存的所得（利润）。

（2）个人独资企业和合伙企业计提的各种准备金不得扣除。

（3）个人独资企业和合伙企业与其关联企业间的业务往来，应当按照独立企业之间的业务往来收取或者支付价款、费用。不按照独立企业之间的业务往来收取或者支付价款、费用而减少其应纳税所得额的，主管税务机关有权进行合理调整。

（二）经营所得应纳税额的计算

经营所得应纳税额的计算公式为：

应纳税额＝应纳税所得额×适用税率－速算扣除数

＝（全年收入总额－成本、费用、损失）×适用税率－速算扣除数

【技能提升 6-3】 个体工商户王某 2020 年的经营情况如下：

（1）全年取得营业收入 180 万元。

（2）全年的营业成本为 40 万元。

（3）销售费用 20 万元，全部为广告费用。

（4）管理费用 50 万元，其中业务招待费为 5 万元。

试计算王某 2020 年应缴纳的个人所得税。

解 （1）广告费的扣除限额＝180×15％＝27（万元）

实际发生的广告费用为 20 万元，可以全额扣除。

（2）业务招待费实际发生额的 60％＝5×60％＝3（万元）

扣除限额＝180×5‰＝0.9（万元）

因为实际发生额的 60％为 3 万元＞扣除限额 0.9 万元，因此，可以扣除的业务招待费用为 0.9 万元。

（3）个体工商户业主的费用扣除标准为每年 6 万元。

（4）王某 2020 年的应纳税所得额＝180－40－20－(50－5＋0.9)－6＝68.1（万元）

（5）王某 2020 年的应纳税额＝68.1×35％－6.55＝17.285（万元）

三、财产租赁所得个人所得税的计算

(一) 财产租赁所得应纳税所得额的确定

财产租赁所得，每次收入不超过 4 000 元的，减除费用 800 元；4 000 元以上的，减除 20％的费用，其余额为应纳税所得额。

财产租赁所得应纳税所得额的确定应首先扣除财产租赁过程中缴纳的税费、由纳税人负担的该出租财产实际开支的修缮费用后，再按照定额和定率相结合的方法进行费用的扣除。

准予扣除的财产租赁过程中缴纳的税费包括增值税、城市维护建设费、教育费附加及房产税等。准予扣除的修缮费用，以每次 800 元为限，一次扣除不完的，准予在下一次继续扣除，直到扣完为止。

财产租赁所得以一个月内取得的收入为一次。

个人出租房屋的个人所得税应税收入不含增值税，计算房屋出租所得可扣除的税费不包括本次出租缴纳的增值税。个人转租房屋的，其向房屋出租方支付的租金及增值税额，在计算转租所得时予以扣除。

(二) 财产租赁所得应纳税额的计算

(1) 每次(月)收入不足 4 000 元的，其计算公式为：

应纳税额＝[每次(月)收入额－财产租赁过程中缴纳的税费－
由纳税人负担的租赁财产实际开支的修缮费用(800 元为限)－
800 元]×20％

(2) 每次(月)收入在 4 000 元以上的，其计算公式为：

应纳税额＝[每次(月)收入额－财产租赁过程中缴纳的税费－
由纳税人负担的租赁财产实际开支的修缮费用(800 元为限)]×
(1－20％)×20％

【技能提升 6-4】 位于 A 市的李某 2020 年 1 月出租铺面取得不含增值税租金收入 5 000 元，本月财产租赁过程中缴纳的税费合计为 400 元，发生由纳税人负担的租赁财产实际开支的修缮费用 1 000 元，均取得合法有效的票据。请计算李某 2020 年 1 月应缴纳的个人所得税。

解 (1) 本月财产租赁过程中缴纳的税费合计 400 元可以扣除。

(2) 由于由纳税人负担的租赁财产实际开支的修缮费用在本月进行扣除时以 800 元为限，所以 1 000 元的修缮费用仅能扣除 800 元。

(3) 应纳税额＝(5 000－400－800)×(1－20％)×20％＝608 (元)

四、财产转让所得个人所得税的计算

(一) 财产转让所得应纳税所得额的确定

财产转让所得，以转让财产的收入额减除财产原值和合理费用后的余额，为应纳税所得额。

(1) 财产原值的确定方式。财产原值的确定方式如下：

① 有价证券，为买入价以及买入时按照规定交纳的有关费用。

② 不动产，为建造费或者购进价格及其他有关费用。

③ 土地使用权，为取得土地使用权所支付的金额、开发土地的费用及其他有关费用。

④ 机器设备、车船，为购进价格、运输费、安装费及其他有关费用。

纳税人未提供完整、准确的财产原值凭证，不能正确计算财产原值的，由主管税务机关核定其财产原值。

(2) 合理费用。合理费用是指卖出财产时按照规定支付的有关费用，包括税费、中介费、资产评估费等。

(二) 财产转让所得应纳税额的计算

财产转让所得应纳税额及应纳税所得额的计算公式为：

应纳税额＝应纳税所得额×适用税率

应纳税所得额＝收入总额－财产原值－合理费用

【技能提升 6-5】 韩某于 2020 年 2 月将其居住了 3 年的普通住房对外出售，已知该住房的原值为 50 万元，销售价为 86 万元，销售过程中支付了 3 万元的中介费，取得合法有效的票据。请计算韩某应缴纳的个人所得税。

解 应纳税额＝(收入总额－财产原值－合理费用)×20%

＝(86－50－3)×20%

＝6.6 (万元)

五、利息、股息、红利所得与偶然所得个人所得税的计算

(一) 利息、股息、红利所得与偶然所得应纳税所得额的确定

利息、股息、红利所得与偶然所得以每次收入额全额作为应纳税所得额，不涉及相关扣除。

需要注意以下两点：

(1) 利息、股息、红利所得以支付时取得的收入为一次。

(2) 偶然所得以每次取得该项收入为一次。

(二) 利息、股息、红利所得与偶然所得应纳税额的计算

利息、股息、红利所得与偶然所得应纳税额的计算公式为：

应纳税额＝应纳税所得额×适用税率

【技能提升 6-6】 朱某 2020 年 3 月于商场购物时因购物金额累计达 5 000 元获得抽奖机会一次，并抽取了 2 000 元现金大奖，请计算朱某应缴纳的个人所得税。

解 朱某应缴纳的个人所得税＝2 000×20%＝400 (元)

六、境外所得应纳税额的计算

居民个人从境内和境外取得的综合所得或者经营所得，应当分别合并计算应纳税额；从境内和境外取得的其他所得，应当分别单独计算应纳税额。

居民个人从中国境外取得的所得，可以从其应纳税额中抵免已在境外缴纳的个人所得

税税额，但抵免额不得超过该纳税人境外所得依照《个人所得税法》规定计算的应纳税额。在计算境外税款扣除限额时，应采用分国(地区)分项计算、分国加总的方法。

扣除限额的计算公式为：

境外所得税款抵免限额=(来源于某国或地区的应税所得－该项应税所得按我国税法规定应扣除的费用标准)×适用税率

若居民个人在中国境外一个国家或者地区实际已经缴纳的个人所得税税额低于按照我国税法规定计算出的来源于该国家或者地区所得的抵免限额的，纳税人应在中国补缴差额部分的税款；超过来源于该国家或者地区所得的抵免限额的，其超过部分不得在本纳税年度的应纳税额中抵免，但是可以在以后纳税年度来源于该国家或者地区所得的抵免限额的余额中补扣。补扣期限最长不得超过5年。

任务三　个人所得税的纳税申报

一、征收管理

根据我国《个人所得税法》的规定，个人所得税的征收实行代扣代缴与自行申报相结合的办法。

(一) 代扣代缴

代扣代缴是指负有扣缴义务的单位、个人在向个人所得税的纳税人支付应税所得时，将应纳税款直接扣除后向纳税人支付税后所得，并向税务机关报送扣缴个人所得税的相关资料，将税款上缴国库。扣缴义务人应严格履行代扣代缴义务，对不履行代扣代缴义务的扣缴义务人，税务机关将根据相关规定给予责罚；对严格履行代扣代缴义务的扣缴义务人，税务机关将按照扣缴税款的2%给付手续费。

(二) 自行申报

自行申报是指纳税人在规定时间内自行向税务机关申报取得的应税所得项目和数额，如实填报个人所得税纳税申报表，按照规定计算并缴纳个人所得税的办法。

有下列情形之一的，纳税人应当依法办理纳税申报：

(1) 取得综合所得需要办理汇算清缴的情形。

① 从两处以上取得综合所得，且综合所得年收入额减除专项扣除的余额超过6万元。

② 取得劳务报酬所得、稿酬所得、特许权使用费所得中一项或者多项所得，且综合所得年收入额减除专项扣除的余额超过6万元。

③ 纳税年度内预缴税额低于应纳税额。

④ 纳税人申请退税。

(2) 取得应税所得没有扣缴义务人。

(3) 取得应税所得，扣缴义务人未扣缴税款。

(4) 取得境外所得。

(5) 因移居境外注销中国户籍。

(6) 非居民个人在中国境内从两处以上取得工资、薪金所得。

(7) 国务院规定的其他情形。

(三) 纳税期限

根据《个人所得税法》的规定,个人所得税的纳税期限有以下几种情形:

(1) 居民个人取得综合所得,按年计算个人所得税。有扣缴义务人的,由扣缴义务人按月或者按次预扣预缴税款;需要办理汇算清缴的,应当在取得所得的次年3月1日至6月30日内办理汇算清缴。

(2) 非居民个人取得工资、薪金所得,劳务报酬所得,稿酬所得,特许权使用费所得,有扣缴义务人的,由扣缴义务人按月或者按次代扣代缴税款,不办理汇算清缴。

(3) 纳税人取得经营所得,按年计算个人所得税,由纳税人在月度或者季度终了后15日内向税务机关报送纳税申报表,并预缴税款;在取得所得的次年3月31日前办理汇算清缴。纳税人从两处以上取得经营所得,应当于取得所得的次年3月31日前办理年度汇总纳税申报。

(4) 纳税人取得利息、股息、红利所得,财产租赁所得,财产转让所得和偶然所得,按月或者按次计算个人所得税,有扣缴义务人的,由扣缴义务人按月或者按次代扣代缴税款。

(5) 纳税人取得应税所得没有扣缴义务人的,应当在取得所得的次月15日内向税务机关报送纳税申报表,并缴纳税款。

(6) 纳税人取得应税所得时扣缴义务人没有扣缴税款的,纳税人应当在取得所得的次年6月30日前缴纳税款;税务机关通知限期缴纳的,纳税人应当按照期限缴纳税款。

(7) 居民个人从境外取得所得的,应当在取得所得的次年3月1日至6月30日内申报纳税。

(8) 非居民个人在中国境内从两处以上取得工资、薪金所得的,应当在取得所得的次月15日内申报纳税。

(9) 纳税人因移居境外注销中国户籍的,应当在注销中国户籍前办理税款清算。

(10) 扣缴义务人每月或者每次预扣、代扣的税款,应当在次月15日内缴入国库,并向税务机关报送扣缴个人所得税申报表。

【基础巩固 6-5】 个人所得税扣缴义务人每月扣缴税款上缴国库的期限为( )。

A. 次月3日内　　B. 次月5日内

C. 次月10日内　　D. 次月15日内

解析 答案为D。扣缴义务人每月或者每次预扣、代扣的税款,应当在次月15日内缴入国库,并向税务机关报送扣缴个人所得税申报表。

(四) 申报地点

纳税人根据取得所得的情形不同,其申报地点也有所不同,主要分为以下几种情形:

(1) 纳税人从两处或两处以上取得工资、薪金所得的,选择并固定向其中一处单位所在地主管税务机关申报。

(2) 从中国境外取得所得的,向中国境内户籍所在地主管税务机关申报。

(3) 个体工商户向实际经营所在地主管税务机关申报。

(4) 个人独资、合伙企业投资者兴办两个或两个以上企业的，区分不同情形确定纳税申报地点：

① 兴办的企业全部是个人独资性质的，分别向各企业的实际经营管理所在地主管税务机关申报。

② 兴办的企业中含有合伙性质的，向经常居住地主管税务机关申报。

③ 兴办的企业中含有合伙性质，个人投资者经常居住地与其兴办企业的经营管理所在地不一致的，选择并固定向其参与兴办的某一合伙企业的经营管理所在地主管税务机关申报。

(5) 除以上情形外，纳税人应当向取得所得所在地主管税务机关申报。

(五) 申报方式

纳税人可以采取数据电文、邮寄等方式申报，也可以直接到主管税务机关申报，或者采取符合主管税务机关规定的其他方式申报。

(1) 纳税人采取数据电文方式申报的，应当按照税务机关规定的期限和要求保存有关纸质资料。

(2) 纳税人采取邮寄方式申报的，以邮政部门挂号信函收据作为申报凭据，以寄出的邮戳日期为实际申报日期。

(3) 纳税人可以委托有税务代理资质的中介机构或者他人代为办理纳税申报。

二、纳税申报

根据《个人所得税法》的规定，个人所得税的纳税人及扣缴义务人在办理纳税申报时应填报纳税申报表并提交个人有效身份证件的复印件，以及主管税务机关要求提交的其他材料。

(一) 纳税申报表的种类

个人所得税的纳税申报表是专门用于个人所得税纳税申报的报表，纳税人应根据个人所得税纳税申报表填表指南选择合适的申报表填写并申报缴纳个人所得税，具体包括以下内容：

(1) “个人所得税基础信息表(A表)”(见表6-6)适用于扣缴义务人在办理全员全额扣缴申报时，填报其支付所得的纳税人的基础信息。扣缴义务人首次向纳税人支付所得，或者纳税人相关基础信息发生变化的，应当填写本表，并于次月扣缴申报时向税务机关报送。

(2) “个人所得税基础信息表(B表)”(见表6-7)适用于自然人纳税人基础信息的填报。自然人纳税人初次向税务机关办理相关涉税事宜时填报本表。初次申报后，以后仅需在信息发生变化时填报。

(3) “个人所得税扣缴申报表”(见表6-8)适用于扣缴义务人向居民个人支付工资、薪金所得，劳务报酬所得，稿酬所得和特许权使用费所得的个人所得税全员全额预扣预缴申报；向非居民个人支付工资、薪金所得，劳务报酬所得，稿酬所得和特许权使用费所得的个人所

得税全员全额扣缴申报;向纳税人(居民个人和非居民个人)支付利息、股息、红利所得,财产租赁所得,财产转让所得和偶然所得的个人所得税全员全额扣缴申报。扣缴义务人应当在每月或者每次预扣、代扣税款的次月 15 日内,将已扣税款缴入国库,并向税务机关报送本表。

(4)“个人所得税自行纳税申报表(A 表)”(见表 6-9)适用于居民个人取得应税所得,扣缴义务人未扣缴税款,非居民个人取得应税所得扣缴义务人未扣缴税款,非居民个人在中国境内从两处以上取得工资、薪金所得等情形在办理自行纳税申报时,向税务机关报送。

(5)“个人所得税年度自行纳税申报表”(见表 6-10)适用于居民个人取得境内综合所得,按税法规定进行个人所得税汇算清缴。居民个人取得综合所得需要办理汇算清缴的,应当在取得所得的次年 3 月 1 日至 6 月 30 日内,向主管税务机关办理汇算清缴,并报送本表。

(6)“个人所得税经营所得纳税申报表(A 表)”(见表 6-11)适用于查账征收和核定征收的个体工商户业主、个人独资企业投资人、合伙企业个人合伙人、承包承租经营者个人以及其他从事生产、经营活动的个人在中国境内取得经营所得,办理个人所得税预缴纳税申报时,向税务机关报送。合伙企业有两个或者两个以上个人合伙人的,应分别填报本表。

(7)“个人所得税经营所得纳税申报表(B 表)”(见表 6-12)适用于个体工商户业主、个人独资企业投资人、合伙企业个人合伙人、承包承租经营者个人以及其他从事生产、经营活动的个人在中国境内取得经营所得,且实行查账征收的,在办理个人所得税汇算清缴纳税申报时,向税务机关报送。合伙企业有两个或者两个以上个人合伙人的,应分别填报本表,并由纳税人在取得经营所得的次年 3 月 31 日前,向税务机关办理汇算清缴。

(8)“个人所得税经营所得纳税申报表(C 表)”(见表 6-13)适用于个体工商户业主、个人独资企业投资人、合伙企业个人合伙人、承包承租经营者个人以及其他从事生产、经营活动的个人在中国境内两处以上取得经营所得,办理合并计算个人所得税的年度汇总纳税申报时,向税务机关报送,并由纳税人于取得所得的次年 3 月 31 日前办理年度汇总纳税申报。

(9)“个人所得税专项附加扣除信息表”(见表 6-14)适用于享受子女教育、继续教育、大病医疗、住房贷款利息或住房租金、赡养老人六项专项附加扣除的自然人纳税人填写。选择在工资、薪金所得预扣预缴个人所得税时享受的,纳税人填写后报送至扣缴义务人;选择在年度汇算清缴申报时享受专项附加扣除的,纳税人填写后报送至税务机关。纳税人首次填报专项附加扣除信息时,应将本人所涉及的专项附加扣除信息表内各信息项填写完整。纳税人相关信息发生变化的,应及时更新此表相关信息项,并报送至扣缴义务人或税务机关。纳税人在以后纳税年度继续申报扣除的,应对扣除事项有无变化进行确认。

（二）纳税申报表的样式

表 6-6　个人所得税基础信息表（A 表）

（适用于扣缴义务人填报）

扣缴义务人名称：

扣缴义务人纳税人识别号（统一社会信用代码）：□□□□□□□□□□□□□□□□□□

序号	纳税人基本信息（带＊必填）						任职受雇从业信息					联系方式					银行账户		投资信息		其他信息		华侨、港澳台、外籍个人信息（带＊必填）					备注
	纳税人识别号	＊纳税人姓名	＊身份证件类型	＊身份证件号码	＊出生日期	＊国籍、地区	类型	职务	学历	任职受雇从业日期	离职日期	手机号码	户籍所在地	经常居住地	联系地址	电子邮箱	开户银行	银行账号	投资额（元）	投资比例	是否残疾、孤老、烈属	残疾、烈属证号	＊出生地	＊性别	＊首次入境时间	＊预计离境时间	＊涉税事由	
1	2	3	4	5	6	7	8	9	10	11	12	13	14	15	16	17	18	19	20	21	22	23	24	25	26	27	28	29

谨声明：本表是根据国家税收法律法规及相关规定填报的，是真实的、可靠的、完整的。

扣缴义务人（签章）：　　　　　年　月　日

经办人签字： 经办人身份证件号码： 代理机构签章： 代理机构统一社会信用代码：	受理人： 受理税务机关（章）： 受理日期：　　年　月　日

国家税务总局监制

表 6-7　个人所得税基础信息表（B 表）

（适用于自然人填报）

纳税人识别号：□□□□□□□□□□□□□□□□□□

<table>
<tr><td colspan="6">基本信息（带＊必填）</td></tr>
<tr><td rowspan="4">基本信息</td><td>＊纳税人姓名</td><td>中文名</td><td></td><td>英文名</td><td></td></tr>
<tr><td rowspan="2">＊身份证件</td><td>证件类型一</td><td></td><td>证件号码</td><td></td></tr>
<tr><td>证件类型二</td><td></td><td>证件号码</td><td></td></tr>
<tr><td>＊国籍/地区</td><td colspan="2"></td><td>＊出生日期</td><td>年　月　日</td></tr>
<tr><td rowspan="4">联系方式</td><td>户籍所在地</td><td colspan="4">省（区、市）　市　区（县）　街道（乡、镇）________</td></tr>
<tr><td>经常居住地</td><td colspan="4">省（区、市）　市　区（县）　街道（乡、镇）________</td></tr>
<tr><td>联系地址</td><td colspan="4">省（区、市）　市　区（县）　街道（乡、镇）________</td></tr>
<tr><td>＊手机号码</td><td colspan="2"></td><td>电子邮箱</td><td></td></tr>
<tr><td rowspan="3">其他信息</td><td>开户银行</td><td colspan="2"></td><td>银行账号</td><td></td></tr>
<tr><td>学历</td><td colspan="2">□研究生　□大学本科
□大学本科以下</td><td></td><td></td></tr>
<tr><td>特殊情形</td><td colspan="4">□残疾　残疾证号________　□烈属　烈属证号________
□孤老</td></tr>
<tr><td colspan="6">任职、受雇、从业信息</td></tr>
<tr><td rowspan="3">任职受雇从业单位一</td><td>名称</td><td colspan="2"></td><td>国家/地区</td><td></td></tr>
<tr><td>纳税人识别号（统一社会信用代码）</td><td colspan="2"></td><td>任职受雇从业日期</td><td>年　月　离职日期　年　月</td></tr>
<tr><td>类型</td><td colspan="2">□雇员　□保险营销员
□证券经纪人　□其他</td><td>职务</td><td>□高层　□其他</td></tr>
<tr><td rowspan="3">任职受雇从业单位二</td><td>名称</td><td colspan="2"></td><td>国家/地区</td><td></td></tr>
<tr><td>纳税人识别号（统一社会信用代码）</td><td colspan="2"></td><td>任职受雇从业日期</td><td>年　月　离职日期　年　月</td></tr>
<tr><td>类型</td><td colspan="2">□雇员　□保险营销员
□证券经纪人　□其他</td><td>职务</td><td>□高层　□其他</td></tr>
</table>

续表

<table>
<tr><td colspan="7">该栏仅由投资者纳税人填写</td></tr>
<tr><td rowspan="2">被投资单位一</td><td>名称</td><td></td><td>国家/地区</td><td colspan="3"></td></tr>
<tr><td>纳税人识别号（统一社会信用代码）</td><td></td><td>投资额（元）</td><td></td><td>投资比例</td><td></td></tr>
<tr><td rowspan="2">被投资单位二</td><td>名称</td><td></td><td>国家/地区</td><td colspan="3"></td></tr>
<tr><td>纳税人识别号（统一社会信用代码）</td><td></td><td>投资额（元）</td><td></td><td>投资比例</td><td></td></tr>
<tr><td colspan="7">该栏仅由华侨、港澳台、外籍个人填写（带＊必填）</td></tr>
<tr><td>＊出生地</td><td colspan="2"></td><td>＊首次入境时间</td><td colspan="3">年　月　日</td></tr>
<tr><td>＊性别</td><td colspan="2"></td><td>＊预计离境时间</td><td colspan="3">年　月　日</td></tr>
<tr><td>＊涉税事由</td><td colspan="6">□任职受雇　□提供临时劳务　□转让财产　□从事投资和经营活动　□其他</td></tr>
<tr><td colspan="7">谨声明：本表是根据国家税收法律法规及相关规定填报的，是真实的、可靠的、完整的。
纳税人（签字）：　　　　年　月　日</td></tr>
<tr><td colspan="3">经办人签字：
经办人身份证件号码：
代理机构签章：
代理机构统一社会信用代码：</td><td colspan="4">受理人：

受理税务机关（章）：
受理日期：　　年　月　日</td></tr>
</table>

国家税务总局监制

表 6-8　个人所得税扣缴申报表

税款所属期：　　年　月　日至　　年　月　日

扣缴义务人名称：

扣缴义务人纳税人识别号(统一社会信用代码)：□□□□□□□□□□□□□□□□□□

金额单位：人民币元(列至角分)

序号	姓名	身份证件类型	身份证件号码	纳税人识别号	是否为非居民个人	所得项目	本月(次)情况														累计情况									减按计税比例	准予扣除的捐赠额	税款计算							备注
							收入额计算			减除费用	专项扣除				其他扣除						累计收入额	累计减除费用	累计专项扣除	累计专项附加扣除					累计其他扣除										
							收入	费用	免税收入		基本养老保险费	基本医疗保险费	失业保险费	住房公积金	年金	商业健康保险	税延养老保险	财产原值	允许扣除的税费	其他				子女教育	赡养老人	住房贷款利息	住房租金	继续教育				应纳税所得额	税率、预扣率	速算扣除数	应纳税额	减免税额	已缴税额	应补、退税额	
1	2	3	4	5	6	7	8	9	10	11	12	13	14	15	16	17	18	19	20	21	22	23	24	25	26	27	28	29	30	31	32	33	34	35	36	37	38	39	40
会计合计																																							

谨声明：本表是根据国家税收法律法规及相关规定填报的，是真实的、可靠的、完整的。

扣缴义务人(签章)：　　　　年　月　日

经办人签字： 经办人身份证件号码： 代理机构签章： 代理机构统一社会信用代码：	受理人： 受理税务机关(章)： 受理日期：　　年　　月　日

国家税务总局监制

表 6-9 个人所得税自行纳税申报表(A 表)

税款所属期： 年 月 日至 年 月 日

纳税人姓名：

纳税人识别号：□□□□□□□□□□□□□□□□□□ 金额单位：人民币元(列至角分)

自行申报情形	□居民个人取得应税所得，扣缴义务人未扣缴税款 □非居民个人取得应税所得，扣缴义务人未扣缴税款 □非居民个人在中国境内从两处以上取得工资、薪金所得 □其他 ________	是否为非居民个人	□是 □否	非居民个人本年度境内居住天数	□不超过 90 天 □超过 90 天不超过 183 天

序号	所得项目	收入额计算			减除费用	专项扣除				其他扣除			减按计税比例	准予扣除的捐赠额	税款计算							备注
		收入	费用	免税收入		基本养老保险费	基本医疗保险费	失业保险费	住房公积金	财产原值	允许扣除的税费	其他			应纳税所得额	税率	速算扣除数	应纳税额	减免税额	已缴税额	应补、退税额	
1	2	3	4	5	6	7	8	9	10	11	12	13	14	15	16	17	18	19	20	21	22	23

谨声明：本表是根据国家税收法律法规及相关规定填报的，是真实的、可靠的、完整的。

纳税人签字： 年 月 日

经办人签字： 经办人身份证件号码： 代理机构签章： 代理机构统一社会信用代码：	受理人： 受理税务机关(章)： 受理日期： 年 月 日

国家税务总局监制

表 6-10 个人所得税年度自行纳税申报表

税款所属期：　　年　月　日至　　年　月　日

纳税人姓名：

纳税人识别号：□□□□□□□□□□□□□□□□□□　　　　金额单位：人民币元(列至角分)

项　　目	行　次	金　额
一、收入合计(1=2+3+4+5)	1	
(一) 工资、薪金所得	2	
(二) 劳务报酬所得	3	
(三) 稿酬所得	4	
(四) 特许权使用费所得	5	
二、费用合计	6	
三、免税收入合计	7	
四、减除费用	8	
五、专项扣除合计(9=10+11+12+13)	9	
(一) 基本养老保险费	10	
(二) 基本医疗保险费	11	
(三) 失业保险费	12	
(四) 住房公积金	13	
六、专项附加扣除合计(14=15+16+17+18+19+20)	14	
(一) 子女教育	15	
(二) 继续教育	16	
(三) 大病医疗	17	
(四) 住房贷款利息	18	
(五) 住房租金	19	
(六) 赡养老人	20	
七、其他扣除合计(21=22+23+24+25+26)	21	
(一) 年金	22	
(二) 商业健康保险	23	
(三) 税延养老保险	24	
(四) 允许扣除的税费	25	
(五) 其他	26	
八、准予扣除的捐赠额	27	
九、应纳税所得额(28=1−6−7−8−9−14−21−27)	28	
十、税率(%)	29	

续表

十一、速算扣除数	30	
十二、应纳税额(31=28×29−30)	31	
十三、减免税额	32	
十四、已缴税额	33	
十五、应补/退税额(34=31−32−33)	34	

<table>
<tr><td colspan="4">无住所个人附报信息</td></tr>
<tr><td>在华停留天数</td><td></td><td>已在华停留年数</td><td></td></tr>
<tr><td colspan="4">谨声明:本表是根据国家税收法律法规及相关规定填报的,是真实的、可靠的、完整的。
纳税人签字:　　年　月　日</td></tr>
<tr><td colspan="2">经办人签字:
经办人身份证件号码:
代理机构签章:
代理机构统一社会信用代码:</td><td colspan="2">受理人:

受理税务机关(章):
受理日期:　　年　月　日</td></tr>
</table>

国家税务总局监制

表 6-11　个人所得税经营所得纳税申报表(A 表)

税款所属期:　年　月　日至　年　月　日

纳税人姓名:

纳税人识别号:□□□□□□□□□□□□□□□□□□　　金额单位:人民币元(列至角分)

<table>
<tr><td>被投资单位信息</td><td>名称</td><td></td><td>纳税人识别号
(统一社会信用代码)</td><td colspan="2"></td></tr>
<tr><td>征收方式</td><td colspan="5">□查账征收(据实预缴)　□查账征收(按上年应纳税所得额预缴)
□核定应税所得率征收　□核定应纳税所得额征收
□税务机关认可的其他方式 ________</td></tr>
<tr><td colspan="4">项目</td><td>行次</td><td>金额/比例</td></tr>
<tr><td colspan="4">一、收入总额</td><td>1</td><td></td></tr>
<tr><td colspan="4">二、成本费用</td><td>2</td><td></td></tr>
<tr><td colspan="4">三、利润总额(3=1−2)</td><td>3</td><td></td></tr>
<tr><td colspan="4">四、弥补以前年度亏损</td><td>4</td><td></td></tr>
<tr><td colspan="4">五、应税所得率(%)</td><td>5</td><td></td></tr>
<tr><td colspan="4">六、合伙企业个人合伙人分配比例(%)</td><td>6</td><td></td></tr>
<tr><td colspan="4">七、允许扣除的个人费用及其他扣除(7=8+9+14)</td><td>7</td><td></td></tr>
<tr><td colspan="4">(一)投资者减除费用</td><td>8</td><td></td></tr>
<tr><td colspan="4">(二)专项扣除(9=10+11+12+13)</td><td>9</td><td></td></tr>
</table>

续表

1. 基本养老保险费	10	
2. 基本医疗保险费	11	
3. 失业保险费	12	
4. 住房公积金	13	
(三) 依法确定的其他扣除(14=15+16+17)	14	
1.	15	
2.	16	
3.	17	
八、应纳税所得额	18	
九、税率(%)	19	
十、速算扣除数	20	
十一、应纳税额(21=18×19-20)	21	
十二、减免税额(附报"个人所得税减免税事项报告表")	22	
十三、已缴税额	23	
十四、应补/退税额(24=21-22-23)	24	
谨声明:本表是根据国家税收法律法规及相关规定填报的,是真实的、可靠的、完整的。 纳税人签字:　　　年　月　日		
经办人签字: 经办人身份证件号码: 代理机构签章: 代理机构统一社会信用代码:	受理人: 受理税务机关(章): 受理日期:　　年　月　日	

国家税务总局监制

表 6-12　个人所得税经营所得纳税申报表(B 表)

税款所属期:　年　月　日 至　年　月　日

纳税人姓名:

纳税人识别号:□□□□□□□□□□□□□□□□□□□□□□□□□□□□　　金额单位:人民币元(列至角分)

被投资单位信息	名称		纳税人识别号(统一社会信用代码)	

项目	行次	金额/比例
一、收入总额	1	
其中:国债利息收入	2	
二、成本费用(3=4+5+6+7+8+9+10)	3	
(一) 营业成本	4	
(二) 销售费用	5	
(三) 管理费用	6	

续表

（四）财务费用	7	
（五）税金	8	
（六）损失	9	
（七）其他支出	10	
三、利润总额(11=1－2－3)	11	
四、纳税调整增加额(12=13＋27)	12	
（一）超过规定标准的扣除项目金额(13=14＋15＋16＋17＋18＋19＋20＋21＋22＋23＋24＋25＋26)	13	
1. 职工福利费	14	
2. 职工教育经费	15	
3. 工会经费	16	
4. 利息支出	17	
5. 业务招待费	18	
6. 广告费和业务宣传费	19	
7. 教育和公益事业捐赠	20	
8. 住房公积金	21	
9. 社会保险费	22	
10. 折旧费用	23	
11. 无形资产摊销	24	
12. 资产损失	25	
13. 其他	26	
（二）不允许扣除的项目金额(27=28＋29＋30＋31＋32＋33＋34＋35＋36)	27	
1. 个人所得税税款	28	
2. 税收滞纳金	29	
3. 罚金、罚款和被没收财物的损失	30	
4. 不符合扣除规定的捐赠支出	31	
5. 赞助支出	32	
6. 用于个人和家庭的支出	33	
7. 与取得生产经营收入无关的其他支出	34	
8. 投资者工资薪金支出	35	
9. 其他不允许扣除的支出	36	
五、纳税调整减少额	37	
六、纳税调整后所得(38=11＋12－37)	38	
七、弥补以前年度亏损	39	
八、合伙企业个人合伙人分配比例(%)	40	
九、允许扣除的个人费用及其他扣除(41=42＋43＋48＋55)	41	

续表

（一）投资者减除费用	42	
（二）专项扣除(43＝44＋45＋46＋47)	43	
1. 基本养老保险费	44	
2. 基本医疗保险费	45	
3. 失业保险费	46	
4. 住房公积金	47	
（三）专项附加扣除(48＝49＋50＋51＋52＋53＋54)	48	
1. 子女教育	49	
2. 继续教育	50	
3. 大病医疗	51	
4. 住房贷款利息	52	
5. 住房租金	53	
6. 赡养老人	54	
（四）依法确定的其他扣除(55＝56＋57＋58＋59)	55	
1. 商业健康保险	56	
2. 税延养老保险	57	
⋮	58	
十、投资抵扣	59	
十一、准予扣除的个人捐赠支出	60	
十二、应纳税所得额(61＝38－39－41－59－60)或[61＝(38－39)×40－41－59－60]	61	
十三、税率(％)	62	
十四、速算扣除数	63	
十五、应纳税额(64＝61×62－63)	64	
十六、减免税额(附报“个人所得税减免税事项报告表”)	65	
十七、已缴税额	66	
十八、应补/退税额(67＝64－65－66)	67	

谨声明：本表是根据国家税收法律法规及相关规定填报的，是真实的、可靠的、完整的。

纳税人签字：　　　　年　月　日

经办人签字： 经办人身份证件号码： 代理机构签章： 代理机构统一社会信用代码：	受理人： 受理税务机关(章)： 受理日期：　　　年　月　日

国家税务总局监制

表 6-13 个人所得税经营所得纳税申报表(C 表)

税款所属期：　　年　月　日至　　年　月　日

纳税人姓名：

纳税人识别号：□□□□□□□□□□□□□□□□□□□□□□　　金额单位：人民币元(列至角分)

			单位名称	纳税人识别号 (统一社会信用代码)	投资者应 纳税所得额
被投资单位信息	汇总地				
	非汇总地	1			
		2			
		3			
		4			
		5			

项目	行次	金额/比例
一、投资者应纳税所得额合计	1	
二、应调整的个人费用及其他扣除(2=3+4+5+6)	2	
(一) 投资者减除费用	3	
(二) 专项扣除	4	
(三) 专项附加扣除	5	
(四) 依法确定的其他扣除	6	
三、应调整的其他项目	7	
四、调整后应纳税所得额(8=1+2+7)	8	
五、税率(%)	9	
六、速算扣除数	10	
七、应纳税额(11=8×9−10)	11	
八、减免税额(附报“个人所得税减免税事项报告表”)	12	
九、已缴税额	13	
十、应补/退税额(14=11−12−13)	14	

谨声明：本表是根据国家税收法律法规及相关规定填报的，是真实的、可靠的、完整的。

纳税人签字：　　　　年　月　日

经办人签字： 经办人身份证件号码： 代理机构签章： 代理机构统一社会信用代码：	受理人： 受理税务机关(章)： 受理日期：　　　年　月　日

国家税务总局监制

表 6-14　个人所得税专项附加扣除信息表

税款所属期：　　年　月　日　　　　　　　　　　扣除年度：

纳税人姓名：　　　　　　　　　　　　　　　　　纳税人识别号：□□□□□□□□□□□□□□□□□□

纳税人信息	手机号码			电子邮箱		
	联系地址			配偶情况	□有配偶　□无配偶	
纳税人配偶信息	姓名		身份证件类型		身份证件号码	□□□□□□□□□□□□□□□□□□
一、子女教育						
较上次报送信息是否发生变化：□首次报送（请填写全部信息）　□无变化（不需重新填写）　□有变化（请填写发生变化项目的信息）						
子女一	姓名		身份证件类型		身份证件号码	□□□□□□□□□□□□□□□□□□
	出生日期		当前受教育阶段	□学前教育阶段　□义务教育　□高中阶段教育　□高等教育		
	当前受教育阶段起始时间	年　月	当前受教育阶段结束时间	年　月	子女教育终止时间 *不再受教育时填写	年　月
	就读国家（或地区）		就读学校		本人扣除比例	□100%（全额扣除）　□50%（平均扣除）
子女二	姓名		身份证件类型		身份证件号码	□□□□□□□□□□□□□□□□□□
	出生日期		当前受教育阶段	□学前教育阶段　□义务教育　□高中阶段教育　□高等教育		
	当前受教育阶段起始时间	年　月	当前受教育阶段结束时间	年　月	子女教育终止时间 *不再受教育时填写	年　月
	就读国家（或地区）		就读学校		本人扣除比例	□100%（全额扣除）　□50%（平均扣除）
二、继续教育						
较上次报送信息是否发生变化：□首次报送（请填写全部信息）　□无变化（不需重新填写）　□有变化（请填写发生变化项目的信息）						
学历（学位）继续教育	当前继续教育起始时间	年　月	当前继续教育结束时间	年　月	学历（学位）继续教育阶段	□专科　□本科　□硕士研究生　□博士研究生　□其他
职业资格继续教育	职业资格继续教育类型	□技能人员　□专业技术人员			证书名称	
	证书编号		发证机关		发证（批准）日期	
三、住房贷款利息						
较上次报送信息是否发生变化：□首次报送（请填写全部信息）　□无变化（不需重新填写）　□有变化（请填写发生变化项目的信息）						

续表

房屋信息	住房坐落地址	省(区、市)　市　县(区)　街道(乡、镇)			
	产权证号/不动产登记号/商品房买卖合同号/预售合同号				
房贷信息	本人是否借款人	□是　□否		是否婚前各自首套贷款，且婚后分别扣除 50%	□是　□否
	公积金贷款|贷款合同编号				
	贷款期限(月)			首次还款日期	
	商业贷款|贷款合同编号			贷款银行	
	贷款期限(月)			首次还款日期	
四、住房租金					
较上次报送信息是否发生变化：□首次报送(请填写全部信息)　□无变化(不需重新填写)　□有变化(请填写发生变化项目的信息)					
房屋信息	住房坐落地址	省(区、市)　市　县(区)　街道(乡、镇)			
租赁情况	出租方(个人)姓名		身份证件类型	身份证件号码	□□□□□□□□□□□□□□□□□□
	出租方(单位)名称			纳税人识别号(统一社会信用代码)	
	主要工作城市(*填写市一级)			住房租赁合同编号(非必填)	
	租赁期起			租赁期止	
五、赡养老人					
较上次报送信息是否发生变化：□首次报送(请填写全部信息)　□无变化(不需重新填写)　□有变化(请填写发生变化项目的信息)					
纳税人身份		□独生子女　□非独生子女			
被赡养人一	姓名		身份证件类型	身份证件号码	□□□□□□□□□□□□□□□□□□
	出生日期		与纳税人关系	□父亲　□母亲　□其他	
被赡养人二	姓名		身份证件类型	身份证件号码	□□□□□□□□□□□□□□□□□□
	出生日期		与纳税人关系	□父亲　□母亲　□其他	

续表

<table>
<tr><td rowspan="4">共同赡养人信息</td><td>姓名</td><td></td><td>身份证件类型</td><td></td><td>身份证件号码</td><td>□□□□□□□□□□□□□□□□□□</td></tr>
<tr><td>姓名</td><td></td><td>身份证件类型</td><td></td><td>身份证件号码</td><td>□□□□□□□□□□□□□□□□□□</td></tr>
<tr><td>姓名</td><td></td><td>身份证件类型</td><td></td><td>身份证件号码</td><td>□□□□□□□□□□□□□□□□□□</td></tr>
<tr><td>姓名</td><td></td><td>身份证件类型</td><td></td><td>身份证件号码</td><td>□□□□□□□□□□□□□□□□□□</td></tr>
<tr><td colspan="2">分摊方式 ＊独生子女不需填写</td><td colspan="3">□平均分摊 □赡养人约定分摊
□被赡养人指定分摊</td><td>本年度月扣除金额</td><td></td></tr>
<tr><td colspan="7">六、大病医疗(仅限综合所得年度汇算清缴申报时填写)</td></tr>
<tr><td colspan="7">较上次报送信息是否发生变化： □首次报送(请填写全部信息) □无变化(不需重新填写) □有变化(请填写发生变化项目的信息)</td></tr>
<tr><td rowspan="2">患者一</td><td>姓名</td><td></td><td>身份证件类型</td><td></td><td>身份证件号码</td><td>□□□□□□□□□□□□□□□□□□</td></tr>
<tr><td>医药费用总金额</td><td></td><td>个人负担金额</td><td></td><td>与纳税人关系</td><td>□本人 □配偶 □未成年子女</td></tr>
<tr><td rowspan="2">患者二</td><td>姓名</td><td></td><td>身份证件类型</td><td></td><td>身份证件号码</td><td>□□□□□□□□□□□□□□□□□□</td></tr>
<tr><td>医药费用总金额</td><td></td><td>个人负担金额</td><td></td><td>与纳税人关系</td><td>□本人 □配偶 □未成年子女</td></tr>
<tr><td colspan="7">需要在任职受雇单位预扣预缴工资、薪金所得个人所得税时享受专项附加扣除的，填写本栏</td></tr>
<tr><td colspan="7">重要提示：当您填写本栏，表示您已同意该任职受雇单位使用本表信息为您办理专项附加扣除。</td></tr>
<tr><td colspan="2">扣缴义务人名称</td><td colspan="3"></td><td>扣缴义务人纳税人识别号
(统一社会信用代码)</td><td>□□□□□□□□□□□□□□□□</td></tr>
<tr><td colspan="7">本人承诺：我已仔细阅读了填表说明，并根据《中华人民共和国个人所得税法》及其实施条例、《个人所得税专项附加扣除暂行办法》、《个人所得税专项附加扣除操作办法(试行)》等相关法律法规规定填写本表。本人已就所填的扣除信息进行了核对，并对所填内容的真实性、准确性、完整性负责。
纳税人签字： 年 月 日</td></tr>
<tr><td colspan="3">扣缴义务人签章：

经办人签字：

接收日期： 年 月 日</td><td colspan="3">代理机构签章：

代理机构统一社会信用代码：
经办人签字：
经办人身份证件号码：</td><td>受理人：

受理税务机关(章)：

受理日期： 年 月 日</td></tr>
</table>

国家税务总局监制

思考练习

一、单项选择题

1. 利息、股息、红利所得的税率为(　　)。

A. 10%　　B. 15%

C. 20%　　D. 30%

2. 张某取得的下列收入中,应按“稿酬所得”计缴个人所得税的是(　　)。

A. 作品参展收入　　B. 翻译收入

C. 审稿收入　　D. 出版书画作品收入

3. 财产租赁所得以(　　)内取得的收入为一次。

A. 1个月　　B. 1个季度

C. 半年　　D. 1年

4. 下列各项中,应缴纳个人所得税的是(　　)。

A. 退休工资　　B. 国债利息

C. 保险赔偿　　D. 财产转让所得

5. 个人担任其任职的公司的董事取得收入,应按(　　)税目缴纳个人所得税。

A. 劳务报酬所得　　B. 工资、薪金所得

C. 经营所得　　D. 利息、股息、红利所得

6. 下列各项中,属于居民纳税人的是(　　)。

A. 外国人甲2020年1月1日入境,6月1日离境

B. 外国人甲2020年1月1日入境,7月1日离境

C. 外国人甲2020年1月1日入境,12月1日离境

D. 外国人甲2020年1月1日入境,5月1日离境

7. 根据税法规定,个人转让自用达(　　)年以上,并且是家庭唯一居住用房取得的所得,暂免征收个人所得税。

A. 1　　B. 3

C. 5　　D. 10

8. 王某在一次彩票抽奖中,花3 000元抽中一辆价值350 000元的宝马车,已知“偶然所得”的个人所得税税率为20%。王某应缴纳的个人所得税为(　　)元。

A. 600　　B. 70 000

C. 69 400　　D. 70 600

9. 根据个人所得税法的规定,纳税人从两处或两处以上取得工资、薪金所得的,应向(　　)的主管税务机关申报纳税。

A. 收入来源地　　B. 税务机关指定地

C. 户籍所在地　　D. 纳税人选择并固定一处单位所在地

10. 个人提供专利权、商标权、著作权、非专利技术的使用权而取得的所得为(　　)。

A. 财产转让所得　　B. 财产租赁所得

C. 特许权使用费所得　　D. 偶然所得

二、多项选择题

1. 个人所得税的纳税人可分为(　　)。

A. 高所得纳税人　　B. 居民纳税人

C. 低所得纳税人　　D. 非居民纳税人

2. 我国的个人所得税实行(　　)相结合的制度。

A. 代扣代缴　　B. 专人负责

C. 自行申报　　D. 中介代理

3. 下列收入不属于工资、薪金性质的津贴、补贴,不予征收个人所得税的是(　　)。

A. 交通补贴　　B. 误餐补贴

C. 独生子女津贴　　D. 岗位津贴

4. 下列各项所得在计算应纳税所得额时不能扣除的是(　　)。

A. 利息、股息、红利所得　　B. 偶然所得

C. 工资、薪金所得　　D. 经营所得

5. 综合所得包括(　　)。

A. 工资、薪金所得　　B. 劳务报酬所得

C. 稿酬所得　　D. 特许权使用费所得

6. 下列各项中,属于"劳务报酬所得"的是(　　)。

A. 审稿收入　　B. 设计收入

C. 翻译收入　　D. 发表文章收入

7. 朱先生取得的下列收入中,免征或者暂予免征个人所得税的是(　　)。

A. 退休金 6 000 元　　B. 翻译收入 2 500 元

C. 拆迁补偿款 160 000 元　　D. 体育彩票一次性中奖收入 2 000 元

8. 下列各项所得税适用累进税率形式的有(　　)。

A. 财产转让所得　　B. 财产租赁所得

C. 工资、薪金所得　　D. 经营所得

9. 采用按次征税的个人所得税应税项目有(　　)。

A. 工资、薪金所得　　B. 财产租赁所得

C. 经营所得　　D. 偶然所得

10. 下列项目中,能进行专项附加扣除的有(　　)。

A. 子女教育　　B. 大病医疗

C. 住房租金　　D. 赡养老人

11. 居民纳税人就其取得的(　　)缴纳个人所得税。

A. 境内所得　　B. 境外所得

C. 合法所得　　D. 非法所得

三、判断题

1. 一个纳税年度是指从企业成立之日起 1 年。(　　)

2. 独生子女补贴不予征收个人所得税。(　　)

3. 小李是甲演出公司的会计,偶尔被甲公司安排参与演出取得的所得应按照偶然所得缴纳个人所得税。(　　)

4. 作者逝世后，财产继承人取得的遗作稿酬，也应征收个人所得税。（　）

5. 个人取得拆迁补偿款应缴纳个人所得税。（　）

6. 个人接受学历教育既符合子女教育专项附加扣除，又符合继续教育专项附加扣除的，由父母按照子女教育专项附加扣除的同时可由本人按照继续教育专项附加扣除。（　）

7. 小汪兼职取得的收入，应按照“工资、薪金所得”项目缴纳个人所得税。（　）

8. 王女士购买福利彩票获得 5 000 元的中奖收入，应纳税所得额为 5 000 元。（　）

9. 居民个人将居住 10 年的唯一住房出售取得的收入，需缴纳个人所得税。（　）

四、业务题

1. 张某 2020 年 5 月取得的收入如下：

(1) 到期国债利息收入 10 000 元。

(2) 购买福利彩票 5 000 元，获得一次性中奖收入 20 000 元。

(3) 将 2013 年购进且为唯一家庭生活用房的房子出售，取得收入 300 万元，该套房子的买入价为 100 万元。

要求：请计算张某应缴纳的个人所得税。

2. 2020 年，高校教师李某取得工资、薪金所得 120 000 元。已知当地规定的社会保险和住房公积金个人缴存比例为养老保险 8%，医疗保险 2%，失业保险 0.5%，住房公积金 12%，李某缴纳社会保险费核定的缴费工资基数为 6 000 元。李某于 2017 年贷款购买一套家庭住房，正处于还贷期，家中有两个孩子，一个正上幼儿园，另一个未满 2 岁。

要求：请计算李某应缴纳的个人所得税。

操作视频
个人所得税清缴汇算

在线测试

项目七 财产行为税纳税业务

● **知识目标**

了解房产税、车船税、车辆购置税、契税、印花税、城市维护建设税和教育费附加的基本税收知识；

掌握房产税、车船税、车辆购置税、契税、印花税、城市维护建设税和教育费附加的计算方法；

掌握房产税、车船税、车辆购置税、契税、印花税、城市维护建设税和教育费附加纳税申报的相关知识。

财产行为税是指以纳税人拥有的财产数量或财产价值为征税对象，或者为了实现某种特定目的，以纳税人的某些特定行为为征税对象的税种。房产税、车船税、车辆购置税、契税有利于公平税负和缓解财富分配不均的现象；印花税、城市维护建设税和教育费附加的选择性较为明显，且有着较强的时效性。

任务一 房产税

一、房产税税收政策认知

房产税是以房产为征税对象，按照房产的计税价格或房产的租金收入向房产所有人或经营管理人等征收的一种税。对房产征税，目的是加强对房产的管理，提高房产的使用效率，合理调节房产所有人和经营人的收入，均衡社会财富。

（一）房产税的纳税人

房产税的纳税人是指在我国城市、县城、建制镇和工矿区内拥有房屋产权的单位和个人，包括产权所有人、承典人、房产代管人或者使用人。

(1) 产权属于国家所有的，其经营管理的单位为纳税人。

(2) 产权属于集体和个人的,集体单位和个人为纳税人。

(3) 产权出典的,承典人为纳税人。

(4) 产权所有人、承典人不在房产所在地的,房产代管人或者使用人为纳税人。

(5) 产权未确定以及租典(租赁、出典)纠纷未解决的,房产代管人或者使用人为纳税人。

(6) 纳税单位和个人无租使用房产管理部门、免税单位及纳税单位的房产的,由使用人代为缴纳房产税。

(二) 房产税的征税范围

房产税的征税范围是城市、县城、建制镇和工矿区内的房产,不包括农村的房产。

所谓房产,就是指以房屋形态表现的财产,是指有屋面和围护结构(有墙或两边有柱),能够遮风避雨,可供人们在其中生产、学习、工作、娱乐、居住或储藏物资的场所。凡在房产税征收范围内的具备房屋功能的地下建筑,包括与地上房屋相连的地下建筑以及完全建在地面以下的建筑、地下人防设施等,均应依照有关规定征收房产税。独立于房屋之外的建筑物(如围墙、烟囱、水塔、油池油柜、酒窖菜窖、酒精池、糖蜜池、室外游泳池、玻璃暖房、砖瓦石灰窑及各种油气罐等),不属于房产,不是房产税的征税对象。只有与房屋不可分离的附属设施才属于房产税的征税对象。

(三) 房产税的税率

我国现行房产税采用比例税率。从价计征和从租计征实行不同标准的比例税率:

(1) 从价计征的,即按房产余值计征的,年税率为 1.2%。

(2) 从租计征的,即按房产租金收入计征的,税率为 12%。但对个人按市场价格出租的居民用房,不区分用途,按 4%的税率征收房产税。

(四) 房产税的税收优惠

(1) 国家机关、人民团体和军队自用的房产免征房产税。上述免税单位的出租房及非自身业务使用的生产、营业用房,不属于免税范围。自 2004 年 8 月 1 日起,对军队空余房产租赁收入暂免征收房产税。

(2) 由国家财政部门拨付事业经费(全额或差额)的单位(学校、医疗卫生单位、托儿所、幼儿园、敬老院以及文化、体育、艺术类单位)所有的、本身业务范围内使用的房产免征房产税。

(3) 宗教寺庙、公园、名胜古迹自用的房产免征房产税。

(4) 个人所有非营业用的房产免征房产税。

(5) 经财政部批准免税的其他房产。

① 毁损、不堪居住的房屋和危险房屋,经有关部门鉴定,在停止使用后,可免征房产税。

② 纳税人因房屋大修导致连续停用半年以上的,在大修期间免征房产税。

③ 在基建工地为基建工地服务的各种工棚、材料棚、休息棚和办公室、食堂、茶炉房、汽车房等临时性房屋。施工期间一律免征房产税;工程结束后,将这些临时性房屋交还或估价转让给基建单位的,应从基建单位接收的次月起,照章纳税。

④ 对房管部门经租的居民住房,在房租调整改革之前收取租金偏低的,可暂缓征收。

⑤ 对高校学生公寓免征房产税。

⑥ 对非营利性医疗机构、疾病控制机构和妇幼保健机构等卫生机构自用的房产，免征房产税。

⑦ 老年服务机构自用的房产免征房产税。

⑧ 对按政府规定价格出租的公有住房和廉租住房，暂免征收房产税。

⑨ 向居民供热并向居民收取采暖费的供热企业暂免征收房产税。

(6) 自 2019 年 1 月 1 日至 2021 年 12 月 31 日，对高校学生公寓免征房产税。

(7) 自 2019 年 1 月 1 日至 2021 年 12 月 31 日，对农产品批发市场、农贸市场(包括自有和承租，下同)专门用于经营农产品的房产、土地，暂免征收房产税。对同时经营其他产品的农产品批发市场和农贸市场使用的房产、土地，按其他产品与农产品交易场地面积的比例确定征免房产税。

(8) 对按照去产能和调结构政策要求停产停业、关闭的企业，自停产停业次月起，免征房产税。企业享受免税政策的期限累计不得超过两年。

(9) 自 2019 年 1 月 1 日至 2020 年 12 月 31 日，对向居民供热收取采暖费的供热企业，为居民供热所使用的厂房及土地免征房产税。

二、房产税的计算

(一) 房产税的计税依据

房产税以房产的计税价格或租金收入为计税依据。按房产计税价格征税的，称为从价计征；按房产租金收入征税的，称为从租计征。

1. 从价计征

对经营自用的房屋，以房产余值作为计税依据。在确定房产余值时需注意以下几个问题：

(1) 房产余值是指按照房产原值减除 10%～30%后的余额。具体扣减比例由省、自治区、直辖市人民政府确定。

(2) 房产原值是指纳税人按照会计制度的规定，在账簿的“固定资产”账户中记载的房屋原价。

(3) 房屋附属设备和配套设施的计税规定。房产原值应包括与房屋不可分割的各种附属设备或一般不单独计算价值的配套设施的价值，主要有暖气、卫生、通风、照明、煤气等设备；各种管线，如蒸气、压缩空气、石油、给水排水等管道及电力、电信、电缆导线；电梯、升降机、过道、晒台等。对于更换房屋附属设备和配套设施的，在将其价值计入房产原值时，可扣减原来相应设备和设施的价值；对附属设备和配套设施中易损坏、需要经常更换的零配件，更新后不再计入房产原值。

(4) 土地价款计入房产原值征收房产税的规定。对于按房产原值计税的房产，无论会计上如何核算，房产原值均应包含地价。地价包括为取得土地使用权支付的价款、开发土地发生的成本费用等。宗地容积率低于 0.5 的，按房产建筑面积的 2 倍计算土地面积并据此确定计入房产原值的地价。

(5) 房屋改、扩建的计税规定。纳税人对原有房屋进行改建、扩建的，要相应增加房屋的原值。

(6) 地下建筑的计税规定。对于地下建筑，工业用途房产，以房屋原值的50%～60%作为应税房产原值；商业和其他用途房产，以房屋原值的70%～80%作为应税房产原值，其具体折算比例由各省、自治区、直辖市和计划单列市的财政和地方税务部门在上述幅度内自行确定。对于与地上房屋相连的地下建筑，如房屋的地下室、地下停车场、商场的地下部分等，应将地下部分与地上房屋视为一个整体，按地上房屋建筑的有关规定计算征收房产税。出租的地下建筑，按照出租地上房屋建筑的有关规定计算征收房产税。

2. 从租计征

房屋出租时，以其取得的租金收入(不含增值税)为计税依据计征房产税。租金收入是指房屋产权所有人出租房产使用权所取得的报酬，包括货币收入和实物收入。对以劳务或其他形式为报酬抵付房租收入的，应根据当地同类房产的租金水平，确定一个标准金额进行从租计征。

(二) 房产税应纳税额的计算

1. 从价计征

从价计征的房产税，其计算公式为：

应纳税额=应税房产原值×(1－扣除比例)×1.2%

式中，扣除比例幅度为10%～30%，具体减除幅度由省、自治区、直辖市人民政府确定。

【技能提升7-1】 某企业经营用房的房产原值为2 000万元，当地规定允许减除的幅度为20%，适用税率为1.2%。试计算该企业应缴纳的房产税。

解 应纳房产税税额=2 000×(1－20%)×1.2%=19.2(万元)

2. 从租计征

从租计征的房产税，其计算公式为：

应纳税额=租金收入×12%(或4%)

【技能提升7-2】 某企业2019年6月底将原价为1 000万元的房产出租给外单位使用，租期一年，年租金50万元，房产税按年计算，每半年缴纳一次。试计算该企业2019年下半年应缴纳的房产税。

解 应纳税额=50×12%×6÷12=3(万元)

【技能提升7-3】 王某拥有4套房产，第一套原值为100万元的房产供自己和家人居住；第二套原值为80万元的房产于2018年7月1日出租给李某居住，每月租金收入3 000元；第三套原值为120万元的房产于同年10月1日出租给某公司用作办公室，每月不含税租金收入5 000元；第四套原值为90万元的房产出典给孙某，取得出典收入3万元。另外王某还有一套临街门面房，原值为300万元，用于个人开餐馆。已知该地区按照房产原值一次性扣除30%后的余值计税，试计算王某2018年应缴纳的房产税。

解 (1) 自住的房屋不需要缴纳房产税。

(2) 出租给李某居住的房屋应缴纳的房产税=3 000×6×4%=720(元)

(3) 出租给某公司用作办公室的房屋应缴纳的房产税=5 000×3×12%=1 800(元)

(4) 出典给孙某的住房，承典人为孙某，王某作为出典人无须缴纳房产税。

(5) 王某开餐馆经营用的门面房应缴纳的房产税＝3 000 000×(1－30%)×1.2%＝25 200 (元)

五项合计,王某应纳房产税税额＝720＋1 800＋25 200＝27 720 (元)

【技能提升 7-4】 上海光华日化厂厂房原值为 1 000 万元,2020 年 10 月底将 400 万元的厂房出租给外单位使用,租期一年,年租金 30 万元。房产税的扣除比例为 20%,房产税按年计算,每半年缴纳一次,试计算该公司 2020 年下半年应缴纳的房产税。

解 (1) 从价计征部分的应纳房产税税额为:

应纳房产税税额＝(1 000－400)×(1－20%)×1.2%×6÷12＋400×(1－20%)×1.2%×2÷12＝3.52 (万元)

(2) 从租计征部分的应纳房产税税额为:

应纳房产税税额＝30×12%×2÷12＝0.6 (万元)

三、房产税的纳税申报

(一) 纳税义务发生时间

房产税纳税义务发生时间如表 7-1 所示。

表 7-1 房产税纳税义务发生时间

纳税人房产用途	纳税义务发生时间
将原有房屋用于生产经营	从生产经营的当月起
将自建房屋用于生产经营	从建成之日的次月起
委托施工企业建设的房屋	从办理验收手续的次月起
购置新建商品房	自房屋交付使用的次月起
购置存量房	自房屋权属转移、变更登记手续,房地产权属登记机关签发房屋权属证书的次月起
出租、出借房产	自交付出租、出借房产的次月起
房地产开发企业自用、出租、出借本企业建造的商品房	自房屋使用或交付的次月起

(二) 纳税地点

房产税在房产所在地缴纳。房产不在同一个地方的纳税人,应按房产的坐落地点分别向房产所在地的税务机关申报纳税。

(三) 纳税期限

房产税实行按年计算、分期缴纳的征收方法,具体缴纳期限由省、自治区、直辖市人民政府确定。

(四) 纳税申报表

自 2021 年 6 月 1 日起,纳税人申报缴纳城镇土地使用税、房产税、车船税、印花税、耕地占用税、资源税、土地增值税、契税、环境保护税、烟叶税中一个或多个税种时,使用《财产和行为税纳税申报表》,如表 7-2 和表 7-3 所示 。

表 7-2　财产和行为税纳税申报表

纳税人识别号(统一社会信用代码):□□□□□□□□□□□□□□□□□□

纳税人名称：

金额单位：人民币元(列至角分)

序号	税种	税目	税款所属期起	税款所属期止	计税依据	税率	应纳税额	减免税额	已缴税额	应补(退)税额
1										
2										
3										
4										
5										
6										
7										
8										
9										
10										
11	合计	—	—	—	—	—				

声明：此表是根据国家税收法律法规及相关规定填写的，本人(单位)对填报内容(及附带资料)的真实性、可靠性、完整性负责。

纳税人(签章)：　　年　月　日

经办人： 经办人身份证号： 代理机构签章： 代理机构统一社会信用代码：	受理人： 受理税务机关(章)： 受理日期：　年　月　日

填表说明：

1. 本表适用于申报城镇土地使用税、房产税、契税、耕地占用税、土地增值税、印花税、车船税、烟叶税、环境保护税、资源税。
2. 本表根据各税种税源明细表自动生成，申报前需填写税源明细表。
3. 本表包含一张附表《财产和行为税减免税明细申报附表》。
4. 纳税人识别号（统一社会信用代码）：填写税务机关核发的纳税人识别号或有关部门核发的统一社会信用代码。纳税人名称：填写营业执照、税务登记证等证件载明的纳税人名称。
5. 税种：税种名称，多个税种的，可增加行次。
6. 税目：税目名称，多个税目的，可增加行次。
7. 税款所属期起：纳税人申报相应税种所属期的起始时间，填写具体的年、月、日。
8. 税款所属期止：纳税人申报相应税种所属期的终止时间，填写具体的年、月、日。
9. 计税依据：计算税款的依据。
10. 税率：适用的税率。
11. 应纳税额：纳税人本期应当缴纳的税额。
12. 减免税额：纳税人本期享受的减免税金额，等于减免税附表中该税种的减免税额小计。
13. 已缴税额：纳税人本期应纳税额中已经缴纳的部分。
14. 应补（退）税额：纳税人本期实际需要缴纳的税额。应补（退）税额＝应纳税额－减免税额－已缴税额。

表 7-3　财产和行为税减免税明细申报附表

纳税人识别号(统一社会信用代码)：□□□□□□□□□□□□□□□□□□
纳税人名称：　　　　　　　　　　　　　　　　　　金额单位：人民币元(列至角分)

本期是否适用增值税小规模纳税人减征政策		□是 □否	本期适用增值税小规模纳税人减征政策起始时间		年　月
			本期适用增值税小规模纳税人减征政策终止时间		年　月
合计减免税额					
城镇土地使用税					
序号	土地编号	税款所属期起	税款所属期止	减免性质代码和项目名称	减免税额
1					
2					
小计	—			—	
房产税					
序号	房产编号	税款所属期起	税款所属期止	减免性质代码和项目名称	减免税额
1					
2					
小计	—			—	
车船税					
序号	车辆识别代码/船舶识别码	税款所属期起	税款所属期止	减免性质代码和项目名称	减免税额
1					
2					
小计				—	
印花税					
序号	税目	税款所属期起	税款所属期止	减免性质代码和项目名称	减免税额
1					
2					
小计	—			—	

资源税						
序号	税目	子目	税款所属期起	税款所属期止	减免性质代码和项目名称	减免税额
1						
2						
小计	—	—			—	

耕地占用税					
序号	税源编号	税款所属期起	税款所属期止	减免性质代码和项目名称	减免税额
1					
2					
小计	—			—	

契税					
序号	税源编号	税款所属期起	税款所属期止	减免性质代码和项目名称	减免税额
1					
2					
小计	—			—	

土地增值税					
序号	项目编号	税款所属期起	税款所属期止	减免性质代码和项目名称	减免税额
1					
2					
小计	—			—	

环境保护税							
序号	税源编号	污染物类别	污染物名称	税款所属期起	税款所属期止	减免性质代码和项目名称	减免税额
1							
2							
小计	—	—	—			—	

<table>
<tr><td colspan="2">声明：此表是根据国家税收法律法规及相关规定填写的，本人（单位）对填报内容（及附带资料）的真实性、可靠性、完整性负责。
纳税人（签章）：　　　年　月　日</td></tr>
<tr><td>经办人：
经办人身份证号：
代理机构签章：
代理机构统一社会信用代码：</td><td>受理人：
受理税务机关（章）：
受理日期：　　年　月　日</td></tr>
</table>

填表说明：

1. 本表为《财产和行为税纳税申报表》的附表，适用于申报城镇土地使用税、房产税、契税、耕地占用税、土地增值税、印花税、车船税、环境保护税、资源税的减免税。
2. 纳税人识别号（统一社会信用代码）：填写税务机关核发的纳税人识别号或有关部门核发的统一社会信用代码。纳税人名称：填写营业执照、税务登记证等证件载明的纳税人名称。
3. 适用增值税小规模纳税人减征政策的，需填写“本期是否适用增值税小规模纳税人减征政策”“本期适用增值税小规模纳税人减征政策起始时间”“本期适用增值税小规模纳税人减征政策终止时间”。其余项目根据各税种税源明细表自动生成，减免税申报前需填写税源明细表。
4. 本期是否适用增值税小规模纳税人减征政策：适用增值税小规模纳税人减征政策的，填写本项。纳税人在税款所属期内适用增值税小规模纳税人减征政策的，勾选“是”；否则，勾选“否”。纳税人自增值税一般纳税人按规定转登记为小规模纳税人的，自成为小规模纳税人的当月起适用减征优惠。

   增值税小规模纳税人按规定登记为一般纳税人的，自一一般纳税人生效之日起不再适用减征优惠；增值税年应税销售额超过小规模纳税人标准应当登记为一般纳税人而未登记，经税务机关通知，逾期仍不办理登记的，自逾期次月起不再适用减征优惠。
5. 本期适用增值税小规模纳税人减征政策起始时间：适用增值税小规模纳税人减征政策的，填写本项。如果税款所属期内纳税人一直为增值税小规模纳税人，填写税款所属期起始月份；如果税款所属期内纳税人由增值税一般纳税人转登记为增值税小规模纳税人，填写成为增值税小规模纳税人的月份。
6. 本期适用增值税小规模纳税人减征政策终止时间：适用增值税小规模纳税人减征政策的，填写本项。如果税款所属期内纳税人一直为增值税小规模纳税人，填写税款所属期终止月份，如同时存在多个税款所属期，则填写最晚的税款所属期终止月份；如果税款所属期内纳税人由增值税小规模纳税人登记为增值税一般纳税人，填写增值税一般纳税人生效之日上月；经税务机关通知，逾期仍不办理增值税一般纳税人登记的，自逾期次月起不再适用减征优惠，填写逾期当月所在的月份。
7. 税款所属期起：指纳税人申报相应税种所属期的起始时间，具体到年、月、日。
8. 税款所属期止：指纳税人申报相应税种所属期的终止时间，具体到年、月、日。
9. 减免性质代码和项目名称：按照税务机关最新制发的减免税政策代码表中最细项减免项目名称填写。
10. 减免税额：减免税项目对应的减免税金额。

任务二 车 船 税

一、车船税基本税收政策认知

车船税是指对在中华人民共和国境内车船管理部门登记的车辆、船舶(以下简称车船)征收的一种税。

(一) 车船税的纳税人

车船税的纳税人是指在我国境内属于"车船税税目税额表"规定的车船的所有人或者管理人。车船的所有人或者管理人未缴纳车船税的,使用人应代为缴纳车船税。

从事机动车第三者责任强制保险业务的保险机构为机动车车船税的扣缴义务人,应当在收取保险费时依法代收车船税,并出具代收税款凭证。

(二) 车船税的征税范围

车船税的征税范围包括依法应当在车船管理部门登记的机动车辆和船舶,以及依法不需要在车船登记管理部门登记的、在单位内部场所行驶或者作业的机动车辆和船舶。

境内单位和个人租入外国籍船舶的,不征收车船税。境内单位将船舶出租到境外的,应依法征收车船税。

(三) 车船税的税目、税率与计税依据

车船税的税目包括乘用车、商用车、其他车辆、摩托车和船舶。其税率为定额税率,如表 7-4 所示。其计税依据为车船的计税单位数量。

表 7-4 车船税税目税额

税目		计税单位	年基准税额/元	备注
乘用车[按发动机气缸容量(排气量)分档]	1.0 升(含)以下	每辆	60~360	核定载客人数 9 人(含)以下
	1.0 升以上至 1.6 升(含)		300~540	
	1.6 升以上至 2.0 升(含)		360~660	
	2.0 升以上至 2.5 升(含)		660~1 200	
	2.5 升以上至 3.0 升(含)		1 200~2 400	
	3.0 升以上至 4.0 升(含)		2 400~3 600	
	4.0 升以上		3 600~5 400	

续表

税目			计税单位	年基准税额/元	备注
商用车	客车		每辆	480～1 440	核定载客人数 9 人(含)以上(包括电车)
	货车		整备质量每吨	16～120	1. 包括半挂牵引车、三轮汽车和低速载货汽车等 2. 挂车按照货车税额的 50%计算
其他车辆	专用作业车		整备质量每吨	16～120	不包括拖拉机
	轮式专用机械车				
摩托车			每辆	36～180	
船舶	机动船舶	净吨位不超过 200 吨的	净吨位每吨	3	拖船按照发动机功率每 1 千瓦折合净吨位 0.67 吨计算征收车船税。拖船、非机动驳船分别按照机动船舶税额的 50%计算
		净吨位超过 200 吨但不超过 2 000 吨的		4	
		净吨位超过 2 000 吨但不超过 10 000 吨的		5	
		净吨位超过 10 000 吨的		6	
	游艇	艇身长度不超过 10 米的	艇身长度每米	600	
		艇身长度超过 10 米但不超过 18 米的		900	
		艇身长度超过 18 米但不超过 30 米的		1 300	
		艇身长度超过 30 米的		2 000	
		辅助动力帆艇		600	

小贴士

汽车的整备质量也就是人们常说的自重，是指汽车按出厂技术条件装备完整(如备胎、工具等安装齐备)，各种油水填满后的重量。

【基础巩固 7-1】 根据车船税法律制度的规定，下列各项中，属于商用车客车的计税依据的是(　　)。

A. 车辆数　　B. 整备质量吨位数

C. 净吨位数　　D. 购置价格

解析 答案为A。商用客车以每辆为计税依据。

(四)车船税的税收优惠

以下车船免征车船税:

(1)非机动车船(不包括非机动驳船)免征车船税。非机动车是指以人力或者畜力驱动的车辆,以及符合国家有关标准的残疾人机动轮椅车、电动自行车等车辆;非机动船是指自身没有动力装置,依靠外力驱动的船舶;非机动驳船是指在船舶管理部门登记为驳船的非机动船。

(2)拖拉机免征车船税。拖拉机是指在农业(农业机械)管理部门登记为拖拉机的车辆。

(3)捕捞、养殖渔船免征车船税。捕捞、养殖渔船是指在渔业船舶管理部门登记为捕捞船或者养殖船的渔业船舶,不包括在渔业船舶管理部门登记为捕捞船或者养殖船以外类型的渔业船舶。

(4)军队、武装警察部队专用的车船免征车船税。军队、武装警察部队专用的车船是指按照规定在军队、武装警察部队车船管理部门登记,并领取军队、武警牌照的车船。

(5)警用车船免征车船税。警用车船是指公安机关、国家安全机关、监狱、劳动教养管理机关和人民法院、人民检察院领取警用牌照的车辆和执行警务的专用船舶。

(6)依照法律规定应当予以免税的外国驻华使馆、国际组织驻华机构及其有关人员的车船免征车船税。

(7)对节约能源的车船减半征收车船税;对使用新能源的车船免征车船税;对受严重自然灾害影响纳税困难以及有其他特殊原因确需减税、免税的,可以减征或者免征车船税。

(8)省、自治区、直辖市人民政府根据当地实际情况,可以对公共交通车船,农村居民拥有并主要在农村地区使用的摩托车、三轮汽车和低速载货汽车定期减征或者免征车船税。

(9)经批准临时入境的外国车船和香港特别行政区、澳门特别行政区、台湾地区的车船,不征收车船税。

(10)国家综合性消防救援车辆由部队号牌改挂应急救援专用号牌的,一次性免征改挂当年车船税。

二、车船税的计算

车船税按计税依据不同,其计算方法有以下几种:

(1)乘用车、商用客车、摩托车以车辆数为计税依据,其计算公式为:

应纳税额=车辆数×适用年基准税额

(2)商用货车、挂车和其他车辆以自重吨位数为计税依据,其计算公式为:

应纳税额=自重吨位数×适用年基准税额

(3)机动船舶以净吨位数为计税依据,其计算公式为:

应纳税额=净吨位数×适用年基准税额

注意：新购置的车船自购置使用当月起按月计算。

【技能提升 7-5】 王某于 2020 年 7 月 15 日购置一辆发动机气缸为 2.0 升的乘用车，已知适用的年基准税额为 450 元。试计算王某 2020 年应缴纳的车船税。

解　应缴纳的车船税＝450×6÷12＝225（元）

【技能提升 7-6】 某运输公司 2020 年拥有并使用以下车辆：商用大型客车（核定载客人数 20 人以上）20 辆，每辆车的年基准税额为 1 140 元；中型客车（核定载客人数大于 9 人且小于 20 人）5 辆，每辆车的年基准税额为 960 元；商用货车 10 辆，每辆车整备质量为 10 吨，整备质量每吨 96 元；乘用车 5 辆，每辆车的年基准税额为 120 元。试计算该运输公司 2020 年应缴纳的车船税。

解　应缴纳的车船税＝20×1 140＋5×960＋10×10×96＋5×120＝37 800（元）

【技能提升 7-7】 某运输公司 2020 年拥有非机动驳船 2 艘，每艘净吨位 180 吨；机动船舶 10 艘，每艘净吨位 250 吨。已知当地机动船舶的车船税年基准税额为：净吨位小于或者等于 200 吨的，每吨 3 元；净吨位超过 200 吨但不超过 2 000 吨的，每吨 4 元。试计算该运输公司 2020 年应缴纳的车船税。

解　应缴纳的车船税＝2×180×3＋10×250×4＝11 080（元）

三、车船税的纳税申报

（一）纳税义务发生时间

车船税的纳税义务发生时间为车船管理部门核发的车船登记证书或者行驶证书所记载日期的当月。纳税人未按照规定到车船管理部门办理应税车船登记手续的，以车船购置发票开具时间的当月作为车船税的纳税义务发生时间。对未办理车船登记手续且无法提供车船购置发票的，由主管地方税务机关核定纳税义务发生时间。

（二）纳税地点

车船税纳税地点由省、自治区、直辖市人民政府根据当地实际情况确定。跨省、自治区、直辖市使用的车船，纳税地点为车船的登记地。

（三）纳税期限

车船税按年申报缴纳。纳税年度是指自公历 1 月 1 日起至 12 月 31 日止，具体申报纳税期限由省、自治区、直辖市人民政府确定。

（四）纳税申报表

车船税的纳税申报如表 7-2、表 7-3 所示。

任务三　车辆购置税

一、车辆购置税基本税收政策认知

车辆购置税是以在中国境内购置的规定的车辆为课税对象，在特定环节向车辆购置者征收的一种税。

（一）车辆购置税的纳税人

车辆购置税的纳税人是指在我国境内购置应税车辆的单位和个人。

购置包括购买使用行为；进口自用行为；受赠使用行为；自产自用行为；获奖使用行为；拍卖、抵债、走私罚没等方式取得并使用的行为。

（二）车辆购置税的征税范围

车辆购置税的征税范围包括汽车、摩托车、电车、挂车、农用运输车。

（三）车辆购置税的税率

车辆购置税实行10%的单一比例税率。车辆购置税税率的调整，由国务院决定并公布。

（四）车辆购置税的税收优惠

下列车辆免征车辆购置税：

(1) 依照法律规定应当予以免税的外国驻华使馆、领事馆和国际组织驻华机构及其有关人员自用的车辆。

(2) 中国人民解放军和中国人民武装警察部队列入装备订货计划的车辆。

(3) 悬挂应急救援专用号牌的国家综合性消防救援车辆。

(4) 自2016年1月1日起至2020年12月31日止，城市公交企业购置的公共汽电车辆。

免税、减税车辆因转让、改变用途等原因不再属于免税、减税范围的，应当在办理车辆过户手续前或者办理变更车辆登记注册手续前缴纳车辆购置税。计税价格以免税、减税车辆初次办理纳税申报时确定的计税价格为基准，每满一年扣减10%。

二、车辆购置税的计算

（一）车辆购置税的计税依据

车船购置税的计税依据为应税车辆的计税价格。计税价格通常根据具体情况确定，具体情况包括购买自用、进口自用或以其他形式取得并自用。

1. 购买自用

纳税人购买自用的应税车辆的计税价格，为纳税人购买应税车辆支付给销售者的全部价款和价外费用，但不包括增值税税款。价外费用是指销售方价外向购买方收取的基金、集资费、违约金和手续费、包装费、储存费、优质费、运输装卸费、保管费及其他各种性质的价外收费，但不包括销售方代办保险等向购买方收取的保险费，以及向购买方收取的代购买方缴纳的车辆购置税和车辆牌照费。

2. 进口自用

纳税人进口自用的应税车辆的计税价格的计算公式为：

计税价格＝关税完税价格＋关税＋消费税

3. 以自产、受赠、获奖或者以其他方式取得并自用

纳税人以自产、受赠、获奖或者以其他方式取得并自用的应税车辆为计税依据，由主管税务机关参照国家税务总局规定的最低计税价格核定。最低计税价格是指国家税务总局依据机动车生产企业或者经销商提供的车辆价格信息，参照市场平均交易价格核定的车辆购置税的计税价格。

纳税人购买自用或者进口自用的应税车辆，申报的计税价格低于同类型应税车辆的最低应税价格，又无正当理由的，计税价格为国家税务总局核定的最低计税价格。

（二）车辆购置税应纳税额的计算

车辆购置税实行一次性征收、固定税率的方法计算应纳税额。其计算公式为：

应纳税额＝计税价格×10％

【技能提升 7-8】 张某于 2020 年 7 月在某汽车销售 4S 店购买一辆自用小汽车，支付款项371 200 元(含增值税)，另支付购买零配件价款 23 200 元，车辆装饰费 1 392 元，所支付的款项均由该汽车有限公司开具“机动车销售统一发票”和有关票据，适用的增值税税率为13％。试计算张某应缴纳的车辆购置税。(保留到个位)

解 计税价格＝(371 200＋23 200＋1 392)÷(1＋13％)≈350 258 (元)

应纳税额＝350 258×10％＝35 025.8 (元)

【技能提升 7-9】 某上市公司 2020 年 5 月给该公司部门经理及以上职位员工配备车辆，共从国外进口某一型号小轿车 5 辆，每辆小轿车的关税完税价格为 38 万元，适用的关税税率为 25％、消费税税率为 5％，同时，该公司还在国内某汽车厂购入国产小轿车 15 辆，支付的购买价款为每辆 20.88 万元(含增值税)，适用的增值税税率为 13％。试计算该公司应缴纳的车辆购置税。(保留到个位)

解 (1) 进口小轿车的计税价格＝5×38×(1＋25％)÷(1－5％)＝250 (万元)

进口小轿车应缴纳的车辆购置税＝250×10％＝25 (万元)

(2) 国产小轿车的计税价格＝15×20.88÷(1＋13％)≈277 (万元)

国产小轿车应缴纳的车辆购置税＝277×10％＝27.7 (万元)

该公司应缴纳的车辆购置税合计＝25＋27.7＝52.7 (万元)

【技能提升 7-10】 某公司 2020 年 7 月将接受捐赠的 5 辆小汽车自用，同类型应税车辆的最低计税价格为 200 000 元/辆，小轿车的成本为 180 000 元/辆，成本利润率为 8％，消费税税率为 9％。试计算该公司应缴纳的车辆购置税。

解 应缴纳的车辆购置税额＝5×200 000×10％＝100 000 (元)

三、车辆购置税的纳税申报

（一）纳税义务发生时间

车辆购置税的纳税义务发生时间为纳税人购置应税车辆的当日。

（二）纳税地点

车辆购置税由税务机关负责征收，实行一车一申报制度。购置应税车辆应当向车辆登

记注册地的主管税务机关申报纳税；购置不需要办理车辆登记的应税车辆，应当向纳税人所在地的主管税务机关申报纳税。

（三）纳税期限

纳税人购买自用应税车辆的，自购买之日起 60 日内申报纳税；进口自用的应税车辆，应当自进口之日起 60 日内申报纳税；自产、受赠、获奖或以其他方式取得并自用的应税车辆，应当自取得之日起 60 日内申报纳税。购买之日是指纳税人购车发票上注明的销售日期；进口之日是指纳税人报关进口的当天。

车辆购置税的征税环节为使用环节，即最终消费环节。具体来说，纳税人应当在向公安机关等车辆管理机构办理车辆登记手续前，缴纳车辆购置税。

（四）纳税申报表

车辆购置税的纳税申报如表 7-2、表 7-3 所示。

任务四 契 税

一、契税基本税收政策认知

契税是以在我国境内转移土地、房屋权属为征税对象，向产权承受人征收的一种财产税。《中华人民共和国契税法》于 2020 年 8 月 11 日第十三届全国人民代表大会常务委员会第二十一次会议通过，并自 2021 年 9 月 1 日起施行。

（一）契税的纳税人

契税的纳税人是指在我国境内承受土地、房屋权属转移的单位和个人。契税由权属的承受人缴纳。土地、房屋权属是指土地使用权和房屋所有权；承受是指以受让、购买、受赠、交换等方式取得土地、房屋权属的行为；单位是指企业单位、事业单位、国家机关、军事单位和社会团体以及其他组织；个人是指个体经营者及其他个人，包括中国公民和外籍人员。

（二）契税的征税范围

契税的征税对象是在中国境内转移的土地、房屋权属。土地、房屋权属未发生转移的，不征收契税。契税的征税范围主要包括以下几个方面。

1. 土地使用权出让

土地使用权出让是指土地使用者交付土地使用权出让费用，从而在一定年限内获得土地使用权的行为。土地使用权出让，土地受让者应以土地出让金为依据计算缴纳契税。不得因减免土地出让金而减免契税。

2. 土地使用权转让

土地使用权转让是指土地使用者以出售、赠与、互换或其他方式将土地使用权转移给其他单位或个人的行为，但不包括土地承包经营权和土地经营权的转移。土地使用权出售是指土地使用者以土地使用权作为交易条件，取得货币、实物、无形资产或者其他经济利益的行为；土地使用权赠与是指土地使用者将其土地使用权无偿转让给受赠者的行为；土地使用

权互换是指土地使用者之间相互交换土地使用权的行为。

3. 房屋买卖、赠与、互换

(1) 房屋买卖是指房屋所有者将其房屋出售，由承受者交付货币、实物、无形资产或者其他经济利益的行为。

(2) 房屋赠与是指房屋所有者将其房屋无偿转让给受赠者的行为。以获奖方式取得房屋产权的，其实质是接受赠与房产，应照章缴纳契税。

(3) 房屋互换是指房屋所有者之间相互交换房屋的行为。双方交换价值相等的，免缴纳契税；价值不相等的，超出部分由支付差价方缴纳契税。

小贴士

以作价投资(入股)、偿还债务、划转、奖励等方式转移土地、房屋权属的，应当征收契税。土地、房屋典当、分拆(分割)、抵押以及出租等行为，不属于契税的征收范围。

(三) 契税的税率

契税实行3%～5%的幅度比例税率。契税的具体适用税率，由省、自治区、直辖市人民政府在规定的税率幅度内提出，报同级人民代表大会常务委员会决定，并报全国人民代表大会常务委员会和国务院备案。

省、自治区、直辖市可以依照规定的程序对不同主体、不同地区、不同类型的住房的权属转移确定差别税率。

(四) 契税的计税依据

(1) 土地使用权出让、出售或房屋买卖，其契税的计税依据为土地、房屋权属转移合同确定的成交价格，包括应交付的货币及实物、其他经济利益对应的价款。计征契税的成交价格不含增值税。

(2) 土地使用权互换、房屋互换，其契税的计税依据为所互换的土地使用权、房屋价格的差额。互换价格相等的，免征契税。互换价格不相等的，契税由多交付经济利益的一方缴纳。

(3) 土地使用权赠与、房屋赠与以及其他没有价格的转移土地、房屋权属行为，其契税的计税依据为税务机关参照土地使用权出售、房屋买卖的市场价格依法核定的价格。

小贴士

(1) 纳税人申报的成交价格、互换价格差额明显偏低且无正当理由的，由税务机关依照《收征收管理法》的规定核定。

(2) 以划拨方式取得土地使用权的，经批准转让房地产时，应由房地产转让者补缴契税。其计税依据为补缴的土地使用权出让费用或者土地收益。

二、契税应纳税额的计算

契税应纳税额＝契税计税依据×适用的税率

契税应纳税额以人民币计算。转移土地、房屋权属以外汇结算的，按照纳税义务发生之

日中国人民银行公布的人民币市场汇率中间价折合成人民币计算。

【技能提升 7-11】 居民甲共有3套房产，2020年将第一套市价为70万元的房产与居民乙的房产进行交换，并支付给乙30万元的差价；将第二套市价为80万元的房产转给居民丙抵偿了60万元的债务，另收到丙支付的20万元的差价；将第三套房产出售给居民丁，成交价格为90万元。假定该地契税税率为4%，试计算居民甲、乙、丙、丁各自应缴纳的契税。

解 (1) 甲应缴纳的契税＝300 000×4%＝12 000（元）

(2) 乙不缴纳契税。

(3) 丙应缴纳的契税＝800 000×4%＝32 000（元）

(4) 丁应缴纳的契税＝900 000×4%＝36 000（元）

【技能提升 7-12】 某学校将一栋闲置不用的房屋转让给临近的公司，房产价值为400万元，土地使用权是当年以无偿划拨方式取得的，现土地出让费为100万元。该地区契税的适用税率为4%。试计算该转让行为相关方应缴纳的契税。

解 (1) 公司应缴纳房屋买卖的契税＝4 000 000×4%＝160 000（元）

(2) 学校应补交土地使用权的契税＝1 000 000×4%＝40 000（元）

【技能提升 7-13】 某企业承受国有土地使用权出让，支付出让费600 000元，与另一企业交换一处仓库，支付差价120 000元。假定该地区契税的适用税率为5%，试计算该企业应缴纳的契税。

解 取得土地使用权应缴纳的契税＝600 000×5%＝30 000（元）

取得仓库所有权应缴纳的契税＝120 000×5%＝6 000（元）

该企业共缴纳的契税＝30 000＋6 000＝36 000（元）

三、契税的税收优惠

（一）契税的免征

有下列情形之一的，免征契税：

1. 国家机关、事业单位、社会团体、军事单位承受土地、房屋权属用于办公、教学、医疗、科研、军事设施。

2. 非营利性的学校、医疗机构、社会福利机构承受土地、房屋权属用于办公、教学、医疗、科研、养老、救助。

3. 承受荒山、荒地、荒滩土地使用权用于农、林、牧、渔业生产。

4. 婚姻关系存续期间夫妻之间变更土地、房屋权属。

5. 法定继承人通过继承承受土地、房屋权属。

6. 依照法律规定应当予以免税的外国驻华使馆、领事馆和国际组织驻华代表机构承受土地、房屋权属。

根据国民经济和社会发展的需要，国务院对居民住房需求保障、企业改制重组、灾后重建等情形可以规定免征或者减征契税，报全国人民代表大会常务委员会备案。

（二）省、自治区、直辖市可以决定对下列情形免征或者减征契税

1. 因土地、房屋被县级以上人民政府征收、征用，重新承受土地、房屋权属。

2. 因不可抗力灭失住房，重新承受住房权属。

免征或者减征契税的具体办法，由省、自治区、直辖市人民政府提出，报同级人民代表大会常务委员会决定，并报全国人民代表大会常务委员会和国务院备案。

小贴士

经批准减征、免征契税的纳税人改变有关土地、房屋的用途，不再属于规定的减征、免征契税范围的，应当补缴已经减征、免征的税款。

四、契税的征收管理

（一）纳税义务发生时间

纳税人应当在依法办理土地、房屋权属登记手续前申报缴纳契税。契税的纳税义务发生时间为纳税人签订土地、房屋权属转移合同的当日，或者纳税人取得其他具有土地、房屋权属转移合同性质凭证的当日。其他具有土地、房屋权属转移合同性质凭证是指具有合同效力的契约、协议、合约、单据、确认书以及由省、自治区、直辖市人民政府确定的其他凭证。纳税人因改变土地、房屋用途应当补缴已经减征、免征契税的，其纳税义务发生时间为改变有关土地、房屋用途的当日。

（二）契税的纳税地点

契税实行属地征收管理，纳税人发生契税纳税义务时，应向土地、房屋所在地的征收机关申报纳税。

小贴士

纳税人办理纳税事宜后，税务机关应当开具契税完税凭证。纳税人办理土地、房屋权属登记，不动产登记机构应当查验契税完税、减免税凭证或者有关信息。未按照规定缴纳契税的，不动产登记机构不予办理土地、房屋权属登记。

在依法办理土地、房屋权属登记前，权属转移合同、权属转移合同性质凭证不生效、无效、被撤销或者被解除的，纳税人可以向税务机关申请退还已缴纳的税款，税务机关应当依法办理。

税务机关应当与相关部门建立契税涉税信息共享和工作配合机制。自然资源、住房和城乡建设、民政、公安等相关部门应当及时向税务机关提供与转移土地、房屋权属有关的信息，协助税务机关加强契税征收管理。

税务机关及其工作人员对税收征收管理过程中知悉的纳税人的个人信息，应当依法予以保密，不得泄露或者非法向他人提供。

（三）纳税申报表

契税的纳税申报如表 7-2、表 7-3 所示。

任务五 印花税

一、印花税基本税收政策认知

2021年6月10日,《中华人民共和国印花税法》(以下简称《印花税法》)由中华人民共和国第十三届全国人民代表大会常务委员会第二十九次会议通过,自2022年7月1日起施行。

印花税具有覆盖面广、税率低、税负轻等特点。

(一) 印花税的纳税人

在中华人民共和国境内书立应税凭证、进行证券交易的单位和个人,为印花税的纳税人。在中华人民共和国境外书立在境内使用的应税凭证的单位和个人,应当缴纳印花税。纳税人为境外单位或者个人,在境内有代理人的,以其境内代理人为扣缴义务人;在境内没有代理人的,由纳税人自行申报缴纳印花税,具体办法由国务院税务主管部门规定。

【技能提升7-14】 根据印花税法律制度的规定,下列各项中,属于印花税纳税人的有(　　)。

A. 合同当事人　　B. 营业许可证领取人

C. 书立账簿人　　D. 进行证券交易的单位

解析　答案为A、C、D。

(二) 印花税的征税范围

《印花税法》所称应税凭证,是指《印花税税目税率表》列明的合同、产权转移书据和营业账簿;所称证券交易,是指转让在依法设立的证券交易所、国务院批准的其他全国性证券交易场所交易的股票和以股票为基础的存托凭证。

(三) 印花税的税目与税率

印花税的税目税率表如表7-5所示。

表7-5　印花税税目税率表

税目		税率	备注
合同(指书面合同)	借款合同	借款金额的万分之零点五	指银行业金融机构、经国务院银行业监督管理机构批准设立的其他金融机构与借款人(不包括同业拆借)的借款合同
	融资租赁合同	租金的万分之零点五	
	买卖合同	价款的万分之三	指动产买卖合同(不包括个人书立的动产买卖合同)
	承揽合同	报酬的万分之三	
	建设工程合同	价款的万分之三	
	运输合同	运输费用的万分之三	指货运合同和多式联运合同(不包括管道运输合同)

续表

税目		税率	备注
合同（指书面合同）	技术合同	价款、报酬或者使用费的万分之三	
	租赁合同	租金的千分之一	
	保管合同	保管费的千分之一	
	仓储合同	仓储费的千分之一	
	财产保险合同	保险费的千分之一	不包括再保险合同
产权转移书据	土地使用权出让书据	价款的万分之五	转让包括买卖（出售）、继承、赠与、互换、分割
	土地使用权、房屋等建筑物和构筑物所有权转让书据（不包括土地承包经营权和土地经营权转移）	价款的万分之五	
	股权转让书据（不包括应缴纳证券交易印花税的）	价款的万分之五	
	商标专用权、著作权、专利权、专有技术使用权转让书据	价款的万分之三	
营业账簿		实收资本（股本）、资本公积合计金额的万分之二点五	
证券交易		成交金额的千分之一	

【基础巩固 7-2】 下列各项中，属于印花税征税范围的是（　　）。

A. 餐饮服许可证　　B. 营业执照

C. 营业账簿　　D. 商标专用权转让书

解析　CD

（四）印花税的税收优惠

下列凭证免征印花税：

（1）应税凭证的副本或者抄本；

（2）依照法律规定应当予以免税的外国驻华使馆、领事馆和国际组织驻华代表机构为获得馆舍书立的应税凭证；

（3）中国人民解放军、中国人民武装警察部队书立的应税凭证；

（4）农民、家庭农场、农民专业合作社、农村集体经济组织、村民委员会购买农业生产资料或者销售农产品书立的买卖合同和农业保险合同；

（5）无息或者贴息借款合同、国际金融组织向中国提供优惠贷款书立的借款合同；

（6）财产所有权人将财产赠与政府、学校、社会福利机构、慈善组织书立的产权转移书据；

（7）非营利性医疗卫生机构采购药品或者卫生材料书立的买卖合同；

（8）个人与电子商务经营者订立的电子订单。

根据国民经济和社会发展的需要，国务院对居民住房需求保障、企业改制重组、破产、支持小型微型企业发展等情形可以规定减征或者免征印花税，报全国人民代表大会常务委员会备案。

二、印花税的计算

（一）印花税的计税依据

（1）印花税计税依据的基本规定如表 7-6 所示。

表 7-6 印花税计税依据的基本规定

项　目	计税依据
合同	合同所列的金额，不包括列明的增值税税款
产权转移书据	产权转移书据所列的金额，不包括列明的增值税税款
营业账簿	账簿记载的实收资本（股本）、资本公积合计金额
证券交易	成交金额

（2）印花税计税依据的特殊规定

① 应税合同、产权转移书据未列明金额的，印花税的计税依据按照实际结算的金额确定。计税依据仍不能确定的，按照书立合同、产权转移书据时的市场价格确定；依法应当执行政府定价或者政府指导价的，按照国家有关规定确定。

② 证券交易无转让价格的，按照办理过户登记手续时该证券前一个交易日收盘价计算确定计税依据；无收盘价的，按照证券面值计算确定计税依据。

③ 同一应税凭证载有两个以上税目事项并分别列明金额的，按照各自适用的税目税率分别计算应纳税额；未分别列明金额的，从高适用税率。

④ 同一应税凭证由两方以上当事人书立的，按照各自涉及的金额分别计算应纳税额。

⑤ 已缴纳印花税的营业账簿，以后年度记载的实收资本（股本）、资本公积合计金额比已缴纳印花税的实收资本（股本）、资本公积合计金额增加的，按照增加部分计算应纳税额。

（二）印花税应纳税额的计算

印花税应纳税额的计算公式为：

应纳税额＝应税凭证计税依据×适用税率

【技能提升 7-15】 某企业（非小微企业）2020 年 5 月开业，当年发生业务如下：领受房屋产权证、工商营业执照、土地使用证、商标注册证各 1 份；与其他企业签订转移技术使用权书据1 份，所载金额为 100 万元；货物购销合同 3 份，所载金额合计为 400 万元；与银行签订借款合同 1 份，所载金额为 500 万元；与另一企业签订仓储保管合同 1 份，所载保管费金额为5 万元；企业记载资金的账簿，“实收资本”“资本公积”共为 800 万元；其他营业账簿 10 本。试计算该企业应缴纳的印花税。

解 （1）企业记载资金的账簿的应纳税额＝8 000 000×2.5‰＝2 000（元）。

（2）企业签订转移技术使用权书据的应纳税额＝1 000 000×0.3‰＝300（元）。

（3）企业签订购销合同的应纳税额＝4 000 000×0.3‰＝1 200（元）。

（4）企业签订借款合同的应纳税额＝5 000 000×0.05‰＝250（元）。

（5）企业签订仓储保管合同的应纳税额＝50 000×1‰＝50（元）。

当月应纳印花税税额合计=2 000+300+1 200+250+50=3 800（元）。

【技能提升 7-16】 甲公司与乙公司签订了一份承揽合同，合同载明由甲公司提供原材料200 万元，支付乙公司加工费 30 万元；又与丙公司签订了一份财产保险合同，保险金额 1 000 万元，支付保险费 1 万元。已知承揽合同的印花税税率为 0.3‰，财产保险合同的印花税税率为 1‰。试计算甲公司签订的这两项合同应缴纳的印花税。

解 承揽合同，按支付报酬的 0.3‰贴花；财产保险合同，按保险费的 1‰贴花。

甲公司应缴纳的印花税=300 000×0.3‰+10 000×1‰=100（元）

三、印花税的纳税申报

（一）纳税义务发生时间

印花税纳税义务发生时间为纳税人书立应税凭证或者完成证券交易的当日。证券交易印花税扣缴义务发生时间为证券交易完成的当日。

（二）纳税地点

纳税人为单位的，应当向其机构所在地的主管税务机关申报缴纳印花税；纳税人为个人的，应当向应税凭证书立地或者纳税人居住地的主管税务机关申报缴纳印花税。不动产产权发生转移的，纳税人应当向不动产所在地的主管税务机关申报缴纳印花税。

纳税人为境外单位或者个人，在境内有代理人的，以其境内代理人为扣缴义务人；在境内没有代理人的，由纳税人自行申报缴纳印花税，具体办法由国务院税务主管部门规定。

证券登记结算机构为证券交易印花税的扣缴义务人，应当向其机构所在地的主管税务机关申报解缴税款以及银行结算的利息。

（三）纳税期限

印花税按季、按年或者按次计征。实行按季、按年计征的，纳税人应当自季度、年度终了之日起十五日内申报缴纳税款；实行按次计征的，纳税人应当自纳税义务发生之日起十五日内申报缴纳税款。证券交易印花税按周解缴。证券交易印花税扣缴义务人应当自每周终了之日起五日内申报解缴税款以及银行结算的利息。

（四）缴纳方法

印花税可以采用粘贴印花税票或者由税务机关依法开具其他完税凭证的方式缴纳。印花税票粘贴在应税凭证上的，由纳税人在每枚税票的骑缝处盖戳注销或者画销。印花税票由国务院税务主管部门监制。

（五）纳税申报表

印花税的纳税申报如表 7-2、表 7-3 所示。

任务六 城市维护建设税和教育费附加

一、城市维护建设税

(一) 城市维护建设税基本税收政策认知

城市维护建设税简称城建税，是指对从事经营活动，缴纳增值税、消费税(以下简称“两税”)的单位和个人征收的一种税。2020 年 8 月 11 日第十三届全国人民代表大会常务委员会第二十一次会议通过《中华人民共和国城市维护建设税法》。《中华人民共和国城市维护建设税法》自 2021 年 9 月 1 日起施行。1985 年 2 月 8 日国务院发布的《中华人民共和国城市维护建设税暂行条例》同时废止。

城建税属于特定目的税，是国家为加强城市的维护建设，扩大和稳定城市维护建设资金的来源而采取的一项税收措施。因此，城建税具有以下两大特征：

(1) 城建税具有附加税性质。即城建税以纳税人实际缴纳的“两税”税额为计税依据，附加于“两税”税额，本身没有特定的、独立的征税对象。

(2) 城建税具有特定目的。城建税款专门用于城市的公用事业和公共设施的维护建设。

1. 城建税的纳税人

城建税的纳税人是指负有缴纳“两税”的单位和个人，包括国有企业、集体企业、私营企业、股份制企业、其他企业和行政单位、事业单位、军事单位、社会团体、其他单位、个体工商户及其他个人。

2. 城建税的税率

城建税按纳税人所在地不同，设置三档差别比例税率：

(1) 纳税人所在地为城市市区的，税率为 7%。

(2) 纳税人所在地为县城建制镇的，税率为 5%。

(3) 纳税人所在地不在市区、县城或镇的，税率为 1%。

另外，可按缴纳“两税”所在地的规定税率就地缴纳城建税的有两种情况：一是由受托方代扣代缴、代收代缴“两税”的单位和个人，其代扣代缴、代收代缴的城建税按受托方所在地适用的税率执行；二是流动经营等无固定纳税地点的单位和个人，在经营地缴纳“两税”的，其城建税的缴纳按经营地适用的税率执行。

3. 城建税的税收优惠

城建税原则上不单独减免，但因城建税具有附加税性质，当主税(增值税、消费税)发生减免时，城建税也发生减免。具体有以下几种情况：

(1) 对进口货物或者境外单位和个人向境内销售劳务、服务、无形资产缴纳的增值税、消费税税额，不征收城市维护建设税。

(2) 对出口货物、劳务和跨境销售服务、无形资产以及因优惠政策退还增值税、消费税的，不退还已缴纳的城市维护建设税。

(3) 对增值税、消费税实行先征后返、先征后退、即征即退办法的，除另有规定外，对随增值税、消费税附征的城市维护建设税，一律不予退(返)还。

(4) 根据国民经济和社会发展的需要，国务院对重大公共基础设施建设、特殊产业和群体以及重大突发事件应对等情形可以规定减征或者免征城市维护建设税，报全国人民代表大会常务委员会备案。

(二) 城建税的计算

1. 城建税的计税依据

城建税的计税依据是纳税人实际缴纳的“两税”税额。纳税人因违反“两税”的有关税法而加收的滞纳金和罚款不作为城建税的计税依据，但纳税人在被查补“两税”和被处以罚款时，应同时对其偷逃的城建税进行补税、征收滞纳金和罚款。

城建税以“两税”税额为计税依据并同时征收，两税减免则该税也减免。但对出口产品退还的增值税、消费税，不退还已纳的城建税。

2. 城建税应纳税额的计算

城建税的计算公式为：

应纳税额=(实际缴纳的增值税、消费税和出口货物、劳务或者跨境销售服务、无形资产增值税免抵税额)×适用税率

【技能提升 7-17】 某省会城市一企业 2020 年 5 月实际缴纳增值税 330 000 元，消费税 80 000 元，试计算该企业当月应缴纳的城市维护建设税。

解 该企业应缴纳的城建税=(330 000+80 000)×7%=28 700 (元)

【技能提升 7-18】 甲公司应缴纳增值税 10 万元，实际缴纳增值税 8 万元，应缴纳消费税 5 万元，实际缴纳消费税 4.5 万元。甲公司适用的城市维护建设税税率为 7%，试计算甲公司当月应缴纳的城市维护建设税。

解 该企业应缴纳的城建税=(实际缴纳的增值税+实际缴纳的消费税)×适用税率

=(8+4.5)×7%=0.875 (万元)

(三) 城建税的纳税申报

1. 纳税环节

城建税的纳税环节实际就是纳税人缴纳“两税”的环节，纳税人只要发生“两税”的纳税义务，就要在同样的环节分别计算缴纳城建税。

2. 纳税地点

纳税人缴纳“两税”的地点就是该纳税人缴纳城建税的地点。但在下列情况中，应按相应地原则和办法确定其纳税地点：

(1) 代扣代缴、代收代缴“两税”的单位和个人，其纳税地点在代扣代收地。

(2) 对流动经营等无固定纳税地点的单位和个人，应随同“两税”在经营地按适用税率缴纳。

3. 纳税期限

城建税的纳税期限与“两税”的纳税期限基本一致。其具体纳税期限由税务机关根据纳税人应纳税额的大小分别核定；不能按期纳税的，可按次纳税。

二、教育费附加

（一）教育费附加基本政策认知

教育费附加是对缴纳增值税、消费税的单位和个人，就其实际缴纳的税额征收的一种附加费。征收教育费附加是为了加快发展地方教育事业，扩大地方教育经费的资金来源。

1. 教育费附加的征收范围及计征依据

凡缴纳增值税、消费税的单位和个人，都应缴纳教育费附加。海关对进口货物征收的增值税、消费税，不附征教育费附加。

教育费附加以纳税人实际缴纳的增值税、消费税税额之和为计税依据。

2. 教育费附加的征收比率

现行教育费附加的征收比率为3%，地方教育费附加的征收比率为2%。

（二）教育费附加的计算

教育费附加的计算公式为：

应纳教育费附加＝实际缴纳的增值税、消费税税额之和×征收比率

【技能提升7-19】 某企业所在地为省会城市，当月实际缴纳的增值税为400万元，消费税为100万元。试计算该企业当月应缴纳的教育费附加和地方教育费附加。

解 应缴纳的教育费附加＝(400＋100)×3%＝15（万元）

应缴纳的地方教育费附加＝(400＋100)×2%＝10（万元）

（三）教育费附加的征收管理

教育费附加的纳税地点、缴纳期限等与城市维护建设税的征收管理一致。

一、单项选择题

1. 下列关于房产税纳税人的表述中，不符合房产税法律制度规定的是(　　)。

A. 房屋出租的，承租人为纳税人

B. 房屋产权所有人不在房产所在地的，房产代管人为纳税人

C. 房屋产权属于国家的，其经营管理单位为纳税人

D. 房屋产权未确定的，房产代管人为纳税人

2. 下列有关房产税的表述中，正确的是(　　)。

A. 房地产开发企业建造的商品房，在出售前一律不征收房产税

B. 纳税单位无租使用免税单位的房产，应由使用人代为缴纳房产税

C. 对居民住宅区内业主共有的经营性房产，由业主委员会代为缴纳房产税

D. 产权所有人、承典人不在房产所在地的，免征房产税

3. 甲公司厂房原值500万元，已提折旧200万元。已知房产原值的减除比例为30%，房产税从价计征的税率为1.2%，下列计算甲公司年度应缴纳房产税税额的算式中，正确的是(　　)。

A. 200×(1−30%)×1.2%=1.68（万元）

B. 500×1.2%=6（万元）

C. (500−200)×(1−30%)×1.2%=2.52（万元）

D. 500×(1−30%)×1.2%=4.2（万元）

4. 张某有20间房屋：自用居住2间；开设餐馆用8间；2020年1月1日出典6间，典期2年；其余4间自2013年1月1日起出租给刘某，租期10年。根据房产税法律制度的规定，有关张某2020年房产税的缴纳，下列说法正确的是（　　）。

A. 自用居住的2间房屋免征房产税

B. 用于开设餐馆的8间房屋免征房产税

C. 用于出典的6间房屋应由张某缴纳房产税

D. 用于出租的4间房屋应由刘某缴纳房产税

5. 根据车船税法律制度的规定，下列各项中，不属于车船税计税单位的是（　　）。

A. 车辆数　　B. 购置价格

C. 整备质量吨位数　　D. 净吨位数

6. 根据车船税法律制度的规定，下列车船中，不属于免征车船税的是（　　）。

A. 捕捞、养殖渔船

B. 军队专用车船

C. 依法不需要在车船登记管理部门登记的，在加工厂内行驶的车船

D. 国际组织驻华代表机构及其有关人员的车船

7. 甲公司2020年年初拥有并使用下列车辆（均为汽油动力车）：整备质量5吨的载货卡车15辆，该型号货车当地规定车船税年基准税额为每吨50元；7座乘用车6辆，当地规定该型号乘用车车船税年基准税额为每辆420元。根据车船税法律制度的规定，甲公司2020年应纳车船税税额为（　　）元。

A. 3 190　　B. 3 270

C. 6 270　　D. 21 390

8. 甲汽贸公司本月购进4辆新汽车（非新能源汽车）并作下列处置，其应当由甲公司缴纳车辆购置税的是（　　）。

A. 赠给乙企业1辆　　B. 自用通勤车1辆

C. 作为奖品奖励客户1辆　　D. 加价转让给丙企业1辆

9. 甲公司2020年1月接受捐赠的进口小汽车（非新能源车辆）10辆自用，无法取得该型号小汽车的市场价格。已知捐赠方取得该小汽车时的成本为80 000元/辆，小汽车的成本利润率为10%，消费税税率为9%，国家税务总局规定的同类型应税车辆最低计税价格为150 000元/辆。则甲公司就上述业务应缴纳的车辆购置税的计算公式为（　　）。

A. 150 000×10×10%

B. 150 000×10×(1+10%)÷(1−9%)×10%

C. 80 000×10×(1+10%)×(1+9%)×10%

D. 80 000×10×(1+10%)÷(1+9%)×10%

10. 周某向谢某借款80万元，后因谢某急需资金，周某以一套价值90万元的房产抵偿所欠谢某的债务，谢某取得该房产产权的同时支付周某差价款10万元。已知契税的税率为

3%。根据契税法律制度的规定,下列表述中,正确的是(　　)。

A. 周某应缴纳契税3万元　　B. 周某应缴纳契税2.4万元

C. 谢某应缴纳契税2.7万元　　D. 谢某应缴纳契税0.3万元

11. 老李拥有一套价值72万元的住房,老张拥有一套价值52万元的住房,双方交换住房,由老张补差价20万元给老李。已知契税的税率为3%,下列各项中,正确的是(　　)。

A. 老李应缴纳契税2.16万元　　B. 老张应缴纳契税0.6万元

C. 老李应缴纳契税0.6万元　　D. 老张应缴纳契税2.16万元

12. 根据契税法律制度的规定,契税的纳税义务发生时间是(　　)。

A. 纳税人实际取得土地、房屋的当天

B. 纳税人办理土地、房屋权属变更登记手续的当天

C. 纳税人签订土地、房屋权属转移合同的当天

D. 纳税人实际支付购买价款的当天

13. 甲向乙购买一批货物,合同约定丙为鉴定人,丁为担保人,下列关于该合同印花税纳税人的表述中,正确的是(　　)。

A. 甲和乙为纳税人　　B. 甲和丙为纳税人

C. 乙和丁为纳税人　　D. 甲和丁为纳税人

14. 根据印花税法律制度的规定,下列表述中,不正确的是(　　)。

A. 对纳税人进行的证券交易行为,不缴纳印花税

B. 领用营业执照,不缴纳印花税

C. 专利权转让书据要按产权转移书据缴纳印花税

D. 再保险合同,不缴纳印花税

15. 乙建筑公司与甲企业签订一份建设合同,合同上注明总包金额为1 200万元。施工期间,乙建筑公司又将其中400万元的安装工程分包给丙建筑公司,并签订了分包合同。已知建设工程合同适用的印花税税率为0.3‰,甲企业、乙建筑公司和丙建筑公司共应缴纳印花税(　　)元。

A. 2 400　　B. 9 600

C. 8 000　　D. 4 000

16. 甲公司向乙公司租赁2台起重机并签订租赁合同,合同注明起重机总价值为80万元,租期为2个月,每台每月租金2万元。已知租赁合同适用的印花税税率为1‰,根据印花税法律制度的规定,甲公司和乙公司签订该租赁合同共计应缴纳印花税(　　)元。

A. 40　　B. 80

C. 160　　D. 800

17. 某企业本月实际缴纳增值税50万元、消费税10万元、契税6万元、房产税8万元。已知该企业适用的城市维护建设税税率为7%,则该企业本月应当缴纳城市维护建设税(　　)万元。

A. 4.62　　B. 5.18

C. 4.2　　D. 4.76

18. 根据城市维护建设税法律制度的规定,下列关于城市维护建设税税收优惠的表述中,不正确的是(　　)。

A. 对出口货物退还增值税的，可同时退还已缴纳的城市维护建设税

B. 海关对进口货物代征的增值税，不征收城市维护建设税

C. 对增值税实行先征后退办法的，除另有规定外，不予退还增值税附征的城市维护建设税

D. 对增值税实行即征即退办法的，除另有规定外，不予退还增值税附征的城市维护建设税

二、多项选择题

1. 下列各项建筑物中，不属于房产税征税范围的有(　　)。

A. 位于县城的某独立水塔

B. 位于建制镇的某平房

C. 位于农村的某二层小楼

D. 位于市区的菜窖

2. 下列有关房产税减免税的规定中，表述正确的有(　　)。

A. 国家机关自用的办公楼，免征房产税

B. 公园附设的照相馆占用的房产，免征房产税

C. 某公立高校的教室用房，免征房产税

D. 个人所有居住用房，免征房产税

3. 下列有关房产税的纳税义务发生时间，表述不正确的有(　　)。

A. 纳税人将原有房产用于生产经营，从生产经营之的月起，缴纳房产税

B. 纳税人自行新建房屋用于生产经营，从建成的次月起，缴纳房产税

C. 纳税人购置新建商品房，从办理验收手续的次月起，缴纳房产税

D. 纳税人购置存量房，自房屋交付使用的次月起，缴纳房产税

4. 下列有关我国房产税的特征中，表述正确的有(　　)。

A. 对位于中华人民共和国境内的房产普遍征收

B. 实行定额税率

C. 房产税的计税依据为房产余值或者不含增值税的租金收入

D. 房产税应当在房产所在地缴纳

5. 下列各项中，属于契税纳税人的有(　　)。

A. 以房屋产权抵债的抵债方

B. 房屋产权赠予中的受赠方

C. 房屋产权交换中多付差价的一方

D. 以房屋产权投资的投资方

6. 下列有关车辆购置税的纳税申报期限中，表述不正确的有(　　)。

A. 购买自用应税车辆的，应当自购买之日起 60 日内申报纳税

B. 进口自用应税车辆的，应当自进口之日起 60 日内申报纳税

C. 受赠取得并自用的应税车辆，应当自取得之日起 180 日内申报纳税

D. 获奖取得并自用的应税车辆，应当自取得之日起 180 日内申报纳税

7. 下列有关我国车辆购置税的特点中，表述正确的有(　　)。

A. 车辆购置税采用比例税率

B. 车辆购置税的计税依据中不包括增值税
C. 车辆购置税实行一次征收制度
D. 车辆购置税由车辆管理部门征收

8. 下列车船中，属于车船税征税范围的有（　　）。
A. 挂车　　B. 非机动驳船
C. 电动自行车　　D. 摩托车

9. 根据车船税法律制度的规定，下列车船（汽油动力）中，免征车船税的有（　　）。
A. 警用车船
B. 养殖渔船
C. 物流公司营运用货车
D. 汽车租赁公司出租用乘用车

10. 下列车船中，以整备质量吨位数为车船税计税依据的有（　　）。
A. 非机动驳船　　B. 货车
C. 低速载货汽车　　D. 专用作业车

11. 下列属于印花税纳税人的有（　　）。
A. 因其发明创造，经申请依法取得国家专利机关颁发的专利证书的某人
B. 在国外领受但在国内使用应税凭证的某人
C. 以书面签订买卖合同的当事人
D. 与银行签订借款合同的外商投资企业

12. 根据印花税法律制度的规定，下列各项中，需要征收印花税的有（　　）。
A. 营业执照　　B. 不动产权证书
C. 安全生产许可证　　D. 卫生许可证

13. 下列关于教育费附加的规定，说法正确的有（　　）。
A. 对海关代征纳税人进口货物的增值税、消费税，不作为教育费附加的计税依据
B. 对出口产品退还增值税、消费税的，可同时退还已征收的教育费附加
C. 现行教育费附加征收比率为3%
D. 教育费附加单独缴纳，不与增值税、消费税同时缴纳

三、判断题

1. 房产产权未确定以及租典纠纷未解决的，暂不征收房产税。（　　）

2. 在基建工地为基建工地服务的各种工棚、材料棚、休息棚和办公室、食堂、茶炉房、汽车房等临时性房屋，在施工期间一律免征房产税。（　　）

3. 对于房产投资联营，投资者参与投资利润分红、共担风险的，以房产余值作为计税依据计征房地产。（　　）

4. 以房屋权属设定抵押，抵押期间无须缴纳契税；以房屋权属抵债，债务人应当申报缴纳契税。（　　）

5. 纳税人缴纳契税的纳税期限为纳税义务发生之日起7日内。（　　）

6. 对企业车间、门市部、仓库设置的不属于会计核算范围的账簿，不贴印花。（　　）

7. 印花税票粘贴在应税凭证上的，由纳税人在每枚税票的骑缝处盖戳注销或者画销。（　　）

8. 纳税人自产、受赠、获奖或者以其他方式取得并自用的应税车辆的车辆购置税的计税价格，主管税务机关应参照国家税务总局规定的最低计税价格核定。（　　）

9. 纳税人应当在向公安机关车辆管理机构办理车辆登记注册手续前，缴纳车辆购置税。（　　）

10. 新购置的车辆，在缴纳车辆购置税的当年，不必缴纳车船税。（　　）

11. 已缴纳车船税的车船在同一纳税年度内办理转让过户的，不另纳税，也不退税。（　　）

12. 对新能源车船、节约能源车船，免征车船税。（　　）

四、业务题

1. 甲企业厂房原值为 2 000 万元，2020 年 5 月对该厂房进行扩建，2020 年底扩建完工办理验收手续，增加房产原值 500 万元。已知房产税的扣除比例为 30%，房产税适用的税率为 1.2%。

要求：计算甲企业 2020 年应缴纳的房产税。

2. 2020 年 1 月 1 日，甲公司出租商铺，租期为半年，一次性收取含增值税租金 12 600 元。已知增值税的征收率为 5%，房产税从租计征的税率为 12%。

要求：计算甲公司出租商铺应缴纳的房产税。

3. 甲企业 2020 年年初拥有一栋房产，房产原值为 1 000 万元，3 月 31 日将其对外出租，租期为 1 年，每月收取租金 1 万元。已知从价计征的房产税税率为 12%，从租计征的房产税税率为 12%，当地省政府规定计算房产余值的扣除比例为 30%。

要求：计算 2020 年甲企业上述房产应缴纳的房产税。

4. 周某原有两套住房，2020 年 5 月出售其中一套，成交价格为 80 万元；将另一套以市场价格 70 万元与谢某的住房进行了等价互换；又以 200 万元的价格购置了一套新住房。已知契税的税率为 3%。

要求：根据契税法律制度的规定，计算周某 5 月应缴纳的契税。

5. 甲企业委托乙企业加工一批货物，合同约定原材料由甲企业提供，价值 50 万元，甲企业另支付加工费 10 万元。已知买卖合同的印花税税率为 0.3‰，承揽合同的印花税税率为 0.3‰。

要求：根据印花税法律制度的规定，计算乙企业应缴纳的印花税。

6. 2020 年 5 月，甲公司与乙公司签订一份承揽合同，合同载明由甲公司提供原材料 200 万元，支付乙公司加工费 30 万元；又与丙公司签订了一份财产保险合同，保险金额为 100 万元，支付保险费 1 万元。已知承揽合同的印花税税率为 0.3‰，财产保险合同的印花税税率为 1‰。

要求：计算甲公司 5 月签订的两份合同应缴纳的印花税。

劳动模范
刘双燕："衔泥筑梦"为扶贫

操作视频
财产行为税合并申报

在线测试

项目八 资源类税纳税业务

● **知识目标**

了解资源类税的种类；
熟悉资源类税的基本税收知识；
掌握相关税种的计算方法及纳税申报的基本内容；
掌握资源类税纳税申报表的填制并进行纳税申报。

资源是有限的，不论是自然资源的开采使用，还是社会资源的使用都需要付出相应的成本，也就是需要缴纳相关的税费。本项目主要围绕资源类税展开，讲述资源类税的相关税收知识，包括基本税收政策的学习，相关税种的计算，纳税申报的流程，以及纳税申报表的填写。本项目学习的资源类税包括资源税、城镇土地使用税和土地增值税。

任务一 资 源 税

资源税是对在我国境内从事应税资源开采的单位和个人课征的一种税，属于对自然资源占用课税的范畴。1983 年 12 月 25 日，国务院令第 139 号发布《中华人民共和国资源税暂行条例》，2011 年 9 月 30 日，国务院令第 605 条对该条例进行了修订。为了贯彻习近平生态文明思想、落实税收法定原则，2019 年 8 月 26 日第十三届全国人民代表大会常务委员会第十二次会议通过《中华人民共和国资源税法》(以下简称《资源税法》)，并于 2020 年 9 月 1 日起施行。

一、资源税基本税收政策认知

(一) 资源税的纳税义务人

资源税的纳税义务人是指在中华人民共和国领域及管辖的其他海域开发应税资源的单位和个人。应税资源的具体范围，由《资源税法》所附《资源税税目税率表》确定。“单位”是指国有企业、集体企业、私营企业、股份制企业、其他企业和行政单位、事业单位、军事单位、社会团体及其他单位。“个人”是指个体经营者及其他个人。其他单位和其他个人包括外商投资企业、外国企业及外籍人员。

开采海洋或陆上油气资源的中外合作油气田，在 2011 年 11 月 1 日前已签订的合同继续缴纳矿区使用费，不缴纳资源税；合同期满后，依法缴纳资源税。

进口的矿产品和盐的单位和个人，不属于资源税的纳税义务人。对出口应税产品不免征或退还已纳资源税。

单位和个人以应税产品投资、分配、抵债、赠与、以物易物等，视同销售，应按规定计算缴纳资源税。

（二）资源税的税目

资源税税目包括五大类，在五个税目下面又设有若干个子目，具体如下。

1. 能源矿产

（1）原油，是指开采的天然原油，不包括人造石油。

（2）天然气、页岩气、天然气水合物。

（3）煤炭，包括原煤和以未税原煤加工的洗选煤。

（4）煤成(层)气。

（5）铀、钍。

（6）油页岩、油砂、天然沥青、石煤。

（7）地热。

2. 金属矿产

（1）黑色金属。包括铁、锰、铬、钒、钛。

（2）有色金属。包括铜、铅、锌、锡、镍、锑、镁、钴、铋、汞；铝土矿；钨；钼；金、银；铂、钯、钌、锇、铱、铑；轻稀土；中重稀土；铍、锂、锆、锶、铷、铯、铌、钽、锗、镓、铟、铊、铪、铼、镉、硒、碲。

3. 非金属矿产

（1）矿物类。包括高岭土；石灰岩；磷；石墨；萤石、硫铁矿、自然硫；天然石英砂、脉石英、粉石英、水晶、工业用金刚石、冰洲石、蓝晶石、硅线石（矽线石）、长石、滑石、刚玉、菱镁矿、颜料矿物、天然碱、芒硝、钠硝石、明矾石、砷、硼、碘、溴、膨润土、硅藻土、陶瓷土、耐火粘土、铁矾土、凹凸棒石粘土、海泡石粘土、伊利石粘土、累托石粘土；叶蜡石、硅灰石、透辉石、珍珠岩、云母、沸石、重晶石、毒重石、方解石、蛭石、透闪石、工业用电气石、白垩、石棉、蓝石棉、红柱石、石榴子石、石膏；其他粘土（铸型用粘土、砖瓦用粘土、陶粒用粘土、水泥配料用粘土、水泥配料用红土、水泥配料用黄土、水泥配料用泥岩、保温材料用粘土）。

（2）岩石类。包括大理岩、花岗岩、白云岩、石英岩、砂岩、辉绿岩、安山岩、闪长岩、板岩、玄武岩、片麻岩、角闪岩、页岩、浮石、凝灰岩、黑曜岩、霞石正长岩、蛇纹岩、麦饭石、泥灰岩、含钾岩石、含钾砂页岩、天然油石、橄榄岩、松脂岩、粗面岩、辉长岩、辉石岩、正长岩、火山灰、火山渣、泥炭；砂石（天然砂、卵石、机制砂石）。

（3）宝玉石类。包括宝石、玉石、宝石级金刚石、玛瑙、黄玉、碧玺。

4. 水气矿产

（1）二氧化碳气、硫化氢气、氦气、氡气。

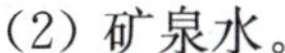

（2）矿泉水。

5. 盐

（1）钠盐、钾盐、镁盐、锂盐。
（2）天然卤水。
（3）海盐。

（三）资源税的税率

资源税税目税率表，如表 8-1 所示。纳税人开采或生产不同税目应税产品的，应当分别核算不同税目应税产品的销售额或销售数量；未分别核算或不能准确提供不同税目应税产品的销售额或销售数量的，从高适用税率。

表 8-1 资源税税目税率表

序号	税目			征税对象	税率
1	能源矿产	原油		原矿	6%
2		天然气、页岩气、天然气水合物		原矿	6%
3		煤		原矿或者选矿	2%～10%
4		煤成(层)气		原矿	1%～2%
5		铀、钍		原矿	4%
6		油页岩、油砂、天然沥青、石煤		原矿或者选矿	1%～4%
7		地热		原矿	1%～20%或者每立方米 1～30 元
8	金属矿产	黑色金属	铁、锰、铬、钒、钛	原矿或者选矿	1%～9%
9		有色金属	铜、铅、锌、锡、镍、锑、镁、钴、铋、汞	原矿或者选矿	2%～10%
10			铝土矿	原矿或者选矿	2%～9%
11			钨	选矿	6.5%
12			钼	选矿	8%
13			金、银	原矿或者选矿	2%～6%
14			铂、钯、钌、锇、铱、铑	原矿或者选矿	5%～10%
15			轻稀土	选矿	7%～12%
16			中重稀土	选矿	20%
17			铍、锂、锆、锶、铷、铯、铌、钽、锗、镓、铟、铊、铪、铼、镉、硒、碲	原矿或者选矿	2%～10%
18	非金属矿产	矿物类	高岭土	原矿或者选矿	1%～6%
19			石灰岩	原矿或者选矿	1%～6%或者每吨（或者每立方米）1～10 元
20			磷	原矿或者选矿	3%～8%
21			石墨	原矿或者选矿	3%～12%
22			萤石、硫铁矿、自然硫	原矿或者选矿	1%～8%

续表

序号	税目			征税对象	税率
23	非金属矿产	矿物类	天然石英砂、脉石英、粉石英、水晶、工业用金刚石、冰洲石、蓝晶石、硅线石(矽线石)、长石、滑石、刚玉、菱镁矿、颜料矿物、天然碱、芒硝、钠硝石、明矾石、砷、硼、碘、溴、膨润土、硅藻土、陶瓷土、耐火粘土、铁矾土、凹凸棒石粘土、海泡石粘土、伊利石粘土、累托石粘土	原矿或者选矿	1%～12%
24			叶蜡石、硅灰石、透辉石、珍珠岩、云母、沸石、重晶石、毒重石、方解石、蛭石、透闪石、工业用电气石、白垩、石棉、蓝石棉、红柱石、石榴子石、石膏	原矿或者选矿	2%～12%
25			其他粘土(铸型用粘土、砖瓦用粘土、陶粒用粘土、水泥配料用粘土、水泥配料用红土、水泥配料用黄土、水泥配料用泥岩、保温材料用粘土)	原矿或者选矿	1%～5%或者每吨(或者每立方米)0.1～5元
26		岩石类	大理岩、花岗岩、白云岩、石英岩、砂岩、辉绿岩、安山岩、闪长岩、板岩、玄武岩、片麻岩、角闪岩、页岩、浮石、凝灰岩、黑曜岩、霞石正长岩、蛇纹岩、麦饭石、泥灰岩、含钾岩石、含钾砂页岩、天然油石、橄榄岩、松脂岩、粗面岩、辉长岩、辉石岩、正长岩、火山灰、火山渣、泥炭	原矿或者选矿	1%～10%
27			砂石(天然砂、卵石、机制砂石)	原矿或者选矿	1%～5%或者每吨(或者每立方米)0.1～5元
28		宝玉石类	宝石、玉石、宝石级金刚石、玛瑙、黄玉、碧玺	原矿或者选矿	4%～20%
29	水气矿产	二氧化碳气、硫化氢气、氦气、氡气		原矿	2%～5%
30		矿泉水		原矿	1%～20%或者每立方米1～30元

续表

<table>
<tr><th>序号</th><th colspan="2">税目</th><th>征税对象</th><th>税率</th></tr>
<tr><td>31</td><td rowspan="4">盐</td><td>钠盐、钾盐、镁盐、锂盐</td><td>选矿</td><td>3%～15%</td></tr>
<tr><td>32</td><td rowspan="2">天然卤水</td><td rowspan="2">原矿</td><td rowspan="2">3%～15%或者每吨（或者每立方米）1～10元</td></tr>
<tr><td rowspan="2">33</td></tr>
<tr><td>海盐</td><td></td><td>2%～5%</td></tr>
</table>

二、资源税应纳税额的计算

资源税应纳税额的计算分为从价定率计征和从量定额计征两种方法。纳税人开采或生产应税产品自用的，应当依照《资源税法》规定缴纳资源税；但是，自用于连续生产应税产品的，不缴纳资源税。

（一）从价定率计征

资源税从价定率计征的，以应税产品的销售额为计税依据。资源税应纳税额的具体计算公式为：

资源税应纳税额＝销售额×适用税率

销售额是指纳税人为销售应税矿产品而向购买方收取的全部价款和价外费用，但不包括收取的增值税销项税额。资源税销售额的基本原则性规定与增值税的大体一致。

纳税人开采应税矿产品，如果由其关联单位对外销售的，按其关联单位的销售额征收资源税。纳税人既有对外销售，又有将应税产品用于除连续生产应税产品外的其他方面的（包括用于非生产项目和生产非应税产品），则自用的部分应税产品要按照纳税人对外销售应税产品的平均价格计算销售额征收资源税。

纳税人将其开采的应税产品直接出口的，按照其离岸价格（不含增值税）计算销售额征收资源税。

【技能提升 8-1】 假设某铜矿开采企业 2020 年 11 月开采并销售铜矿原矿，开具增值税专用发票，注明金额 500 万元，税额 65 万元。当地省人民政府规定，铜矿原矿资源税税率为 4%。请计算该企业 2020 年 11 月应缴纳的资源税税额。

解 该铜矿企业 2020 年 11 月应缴纳的资源税＝500×4%＝20（万元）

【技能提升 8-2】 某石油化工企业为增值税一般纳税人，假设其 2020 年 11 月发生以下业务：

（1）开采原油 500 吨，本月销售 300 吨，取得含增值税销售额 110.175 万元。

（2）将自行开采的原油 200 吨移送加工柴油 150 吨。

请计算该企业 2020 年 11 月应缴纳的资源税税额。

解 销售原油应缴纳的资源税＝110.175÷（1＋13%）×6%＝5.85（万元）

将原油移送加工非应税产品应缴纳的资源税＝110.175÷（1＋13%）÷300×200×6%＝3.9（万元）

该企石油化工业 2020 年 11 月应缴纳的资源税税额=5.85+3.9=9.75(万元)

(二)从量定额计征

资源税从量定额计征的,以应税产品的销售数量为计税依据。资源税应纳税额的具体计算公式为:

资源税应纳税额=课税数量×单位税额

销售数量的具体规定如下:

(1)销售数量包括纳税人开采或者生产应税产品的实际销售数量和视同销售的自用数量。

(2)纳税人不能准确提供应税产品销售数量的,以应税产品的产量或者主管税务机关确定的折算比例换算成的数量为计征资源税的销售数量。

(3)金属和非金属矿产品原矿,因无法准确掌握纳税人移送使用原矿数量的,可以将其精矿按照选矿比折算成原矿数量,以此作为课税数量。其计算公式为:

选矿比=精矿数量÷耗用原矿数量

(4)纳税人以自产的液体盐加工固体盐,按照固体盐税额征税,以加工的固体盐数量为课税数量。纳税人以外购的液体盐加工成固体盐,其加工固体盐所耗用液体盐的已纳税额准予抵扣。

【技能提升 8-3】 某砂石开采企业 2020 年 11 月销售砂石 500 立方米,资源税税率为 2 元/立方米。请计算该企业 11 月应缴纳的资源税税额。

解 该砂石开采企业 11 月应缴纳的资源税=500×2=1 000(元)

三、资源税的税收优惠

《资源税法》规范了减免税政策。《资源税暂行条例》减免政策既有长期性的政策,也有阶段性的政策,对现行长期实行而且实践证明行之有效的优惠政策,《资源税法》作出了明确的规定。

(一)免征规定

有下列情形之一的,免征资源税:

1. 开采原油以及在油田范围内运输原油过程中用于加热的原油、天然气;
2. 煤炭开采企业因安全生产需要抽采的煤成(层)气。

(二)减征规定

有下列情形之一的,减征资源税:

1. 从低丰度油气田开采的原油、天然气,减征 20%资源税;
2. 高含硫天然气、三次采油和从深水油气田开采的原油、天然气,减征 30%资源税;
3. 稠油、高凝油减征 40%资源税;
4. 从衰竭期矿山开采的矿产品,减征 30%资源税。

根据国民经济和社会发展需要,国务院对有利于促进资源节约集约利用、保护环境等情形可以规定免征或者减征资源税,报全国人民代表大会常务委员会备案。

（三）由省、自治区、直辖市决定的免征或者减征规定

有下列情形之一的，省、自治区、直辖市可以决定免征或者减征资源税：

1. 纳税人开采或者生产应税产品过程中，因意外事故或者自然灾害等原因遭受重大损失；

2. 纳税人开采共伴生矿、低品位矿、尾矿。

上述规定的免征或者减征资源税的具体办法，由省、自治区、直辖市人民政府提出，报同级人民代表大会常务委员会决定，并报全国人民代表大会常务委员会和国务院备案。

纳税人的免税、减税项目，应当单独核算销售额或者销售数量；未单独核算或者不能准确提供销售额或者销售数量的，不予免税或者减税。

（四）增值税小规模纳税人的优惠

为贯彻落实党中央、国务院决策部署，进一步支持小微企业发展，根据《财政部税务总局关于实施小微企业普惠性税收减免政策的通知》（财税［2019］13 号）规定，自 2019 年 1 月 1 日至 2021 年 12 月 31 日，省、自治区、直辖市人民政府根据本地区实际情况，以及宏观调控需要确定，对增值税小规模纳税人可以在 509％的税额幅度内减征资源税。增值税一般纳税人按规定转登记为小规模纳税人的，自成为小规模纳税人的当月起适用减征优惠。

四、资源税的纳税申报

（一）征收管理

1. 资源税的纳税义务发生时间

纳税人销售应税产品，纳税义务发生时间为收讫销售款或者取得索取销售款凭据的当日；自用应税产品的，纳税义务发生时间为移送应税产品的当日。扣缴义务人代扣代缴税款的纳税义务发生时间，为支付首笔货款或首次开具支付货款凭据的当天。

2. 资源税的纳税地点

纳税人应纳的资源税，应当向应税产品的开采或者生产所在地主管税务机关缴纳。

3. 资源税的纳税期限

资源税按月或者按季申报缴纳；不能按固定期限计算缴纳的，可以按次申报缴纳。

纳税人按月或者按季申报缴纳的，应当自月度或者季度终了之日起 15 日内，向税务机关办理纳税申报并缴纳税款；按次申报缴纳的，应当自纳税义务发生之日起 15 日内，向税务机关办理纳税申报并缴纳税款。

（二）纳税申报

资源税纳税申报如表 7-2、表 7-3 所示。

任务二　城镇土地使用税

城镇土地使用税是国家在城市、县城、建制镇和工矿区范围内，对使用土地的单位和个人，以其实际占用的土地面积为计税依据，按照规定的税额计算征收的一种税。

1988 年 9 月 27 日国务院颁布《中华人民共和国城镇土地使用税暂行条例》(以下简称《城镇土地使用税暂行条例》)，自 1988 年 11 月 1 日起施行。2006 年 12 月，国务院颁布《国务院关于修改〈中华人民共和国城镇土地使用税暂行条例〉的规定》，自 2007 年 1 月 1 日起施行。此后，2011 年、2013 年、2019 年又先后对《城镇土地使用税暂行条例》进行了第二次、第三次、第四次修订。

一、城镇土地使用税基本税收政策认知

(一) 城镇土地使用税的纳税人

城镇土地使用税的纳税人是指在税法规定的征税范围内使用土地的单位和个人。根据用地者的不同情况分别确定为：

(1) 拥有土地使用权的单位或个人缴纳城镇土地使用税。

(2) 拥有土地使用权的纳税人不在土地所在地的，由土地的代管人或实际使用人缴纳。

(3) 土地使用权未确定或权属纠纷未解决的，由实际使用人纳税。

(4) 土地使用权共有的，共有各方均为纳税人，以共有各方实际使用土地的面积占总面积的比例，分别计算缴纳城镇土地使用税。

(二) 城镇土地使用税的征税范围

城镇土地使用税的征税范围包括城市、县城、建制镇、工矿区范围内的土地。该土地不论是属于国家所有，还是集体所有，都属于城镇土地使用税的征税范围。

城市是指国务院批准设立的市，城市的征税范围包括市区和郊区。县城是指县人民政府所在地，县城的征税范围为县人民政府所在地的城镇。建制镇是指经省级人民政府批准设立的建制镇，建制镇的征税范围为镇人民政府所在地的地区，但不包括镇政府所在地所辖行政村。工矿区是指工商业比较发达，人口比较集中，符合国务院规定的建制镇标准，但尚未设立建制镇的大中型工矿企业所在地。工矿区的设立必须经省级人民政府批准。建立在城市、县城、建制镇和工矿区以外的工矿企业不需缴纳城镇土地使用税。

自 2009 年 1 月 1 日起，公园、名胜古迹内的索道公司经营用地，应按规定缴纳城镇土地使用税。

【基础巩固 8-1】 根据城镇土地使用税法律制度的规定，下列各项中，属于城镇土地使用税征税对象的是(　　)。

A. 镇政府所在地所辖行政村的集体土地

B. 县政府所在地的国有土地

C. 位于市区由私营企业占用的国有土地

D. 位于工矿区内的国有土地

解析 答案为B、C、D。城镇土地使用税的征税范围包括城市、县城、建制镇、工矿区范围内的土地。该土地不论是属于国家所有还是集体所有，都属于城镇土地使用税的征税范围。建制镇的征税范围为镇人民政府所在地的地区，但不包括镇政府所在地所辖行政村。

（三）城镇土地使用税的税率

城镇土地使用税实行有幅度的地区差别定额税率，每平方米年税额标准具体规定如表8-2所示。

表8-2 城镇土地使用税税率表

级　别	人口/人	每平方米年税额/元
大城市	50万以上	1.5～30元
中等城市	20万～50万	1.2～24元
小城市	20万以下	0.9～18元
县城、建制镇、工矿区		0.6～12元

省、自治区、直辖市人民政府，在上述规定的税额幅度内，根据市政建设情况、经济繁荣程度等条件确定所辖地区的适用税额幅度。经济落后地区，城镇土地使用税的适用税额标准可适当降低，但降低幅度不得超过上述规定最低税额的30%。经济发达地区，城镇土地使用税的适用税额可以适当提高，但须报经财政部批准。这样，各地在确定不同地段的等级和适用税额时，就有选择余地，尽可能做到平衡税负。

（四）城镇土地使用税的税收优惠

1. 免税

下列用地免征城镇土地使用税：

（1）国家机关、人民团体、军队自用的土地。

（2）由国家财政部门拨付事业经费的单位自用的土地。

（3）宗教寺庙、公园、名胜古迹自用的土地。

（4）市政街道、广场、绿化地带等公共用地。

（5）直接用于农、林、牧、渔业的生产用地。

（6）自行开山填海整治的土地和改造的废弃土地，从使用的月份起免缴土地使用税5～10年。

（7）由财政部另行规定免税的能源、交通、水利设施用地和其他用地。

（8）个人居住房屋、房管部门、集体和个人举办学校等。

2. 特殊规定

下列各项为税收优惠的特殊规定：

（1）凡是缴纳了耕地占用税的土地，从批准征用之日起满1年后方才征收城镇土地使用税。

（2）对免税单位无偿使用纳税单位的土地（如公安、海关等单位使用铁路、民航等单位的土地），免征城镇土地使用税。

(3) 房地产开发公司经批准开发建设经济适用房的用地，可减免城镇土地使用税。

(4) 对于国家产业政策扶持发展的大型基建项目，在建期间没有经营收入，纳税确有困难的，根据具体情况予以免征或减征城镇土地使用税。

(5) 为了促进集贸市场的发展及照顾各地的不同情况，各省、自治区、直辖市税务机关可根据具体情况，自行确定对集贸市场用地征收或者免征城镇土地使用税。

(6) 对于各类危险品仓库、厂房所需的防火、防爆、防毒等安全防范用地，可由各省、自治区、直辖市税务机关确定，暂免征收城镇土地使用税。

(7) 企业搬迁后原场地不使用的、企业范围内荒山等尚未利用的土地，免征城镇土地使用税。

(8) 对企业的铁路专用线、公路等用地除另有规定外，在厂区以外、与社会公用地段未加隔离的，暂免征收城镇土地使用税。

(9) 对2014年以前已按规定免征城镇土地使用税的企业范围内荒山、林地、湖泊等占地，自2014年1月1日至2015年12月31日，按应纳税额减半征收城镇土地使用税；自2016年1月1日起，全额征收城镇土地使用税。

(10) 下列石油天然气生产建设用地暂免征收城镇土地使用税：

① 地质勘探、钻井、井下作业、油气田地面工程等施工临时用地。

② 企业厂区以外的铁路专用线、公路及输油(气、水)管道用地。

③ 油气长输管线用地。

(11) 在城市、县城、建制镇以外工矿区内的消防、防洪排涝、防风、防沙设施用地，暂免征收城镇土地使用税。

(12) 林业系统用地的规定如下：

① 对林区的育林地、运材道、防火道、防火设施用地，免征城镇土地使用税。

② 林业系统的森林公园、自然保护区可比照公园免征城镇土地使用税。

③ 林业系统的林区贮木场、水运码头用地，暂予免征城镇土地使用税。

④ 除上述列举免税的土地外，对林业系统的其他生产用地及办公、生活区用地，均应征收城镇土地使用税。

(13) 盐场、盐矿用地的规定如下：

① 对盐场、盐矿的生产厂房、办公、生活区用地，应照章征收城镇土地使用税。

② 盐场的盐滩、盐矿的矿井用地，暂免征收城镇土地使用税。

③ 对盐场、盐矿的其他用地，可根据实际情况给予定期减征、免征的照顾。

(14) 矿山企业用地的规定如下：

① 矿山的采矿场、排土场、尾矿库、炸药库的安全区，以及运矿运岩公路、尾矿输送管道及回水系统用地，免征城镇土地使用税。

② 对矿山企业的其他生产用地，办公、生活区用地，已取得使用权但未利用的塌陷地，均应征收城镇土地使用税。

(15) 电力行业用地的规定如下：

① 对火电厂厂区围墙外的灰场、输灰管、输油(气)管道、铁路专用线用地，免征城镇土地使用税。

② 水电站的发电厂房用地，生产、办公、生活用地，应征收城镇土地使用税；对其他用地

给予免税照顾。

③ 对供电部门的输电线路用地、变电站用地，免征城镇土地使用税。

(16) 水利设施及其管护用地(如水库库区、大坝、堤防、灌渠、泵站等用地)，免征城镇土地使用税；其他用地，如生产、办公、生活用地，应照章征税。

(17) 对港口的码头(又称泊位，包括岸边码头、伸入水中的浮码头、堤岸、堤坝、栈桥等)用地，免征城镇土地使用税。港口的其他用地，应按规定征收城镇土地使用税。

(18) 民航机场用地的规定如下：

① 机场飞行区(包括跑道、滑行道、停机坪、安全带、夜航灯光区)用地、场内外通信导航设施用地和飞行区四周排水防洪设施用地，免征城镇土地使用税。

② 在机场道路中，场外道路用地免征城镇土地使用税；场内道路用地依照规定征收城镇土地使用税。

③ 机场工作区(包括办公、生产和维修用地及候机楼、停车场)用地、生活区用地、绿化用地，均须依照规定征收城镇土地使用税。

(19) 老年服务机构自用的土地，免征城镇土地使用税。

(20) 对邮政部门坐落在城市、县城、建制镇、工矿区范围以外的，尚在县邮政局内核算的土地，在单位财务账中划分清楚的，不征收城镇土地使用税。

(21) 国家机关、军队、人民团体、财政补助事业单位、居民委员会、村民委员会拥有的体育场馆，用于体育活动的土地，免征城镇土地使用税。

企业拥有并运营管理的大型体育场馆，其用于体育活动的土地，减半征收城镇土地使用税。

享受减半征收城镇土地使用税的体育场馆的运动场地用于体育活动的天数不得低于全年自然天数的70%。

(22) 自2019年1月1日起至2021年12月31日止，对物流企业承租的用于大宗商品仓储设施的土地，减按所属土地等级适用税额标准的50%计征城镇土地使用税。

(23) 自2019年1月1日至2021年12月31日，对农产品批发市场、农贸市场(包括自有和承租，下同)专门用于经营农产品的房产、土地，暂免征收城镇土地使用税。对同时经营其他产品的农产品批发市场和农贸市场使用的房产、土地，按其他产品与农产品交易场地面积的比例确定征免城镇土地使用税。

(24) 对按照去产能和调结构政策要求停产停业、关闭的企业，自停产停业次月起，免征城镇土地使用税。企业享受免税政策的期限累计不得超过两年。

(25) 自2019年1月1日至2020年12月31日，对向居民供热收取采暖费的供热企业，为居民供热所使用的厂房及土地免征城镇土地使用税。

【基础巩固8-2】 某林场面积为100万平方米，其中森林公园占地58万平方米，防火设施占地17万平方米，办公用地10万平方米，生活区用地15万平方米，则该林场需要缴纳的城镇土地使用税的土地面积是(　　)万平方米。

A. 58　　B. 100　　C. 42　　D. 25

解析　答案为D。林场林区防火设施用地免征城镇土地使用税；林业系统的森林公园免征城镇土地使用税。林业系统的其他生产用地及办公、生活区用地，均应征收城镇土地使用税。所以该林场需要缴纳城镇土地使用税的土地面积为25(10+15)万平方米。

二、城镇土地使用税的计算

(一) 城镇土地使用税的计税依据

城镇土地使用税的计税依据是纳税人实际占用的应税土地面积。土地面积以平方米为计量标准。具体按以下办法确定:

(1) 凡由省级人民政府确定的单位组织测定土地面积的,以测定的土地面积为准。

(2) 尚未组织测定,但纳税人持有政府部门核发的土地使用证书的,以证书确定的土地面积为准。

(3) 尚未核发土地使用证书的,应由纳税人据实申报土地面积,并据以纳税,待核发土地使用证书后再作调整。

(二) 城镇土地使用税应纳税额的计算

城镇土地使用税是以纳税人实际占用的应税土地面积为计税依据,按照规定的适用税额计算征收。其应纳税额的计算公式为:

年应纳税额=计税土地面积(平方米)×适用税额

【技能提升 8-4】 某企业实际占地面积为 25 000 平方米,经税务机关核定,该企业所在地段适用的城镇土地使用税为每平方米年税额 2 元。试计算该企业全年应缴纳的城镇土地使用税。

解 应纳城镇土地使用税税额=25 000×2=50 000 (元)

【基础巩固 8-3】 甲盐场占地面积为 300 000 平方米,其中办公用地 35 000 平方米,生活区用地 15 000 平方米,盐滩用地 250 000 平方米。已知当地规定的城镇土地使用税每平方米年税额为 0.8 元。下列有关甲盐场当年应纳城镇土地使用税税额的计算中,正确的是(　　)。

A. (35 000+250 000)×0.8=228 000 (元)

B. 300 000×0.8=240 000 (元)

C. (35 000+15 000)×0.8=40 000 (元)

D. (15 000+250 000)×0.8=212 000 (元)

解析 答案为 C。对盐场的生产厂房、办公、生活区用地,应照章征收城镇土地使用税。而盐场的盐滩、盐矿等矿井用地,暂免征收城镇土地使用税。该企业年应纳城镇土地使用税税额=实际占用应税土地面积(平方米)×适用税额=(35 000+15 000)×0.8=40 000 元。

三、城镇土地使用税纳税申报

(一) 城镇土地使用税的征收管理

1. 纳税义务发生时间

(1) 纳税人购置新建商品房,自房屋交付使用的次月起,缴纳城镇土地使用税。

(2) 纳税人购置存量房,自办理房屋权属转移、变更登记手续,房地产权属登记机关签发房屋权属证书的次月起,缴纳城镇土地使用税。

(3) 纳税人出租、出借房产,自交付出租、出借房产的次月起,缴纳城镇土地使用税。

(4) 以出让或转让方式有偿取得土地使用权的,应由受让方从合同约定交付土地时间的次月起缴纳城镇土地使用税;合同未约定交付土地时间的,由受让方从合同签订的次月起

缴纳城镇土地使用税。

(5) 纳税人新征用的耕地，自批准征用之日起满 1 年时开始缴纳城镇土地使用税。

(6) 纳税人新征用的非耕地，自批准征用的次月起缴纳城镇土地使用税。

(7) 通过招标、拍卖挂牌方式取得的建设用地，不属于新征用的耕地，纳税人应按照《财政部国家税务总局关于房产税城镇土地使用税有关政策的通知》(财税[2006]186 号)第二条规定，从合同约定交付土地时间的次月起缴纳城镇土地使用税；合同未约定交付土地时间的，从合同签订的次月起缴纳城镇土地使用税。

2. 纳税地点

城镇土地使用税的纳税地点为土地所在地的税务机关。

纳税人使用的土地不属于同一省、自治区、直辖市管辖的，由纳税人分别向土地所在地税务机关缴纳城镇土地使用税；在同一省、自治区、直辖市管辖范围内，纳税人跨地区使用的土地，其纳税地点由各省、自治区、直辖市税务机关确定。

3. 纳税期限

城镇土地使用税按年计算、分期缴纳，具体纳税期限由省、自治区、直辖市人民政府确定。

(二) 城镇土地使用税纳税申报表

城镇土地使用税纳税申报如表 7-2、表 7-3 所示。

任务三　土地增值税

土地增值税是对转让国有土地使用权、地上建筑物及其附着物并取得收入的单位和个人，就其转让房地产所取得的增值额征收的一种税。

1993 年 12 月 13 日，国务院颁布《中华人民共和国土地增值税暂行条例》(以下简称《土地增值税暂行条例》)，1995 年 1 月 27 日，财政部印发《中华人民共和国土地增值税暂行条例实施细则》(以下简称《土地增值税暂行条例实施细则》)。之后，财政部、国家税务总局又陆续发布了一些有关土地增值税的规定和办法。

一、土地增值税基本税收政策认知

(一) 土地增值税的纳税人

土地增值税的纳税人为转让国有土地使用权、地上建筑物及其附着物(以下简称转让房地产)并取得收入的单位和个人。

【基础巩固 8-4】 下列各项中，不属于土地增值税纳税人的是(　　)。

A. 以房抵债的某工业企业

B. 出租写字楼的某外资房地产开发公司

C. 转让住房的某个人

D. 转让国有土地使用权的某高等学校

解析　答案为 B。出租写字楼，未发生房产产权、土地使用权的转让行为，不属于土地增值税的征税范围。

（二）土地增值税的征税范围

凡转让国有土地使用权、地上建筑物及其附着物并取得收入的行为，都属于土地增值税的征税范围。

1. 征税范围的一般规定

（1）土地增值税只对转让国有土地使用权的行为征税，对出让国有土地使用权的行为不征税。

（2）土地增值税既对转让土地使用权的行为征税，也对转让地上建筑物及其附着物产权的行为征税。

（3）土地增值税只对有偿转让的房地产征税，对以继承、赠予等方式无偿转让的房地产，不予征税。

2. 征税范围的特殊规定

（1）企业改制重组。企业改制重组过程中发生的将国有土地使用权、地上建筑物及其附着物转移变更所有权及使用权的，暂不征收土地增值税。

（2）房地产开发企业将开发的部分房地产转为企业自用或者用于出租等商业用途的，如果产权没有发生转移，不征收土地增值税。

（3）房地产的互换。由于发生了房产产权、土地使用权的转移，交换双方又取得了实物形态的收入，因此属于土地增值税的征税范围。但是对于个人之间互换自有居住用房的行为，经过当地税务机关审核，可以免征土地增值税。

（4）合作建房。对于一方出地，另一方出资金，双方合作建房，建成后按比例分房自用的，暂免征收土地增值税；但建成后转让的，应征收土地增值税。

（5）房地产的出租。房地产出租，出租人虽然取得了收入，但没有发生房产产权、土地使用权的转让，因此，不属于土地增值税的征税范围。

（6）房地产的抵押。对房地产进行抵押期间不征收土地增值税。待抵押期满后，视该房地产是否发生转移占有而确定是否征收土地增值税。对于因以房地产抵押而发生房地产权属转让的，应列入土地增值税的征税范围。

（7）房地产的代建行为。代建行为对于房地产开发公司而言，虽然取得了收入，但没有发生房地产权属的转移，其收入属于劳务收入性质，故不属于土地增值税的征税范围。

（8）房地产的重新评估。按照财政部门的规定，国有企业在清产核资时对房地产进行重新评估而产生的评估增值，因其既没有发生房地产权属的转移，房产产权、土地使用权人也未取得收入，所以不属于土地增值税的征税范围。

（9）土地使用者处置土地使用权。土地使用者转让、抵押或置换土地，只要土地使用者享有占用、使用、收益或处分该土地的权利，具有合同等证据表明其实质转让、抵押或置换了土地并取得了相应的经济利益，土地使用者及其对方当事人就应当依照税法规定缴纳增值税、土地增值税和契税等。

【基础巩固 8-5】 下列各项中，应当征收土地增值税的是（　　）。

A. 公司与公司之间的互换房产

B. 房地产开发公司为客户代建房产

C. 兼并企业取得被兼并企业的房产

D. 双方合作建房按比例分配房产后自用

解析 答案为A。房地产的互换发生了房产产权、土地使用权的转移，交换双方又取得了实物形态的收入，因此属于土地增值税的征税范围，其余选项均不属于土地增值税的征税范围。

（三）土地增值税的税率

土地增值税实行30％～60％的四级超率累进税率，其四级超率累进税率如表8-2所示。

表8-2 土地增值税四级超率累进税率

级 数	增值额与扣除项目金额的比率	税率/％	速算扣除数/％
1	不超过50％的部分	30	0
2	超过50％至100％的部分	40	5
3	超过100％至200％的部分	50	15
4	超过200％的部分	60	35

（四）土地增值税的税收优惠

（1）纳税人建造普通标准住宅出售，增值额未超过扣除项目金额20％的，予以免税；超过20％的，应按全部增值额缴纳土地增值税。

对于纳税人既建普通标准住宅又进行其他房地产开发的，应分别核算增值额，不分别核算增值额或者不能准确核算增值额的，其建造的普通标准住宅不能适用这一免税规定。

（2）因国家建设需要依法征用、收回的房地产，免征土地增值税。

（3）企事业单位、社会团体及其他组织转让旧房作为公共租赁住房或安置住房房源且增值额未超过扣除项目金额20％的，免征土地增值税。

（4）自2008年11月1日起，对居民个人转让住房一律免征土地增值税。

（5）因城市实施规划、国家建设需要而搬迁，由纳税人自行转让原房地产的，免征土地增值税。

二、土地增值税的计算

（一）土地增值税的计税依据

土地增值税的计税依据是纳税人转让房地产所取得的增值额。转让房地产的增值额是纳税人转让房地产的应税收入减除税法规定的扣除项目金额后的余额。土地增值额的大小取决于转让房地产的应税收入和扣除项目金额两个因素，其公式为：

增值额＝应税收入－扣除项目金额

1. 应税收入的确定

应税收入是指纳税人转让房地产取得的不含增值税的收入，应包括转让房地产的全部价款及有关的经济利益。从收入形式上看，包括货币收入、实物收入和其他收入。

2. 扣除项目金额的确定

准予纳税人从转让房地产的应税收入中减除的扣除项目包括以下几项：

（1）纳税人取得土地使用权所支付的金额。纳税人取得土地使用权所支付的金额包括纳税人为取得土地使用权所支付的地价款和纳税人在取得土地使用权过程中为办理有关手续，按国家统一规定缴纳的有关登记、过户的手续费和契税。

(2) 房地产开发成本。房地产开发成本是指纳税人房地产开发项目实际发生的成本，包括土地的征用及拆迁补偿费、前期工程费、建筑安装工程费、基础设施费、公共配套设施费、开发间接费用等。

(3) 房地产开发费用。房地产开发费用是指与房地产开发项目有关的销售费用、管理费用和财务费用。根据现行财务会计制度的规定，这三项费用作为期间费用，按照实际发生额直接计入当期损益。但在计算土地增值税时，房地产开发费用并不是按照纳税人实际发生额进行扣除的，应分别按以下两种情况扣除：

① 财务费用中的利息支出，凡能够按转让房地产项目计算分摊并提供金融机构证明的，允许据实扣除，但最高不能超过按商业银行同类同期贷款利率计算的金额。其他房地产开发费用按《土地增值税暂行条例实施细则》有关规定(即取得土地使用权所支付的金额和房地产开发成本，下同)计算的金额之和的5%以内计算扣除。其计算公式为：

允许扣除的房地产开发费用＝利息＋(取得土地使用权所支付的金额＋房地产开发成本)×5%

② 财务费用中的利息支出，凡不能按转让房地产项目计算分摊利息支出或不能提供金融机构贷款证明的，房地产开发费用按《土地增值税暂行条例实施细则》的有关规定计算的金额之和的10%以内计算扣除。计算公式为：

允许扣除的房地产开发费用＝(取得土地使用权所支付的金额＋房地产开发成本)×10%

【技能提升8-5】 企业开发房地产取得土地使用权所支付的金额为1 000万元；房地产开发成本为6 000万元；向金融机构借入资金的利息支出为400万元(能提供贷款证明)，未超过按同类同期商业银行贷款利率计算的利息。已知该企业所在地的省政府规定房地产开发费用扣除比例为5%。试计算该企业在计算土地增值税时允许扣除的房地产开发费用。

解 允许扣除的房地产开发费用＝400＋(1 000＋6 000)×5%＝750(万元)

(4) 与转让房地产有关的税金。与转让房地产有关的税金是指在转让房地产时缴纳的城市维护建设税和印花税。因转让房地产缴纳的教育费附加，也可视同税金予以扣除。

房地产开发企业按照《房地产开发企业财务制度》的有关规定，因其在转让时缴纳的印花税已列入管理费用中，故不允许再单独扣除。其他纳税人缴纳的印花税允许在此单独扣除。

(5) 加计扣除金额。对从事房地产开发的纳税人可按取得土地使用权所支付的金额和房地产开发成本的金额之和，加计20%扣除。此条优惠只适用于从事房地产开发的纳税人，除此之外的其他纳税人不适用。

(6) 旧房及建筑物的扣除金额。旧房及建筑物的扣除金额分以下两种情形：

① 按评估价格扣除。旧房及建筑物的评估价格是指在转让已使用的房屋及建筑物时，由政府批准设立的房地产评估机构评定的重置成本价乘以成新度折扣率后的价格。评估价格须经当地税务机关确认。

② 按购房发票金额计算扣除。纳税人转让旧房及建筑物，凡不能取得评估价格，但能提供购房发票的，经当地税务部门确认，《土地增值税暂行条例》规定的扣除项目的金额可按发票所载金额并从购买年度起至转让年度止每年加计5%计算。对于纳税人购房时缴纳的契税，凡能够提供契税完税凭证的，准予作为“与转让房地产有关的税金”予以扣除，但不作为加计5%的基数。

小贴士

(1) 房地产企业出售新建房屋涉及的扣除项目包括:取得土地使用权所支付的金额、房地产开发成本、房地产开发费用、与转让房地产有关的税金及加计扣除的金额。

(2) 非房地产企业出售新房涉及的扣除项目包括:取得土地使用权所支付的金额、房地产开发成本、房地产开发费用、与转让房地产有关的税金。

(3) 转让旧房及建筑物涉及的扣除项目包括:旧房及建筑物的评估价格或者发票金额加计扣除后的价格、取得土地使用权所支付的金额、与转让房地产有关的税金。

(4) 只转让土地使用权涉及的扣除项目包括:取得土地使用权所支付的金额、与转让房地产有关的税金。

(二) 土地增值税应纳税额的计算

1. 应纳税额的计算公式

计算土地增值税税额可按增值额乘以适用税率再减去扣除项目金额乘以速算扣除系数的简便方法计算。其具体公式如下:

(1) 增值额与扣除项目金额的比率不超过 50%的部分。其计算公式为:

土地增值税应纳税额=增值额×30%

(2) 增值额与扣除项目金额的比率超过 50%,未超过 100%的部分。其计算公式为:

土地增值税应纳税额=增值额×40%-扣除项目金额×5%

(3) 增值额与扣除项目金额的比率超过 100%,未超过 200%的部分。其计算公式为:

土地增值税应纳税额=增值额×50%-扣除项目金额×15%

(4) 增值额与扣除项目金额的比率超过 200%的部分。其计算公式为:

土地增值税应纳税额=增值额×60%-扣除项目金额×35%

2. 应纳税额的计算步骤

根据上述计算公式,土地增值税应纳税额的计算可按以下步骤进行:

(1) 计算增值额。

增值额=应税收入-扣除项目金额

(2) 计算增值率。

增值率=增值额÷扣除项目金额×100%

(3) 确定适用税率。按照计算出的增值率,从土地增值税税率表中确定适用税率。

(4) 计算应纳税额。

土地增值税应纳税额=增值额×适用税率-扣除项目金额×速算扣除系数

【技能提升 8-6】 某房地产开发企业于 2019 年 2 月签订了一份新建写字楼合同,其不含税价款为 10 000 万元。企业取得土地使用权时支付转让费用 1 000 万元,房地产开发成本 3 000 万元,利息支出 500 万元(能提供金融机构证明),销售过程中支付相关税金 550 万元,当地规定房地产开发费用的扣除比率为 5%。试计算该房地产公司销售该写字楼应缴纳的土地增值税。

解 (1) 扣除项目金额=1 000+3 000+[500+(1 000+3 000)×5%]+550+[(1 000+3 000)×20%]=6 050 (万元)。

(2) 增值额=10 000－6 050=3 950 (万元)。

(3) 增值额与扣除项目金额之比=3 950÷6 050×100%=65.29%。

增值额超过了扣除项目金额的50%,但未超过100%,说明该企业适用的土地增值税税率为40%,速算扣除系数为5%。

(4) 应纳税额=3 950×40%－6 050×5%=1 277.5 (万元)。

三、土地增值税纳税申报

(一) 土地增值税的征收管理

1. 纳税义务的期限

纳税人应当自转让房地产合同签订之日起7日内向房地产所在地主管税务机关办理纳税申报,并在税务机关核定的期限内缴纳土地增值税,同时向税务机关提供房屋及建筑物产权、土地使用权证,土地转让、房产买卖合同,房地产评估报告及其他与转让房地产有关的资料。

纳税人因经常发生房地产转让而难以在每次转让后申报的,经税务机关审核同意后,可以定期进行纳税申报,具体期限由税务机关根据情况确定。

纳税人在项目全部竣工结算前转让房地产取得的收入,由于涉及成本确定或其他原因,无法据以计算土地增值税的,可以预征土地增值税,待该项目全部竣工、办理结算后再进行清算,多退少补,具体办法由各省、自治区、直辖市税务机关根据当地情况制定。

2. 纳税清算

(1) 土地增值税的清算单位。土地增值税以国家有关部门审批的房地产开发项目为单位进行清算,对于分期开发的项目,以分期项目为单位清算。开发项目中同时包含普通住宅和非普通住宅的,应分别计算增值额。

(2) 土地增值税的清算条件。

① 符合下列情形之一的,纳税人应当进行土地增值税的清算:房地产开发项目全部竣工、完成销售的;整体转让未竣工决算房地产开发项目的;直接转让土地使用权的。

② 符合下列情形之一的,主管税务机关可要求纳税人进行土地增值税的清算:已竣工验收的房地产开发项目,已转让的房地产建筑面积占整个项目可售建筑面积的比例在85%以上,或该比例虽未超过85%,但剩余的可售建筑面积已经出租或自用的;取得销售(预售)许可证满3年仍未销售完毕的;纳税人申请注销税务登记但未办理土地增值税清算手续的;省税务机关规定的其他情况。

(3) 清算后再转让房地产的处理。在土地增值税清算时未转让的房地产,清算后销售或有偿转让的,纳税人应按规定进行土地增值税的纳税申报,扣除项目金额按清算时的单位建筑面积成本费用乘以销售或转让面积计算。其计算公式为:

单位建筑面积成本费用=清算时的扣除项目总金额÷清算的总建筑面积

(4) 土地增值税的核定征收。在土地增值税的清算过程中,发现纳税人符合以下条件之一的,可按核定征收方式对房地产项目进行清算。

① 依照法律、行政法规的规定应当设置但未设置账簿的。

② 擅自销毁账簿或者拒不提供纳税资料的。

③ 虽设置账簿,但账目混乱或者成本资料、收入凭证、费用凭证残缺不全,难以确定转

让收入或扣除项目金额的。

④ 符合土地增值税清算条件,但企业未按照规定的期限办理清算手续,经税务机关责令限期清算后,逾期仍不清算的。

⑤ 申报的计税依据明显偏低,又无正当理由的。

3. 纳税地点

土地增值税的纳税人应到房地产所在地主管税务机关办理纳税申报,并在税务机关核定的期限内缴纳土地增值税。具体又可以分为以下两种情况:

(1) 纳税人是法人的,当转让的房地产坐落地与其机构所在地或经营所在地一致时,则在办理税务登记的原管辖税务机关申报纳税即可;如果转让的房地产坐落地与其机构所在地或经营所在地不一致时,则应在房地产坐落地所管辖的税务机关申报纳税。

(2) 纳税人是自然人的,当转让的房地产坐落地与其居住所在地一致时,则在居住所在地税务机关申报纳税;当转让的房地产坐落地与其居住所在地不一致时,在办理过户手续所在地的税务机关申报纳税。

(二) 纳税申报

土地增值税纳税申报如表 7-2、表 7-3 所示。

一、单项选择题

1. 根据资源税法律制度的规定,下列各项中,不属于资源税征税范围的是(　　)。

A. 开采的原煤　　B. 以未税原煤加工的洗选煤

C. 以空气加工生产的液氧　　D. 开采的天然气

2. 根据资源税法律制度的规定,下列各项中,属于资源税纳税人的是(　　)。

A. 进口金属矿石的冶炼企业　　B. 销售精盐的商场

C. 开采销售原煤的公司　　D. 销售石油制品的加油站

3. 根据资源税法律制度的规定,下列关于资源税纳税义务发生时间的表述中,不正确的是(　　)。

A. 自产自用应税资源品目的,为移送使用应税产品的当天

B. 销售应税资源品目采取预收货款结算方式的,为收讫销售款的当天

C. 扣缴义务人代扣代缴资源税税款的,为支付首笔货款或开具应支付货款凭据的当天

D. 采取分期收款结算方式销售应税资源品目的,为销售合同规定的收款日期的当天

4. 甲房地产开发企业开发一住宅项目,实际占地面积 12 000 平方米,建筑面积 24 000 平方米,容积率为 2.0,甲房地产开发企业缴纳的城镇土地使用税的计税依据为(　　)平方米。

A. 24 000　　B. 12 000　　C. 36 000　　D. 18 000

5. 根据城镇土地使用税法律制度的规定,下列城市用地中,不属于城镇土地使用税免税项目的是(　　)。

A. 公园自用的土地　　B. 市政街道公共用地

C. 国家机关自用的土地　　D. 企业生活区用地

6. 根据城镇土地使用税法律制度的规定，下列用地中，免予缴纳城镇土地使用税的是（　　）。

A. 港口的码头用地　　B. 邮政部门坐落在县城内的土地

C. 水电厂的发电厂房用地　　D. 火电厂厂区内围墙内用地

7. 位于甲县的甲服装公司，实际占地面积 30 000 平方米，其中办公楼占地面积 500 平方米，厂房仓库占地面积 22 000 平方米，厂区内铁路专用线、公路等用地 7 500 平方米，已知当地规定的城镇土地使用税每平方米年税额为 5 元。下列关于甲服装公司当年应纳城镇土地使用税税额的计算中，正确的是（　　）。

A. 30 000×5＝150 000（元）

B. (30 000－7 500)×5＝112 500（元）

C. (30 000－500)×5＝147 500（元）

D. (30 000－22 000)×5＝40 000（元）

8. 根据土地增值税法律制度的规定，下列各项中，不属于土地增值税纳税人的是（　　）。

A. 出租住房的孙某　　B. 转让国有土地使用权的甲公司

C. 出售商铺的潘某　　D. 出售写字楼的乙公司

9. 根据土地增值税法律制度的规定，下列各项中，免征土地增值税的是（　　）。

A. 由一方出地，另一方出资金，企业双方合作建房，建成后转让的房地产

B. 因城市实施规划、国家建设的需要而搬迁，企业自行转让原房地产

C. 企业之间交换房地产

D. 企业以房地产抵债而发生权属转移的房地产

10. 甲煤矿 2018 年 10 月开采原煤 100 万吨，当月对外销售 90 万吨，职工宿舍供暖使用本月自采原煤 2 万吨，其余 8 万吨原煤待售。已知该煤矿每吨原煤不含增值税售价为 500 元(不含从坑口到车站、码头的运输费用)，适用的资源税税率为 5%。有关甲煤矿 2018 年 10 月应缴纳的资源税，下列算式正确的是（　　）。

A. 100×500×5%　　B. (90＋2)×500×5%

C. (90＋8)×500×5%　　D. 90×500×5%

二、多项选择题

1. 根据资源税法律制度的规定，下列各项中，免征资源税的有（　　）。

A. 开采原油过程中用于修井的原油　　B. 开采原油过程中用于加热的原油

C. 开采后出口的原油　　D. 开采后销售的原油

2. 根据资源税法律制度的规定，下列各项中，属于资源税征税范围的有（　　）。

A. 原煤　　B. 人造石油

C. 海盐原盐　　D. 稀土矿原矿

3. 下列各项中，不属于资源税纳税人的有（　　）。

A. 销售自产天然气的甲气田

B. 销售自产人造石油的乙油田

C. 出口外购天然气的丙天然气销售公司

D. 购进使用天然气的丁供热企业

4. 根据城镇土地使用税法律制度的规定，下列各项中，属于城镇土地使用税征税范围的有（　　）。

A. 集体所有的位于农村的土地　　B. 集体所有的位于镇的土地

C. 国家所有的位于工矿区的土地　　D. 集体所有的位于城市的土地

5. 根据城镇土地使用税法律制度的规定，下列关于城镇土地使用税的纳税人的表述中，正确的有（　　）。

A. 土地使用权未确定或权属纠纷未解决的，由实际使用人纳税

B. 土地使用权共有的，共有各方均为纳税人，由共有各方分别纳税

C. 拥有土地使用权的纳税人不在土地所在地的，由代管人或者实际使用人纳税

D. 城镇土地使用税由拥有土地使用权的单位或者个人缴纳

6. 下列关于城镇土地使用税计税依据的表述中，正确的有（　　）。

A. 尚未组织测定，但纳税人持有政府部门核发的土地使用证书的，以证书确定的土地面积为准

B. 尚未核发土地使用证书的，应由纳税人据实申报土地面积，并据以纳税，待核发土地使用证书后再作调整

C. 凡由省级人民政府确定的单位组织测定土地面积的，以测定的土地面积为准

D. 城镇土地使用税以实际占用的应税土地面积为计税依据

7. 下列有关城镇土地使用税纳税义务发生时间的表述中，正确的有（　　）。

A. 纳税人新征用的非耕地，自批准征用的次月起缴纳城镇土地使用税

B. 纳税人出租房产，自交付出租房产的次月起缴纳城镇土地使用税

C. 纳税人购置新建商品房，自房地产权属登记机关签发房屋权属证书的次月起缴纳城镇土地使用税

D. 纳税人购置存量房，自办理房屋权属转移、变更登记手续，房地产权属登记机关签发房屋权属证书的次月起缴纳城镇土地使用税

8. 下列各项中，不属于土地增值税征税范围的有（　　）。

A. 国家机关转让自用的房产　　B. 继承人依法继承的房产

C. 对国有企业进行评估增值的房产　　D. 对外出租的房产

9. 下列各项中，不征或免征土地增值税的有（　　）。

A. 个人之间互换自有居住用房地产，经当地税务机关核实的

B. 以房地产抵债而发生房地产权属转移的

C. 将土地使用权通过中国红十字会赠予教育事业的

D. 一方出地，一方出资金，双方合作建房，建成后转让的

10. 房地产开发企业转让新建商品房，在确定土地增值税的扣除项目时，允许作为“与转让房地产有关的税金”项目扣除的税金有（　　）。

A. 教育费附加　　B. 房产税

C. 城市维护建设税　　D. 增值税

三、判断题

1. 纳税人开采或者生产不同税目应税产品的，未分别核算或者不能准确提供不同税目应税产品的销售额或者销售数量的，从高适用税率。（　　）

2. 土地使用权共有的，共有各方为纳税人，由共有各方协商轮流缴纳城镇土地使用税。（　　）

3. 凡在城市、县城、建制镇和工矿区范围内的土地，不论是属于国家所有的土地，还是集体所有的土地，都属于城镇土地使用税的征税范围。（　　）

4. 甲盐场2018年共占地5 000平方米，其中盐滩用地3 500平方米、办公用地800平方米，其余为职工宿舍用地。已知甲盐场所在地城镇土地使用税年税额为每平方米2元，则甲盐场2018年应缴纳的城镇土地使用税为1 400[(5 000−3 500−800)×2]元。（　　）

5. 纳税人建造普通标准住宅出售，增值额超过扣除项目金额20%的，应按全部增值额计算缴纳土地增值税。（　　）

6. 房地产开发项目中同时包含普通住宅和非普通住宅的，应分别计算土地增值税的增值额。（　　）

7. 超市销售食用盐需要交纳资源税。（　　）

8. 个人将房地产赠予他人应视同销售不动产征收城镇土地使用税。（　　）

9. 对在我国境内开采煤炭的单位和个人，应按税法规定征收资源税，但对进口煤炭的单位和个人，则不征收资源税。（　　）

10. 对公安部门无偿使用铁路、民航等单位的土地，免征城镇土地使用税。（　　）

四、业务题

1. 甲煤矿为增值税一般纳税人，主要从事煤炭开采和销售业务。2019年5月销售自产原煤2 000吨，职工食堂领用自产原煤50吨，职工宿舍供暖领用自产原煤100吨，向乙煤矿无偿赠送自产原煤10吨，原煤含增值税单价为580元/吨。已知增值税税率为13%，资源税适用税率为8%。

要求：根据上述资料，不考虑其他因素，计算甲煤矿2019年5月应缴纳的资源税。

2. 2018年甲盐场占地面积为300 000平方米，其中办公用地25 000平方米，生活区用地15 000平方米，盐滩用地260 000平方米，已知当地规定的城镇土地使用税每平方米年税额为0.8元。

要求：计算甲盐场2018年应缴纳的城镇土地使用税。

3. 甲房地产公司2019年5月销售自行开发的商业房地产项目，取得不含增值税收入20 000万元，准予从房地产转让的应税收入中减除的扣除项目金额为12 000万元。已知土地增值税税率为40%，速算扣除系数为5%。

要求：计算甲房地产公司该笔业务应缴纳的土地增值税。

劳动模范
马丽：把最好的服务奉献给纳税人

在线测试

参考文献

[1] 财政部会计资格评价中心.经济法基础[M].北京:经济科学出版社,2018.

[2] 苏春林,奚卫华.纳税实务[M].2版.北京:清华大学出版社,2018.

[3] 杨则文.纳税实务[M].北京:高等教育出版社,2015.

[4] 费琳琪,徐艳.企业纳税实务学习指导[M].2版.北京:中国人民大学出版社,2018.

[5] 张瑞珍.纳税实务:新税法修订版[M].北京:人民邮电出版社,2016.

[6] 于双.纳税实务[M].长春:东北师范大学出版社,2014.